AF251723
Start!

Mini Theater FLYER Collection

Mini Theater Flyer Collection

©2004 PIE BOOKS

PIE BOOKS
2-32-4, Minami-Otsuka, Toshima-ku, Tokyo 170-0005 Japan
Phone: +81-3-5395-4811   Fax: +81-3-5395-4812
e-mail: sales@piebooks.com
http://www.piebooks.com/

ISBN4-89444-337-6 C3070
Printed in Japan

CONTENTS

Movie INDEX

Format

Flyers

— Flyer Number
— Flyer Number: Designer (Design firm)

Movie data

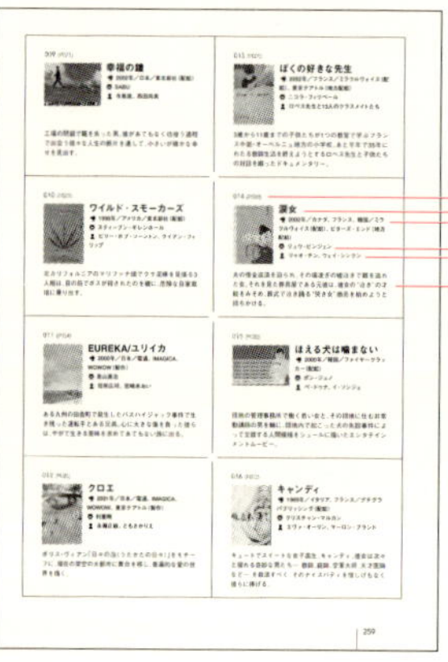

— Flyer Number (page）
邦題 Japanese title
制作年 Production year／製作国 Production country／配給会社、宣伝会社など Distributor & Advertising agency etc
監督 Movie director
主な出演者 Cast
ストーリー Story

・掲載物は、制作した全てのフライヤーではなく、その一部の場合もあります。
Pieces shown may represent only a portion of the entire series of promotional tools produced for the film.

・本誌、掲載物は原則として日本国内のプロモーション活動のために制作されたものです。
In principal, all pieces shown were produced for promoting films in Japan.

・作品提供者の意向によりデータの一部を記載していない場合があります。
Please note that some credit information has been omitted at the request of the submitter.

・各企業名に付随する、"株式会社、(株)"および"有限会社、(有)"は、表記を省略させて頂きました。
The "kabushiki gaisha" (K.K.) and "yugen gaisha" (Ltd.) portions of all Japanese company names have been omitted.

・本書に記載された企業名・商品名は、掲載各社の商標または登録商標です。
The company and product names that appear in this book are published and/or registered trademarks.

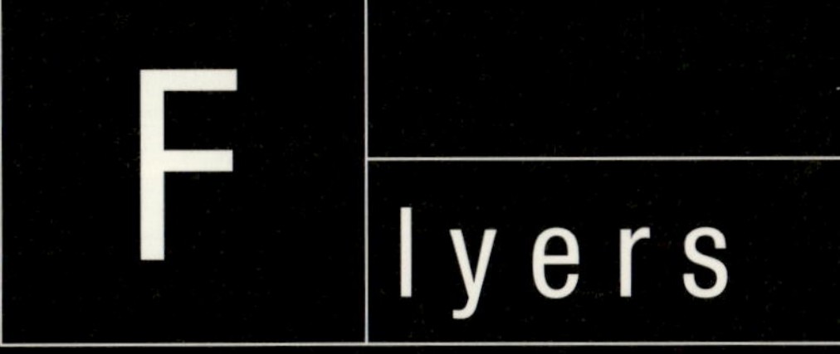

F
lyers

CQ

AMERICAN ZOETROPE AND VCL PRESENT
DELUX PRODUCTIONS IN ASSOCIATION WITH THE FILM FUND LUXEMBOURG "CQ"
JEREMY DAVIES   ANGELA LINDVALL   ELODIE BOUCHEZ
GERARD DEPARDIEU   MASSIMO GHINI   GIANCARLO GIANNINI
JOHN PHILLIP LAW   JASON SCHWARTZMAN   DEAN STOCKWELL
BILLY ZANE
CO-PRODUCERS   JIMMY DE BRABANT
MICHAEL POLAIRE
COSTUME DESIGNER   JUDY SHREWSBURY
MUSIC BY   MELLOW
EDITOR   LESLIE JONES
PRODUCTION DESIGNER   DEAN TAVOULARIS
CINEMATOGRAPHER   ROBERT YEOMAN
EXECUTIVE PRODUCERS   FRANCIS FORD COPPOLA
GEORGIA KACANDES
WILLI BAER
PRODUCED BY   GARY MARCUS
WRITTEN AND DIRECTED BY   ROMAN COPPOLA

WHO IS DRAGONFLY?

'01年カンヌ国際映画祭正式出品作品　監督・脚本：ローマン・コッポラ　[キャスト]ジェレミー・デイヴィス　アンジェラ・リンドヴァル　エロディ・ブシェーズ　ジェラール・ドパルデュー
ジャンカルロ・ジャンニーニ　ソフィア・コッポラ　[スタッフ]製作総指揮：フランシス・フォード・コッポラ　ジョージア・カカンデス　ウィリ・ベア　プロデューサー：ゲイリー・マーカス　撮影：ロバート・ヨーマン
編集：レズリー・ジョーンズ／美術：ディーン・タボウラリス／音楽：MELLOW／オリジナル・サウンドトラック：ビクターエンタテインメント／配給：TFC 東北新社　　http://www.CQ-j.com

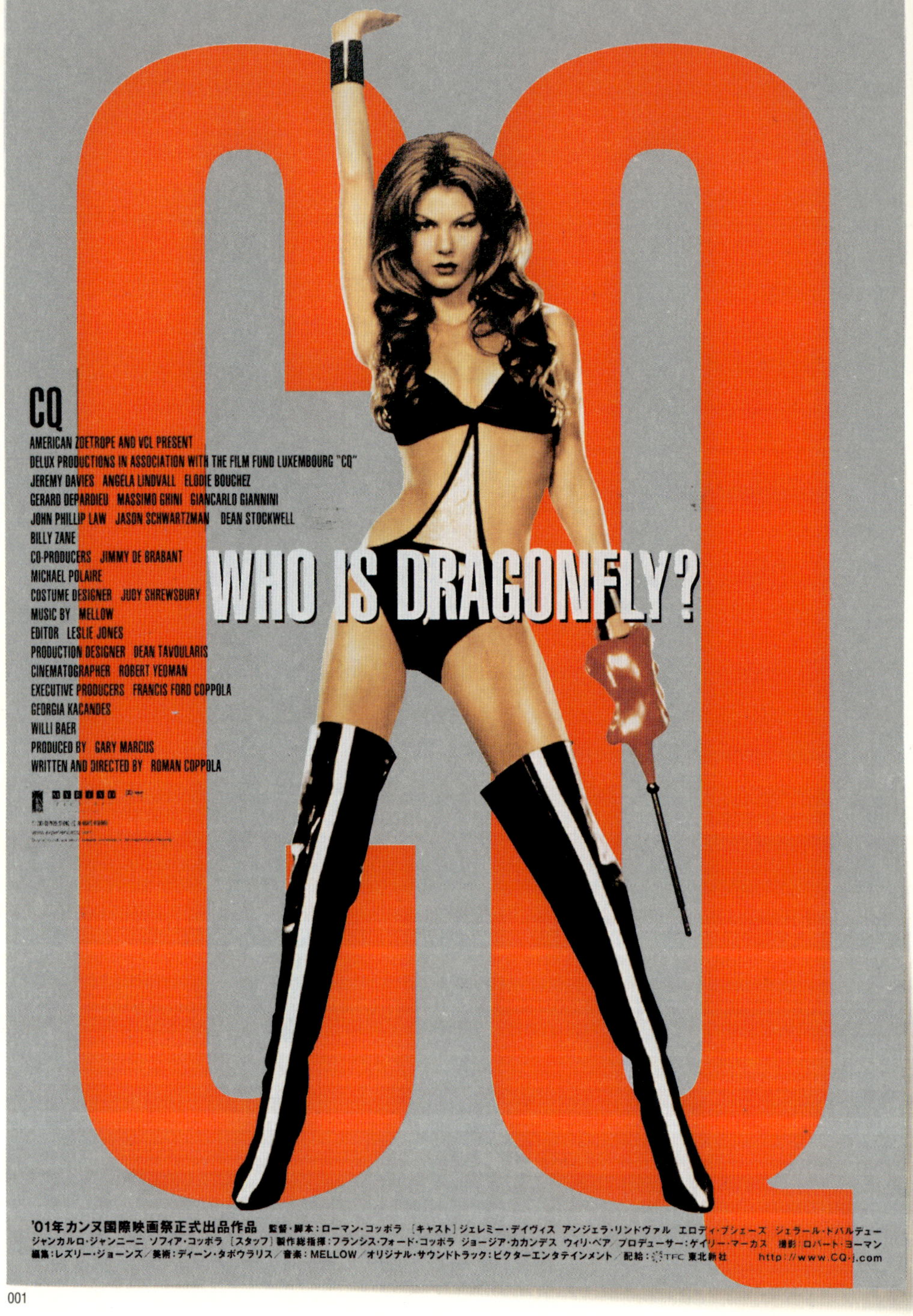

001

CQ
'01年カンヌ国際映画祭正式出品作品 監督・脚本：ローマン・コッポラ ［キャスト］ジェレミー・デイヴィス アンジェラ・リンドヴァル エロディ・ブシェーズ ジェラール・ドパルデュー ジャンカルロ・ジャンニーニ ソフィア・コッポラ ジョージア・カカンデス ウィリ・ベア／プロデューサー：ゲイリー・マーカス／撮影：ロバート・ヨーマン
編集：レズリー・ジョーンズ／美術：ディーン・タヴォウラリス／音楽：フランシス・フォード・コッポラ 製作総指揮
MELLOW／オリジナル・サウンドトラック：ビクターエンタテインメント／配給：TFC 東北新社 http://www.CQ-j.com

2001年9月11日―「あの日」に捧げる11の祈り。

監督

サミラ・マフマルバフ
（イラン）

クロード・ルルーシュ
（フランス）

ユーセフ・シャヒーン
（エジプト）

ダニス・タノヴィッチ
（ボスニア・ヘルツェゴビナ）

イドリッサ・ウエドラオゴ
（ブルキナファソ）

ケン・ローチ
（イギリス）

アレハンドロ・ゴンザレス・イニャリトゥ
（メキシコ）

アモス・ギタイ
（イスラエル）

ミラ・ナイール
（インド）

ショーン・ペン
（アメリカ）

今村昌平
（日本）

映画界が誇る世界の11人が
［11分9秒1フレーム］という共通の時間枠に込めた、11編のメッセージ。

11'09"01

セプテンバー11

決して忘れない。

2002年ヴェネツィア国際映画祭出品作品　2002年トロント国際映画祭出品作品
Sur une idée originale d'Alain BRIGAND／GALATEE FILMS STUDIOCANAL Presentent／11'09"01
Un film de réalisateurs: Samira MAKHMALBAF Claude LELOUCH Youssef CHAHINE Danis TANOVIC Idrissa OUEDRAOGO Ken LOACH
Alejandro GONZALEZ IÑARRITU Amos GITAI Mira NAIR Sean PENN Shohei IMAMURA
Une production GALATEE FILMS STUDIOCANAL／Production Artistique Alain BRIGAND SEQUENCE19.PRODUCTIONS
Producteurs Délégués Jacques PERRIN Nicolas MAUVERNAY／Producteur Exécutif Jean de TREGOMAIN／Musique originale génériques
Alexandre DESPLAT

2002年／フランス映画（オムニバス）／カラー（一部モノクロ）／ビスタサイズ／ドルビー・デジタル／134分　配給：東北新社　©2002 STUDIOCANAL FRANCE-ALL RIGHTS RESERVED.

002:ガリバー計画

episode 2002 | Stereo Future | a Hiroyuki Nakano Film

003

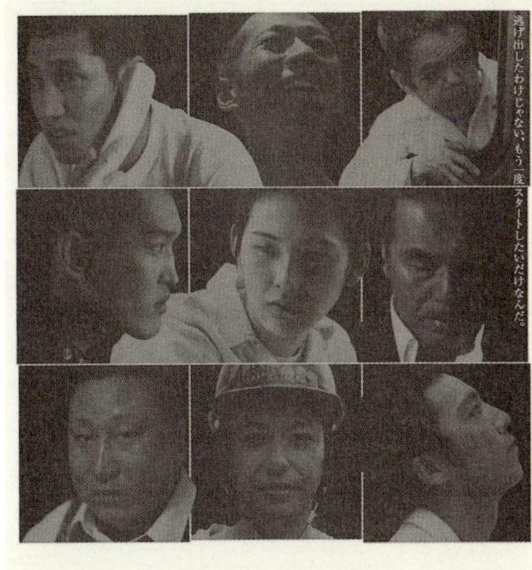

逃げ出したわけじゃない、もう一度スタートしたいだけなんだ。
9souls
豊田利晃監督作品
ナイン・ソウルズ

004

人生は
ブラボー
最年長は
96才と87才の兄弟。
ノルウェーの最北端
人口1200人の
小さな漁港の町から
国民的スターに、なった
合唱団を描く
奇跡のドキュ・ミュージカル!
出演 ベルレヴォーグ男声合唱団
歌え!
A Film By
Knut Erik Jensen
"Cool & Crazy"
フィッシャーマン

005

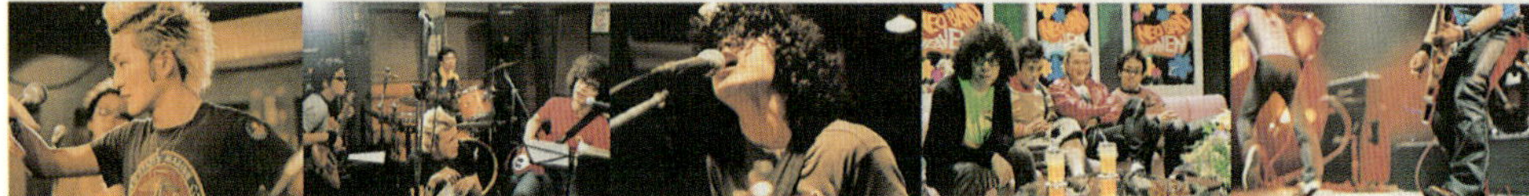

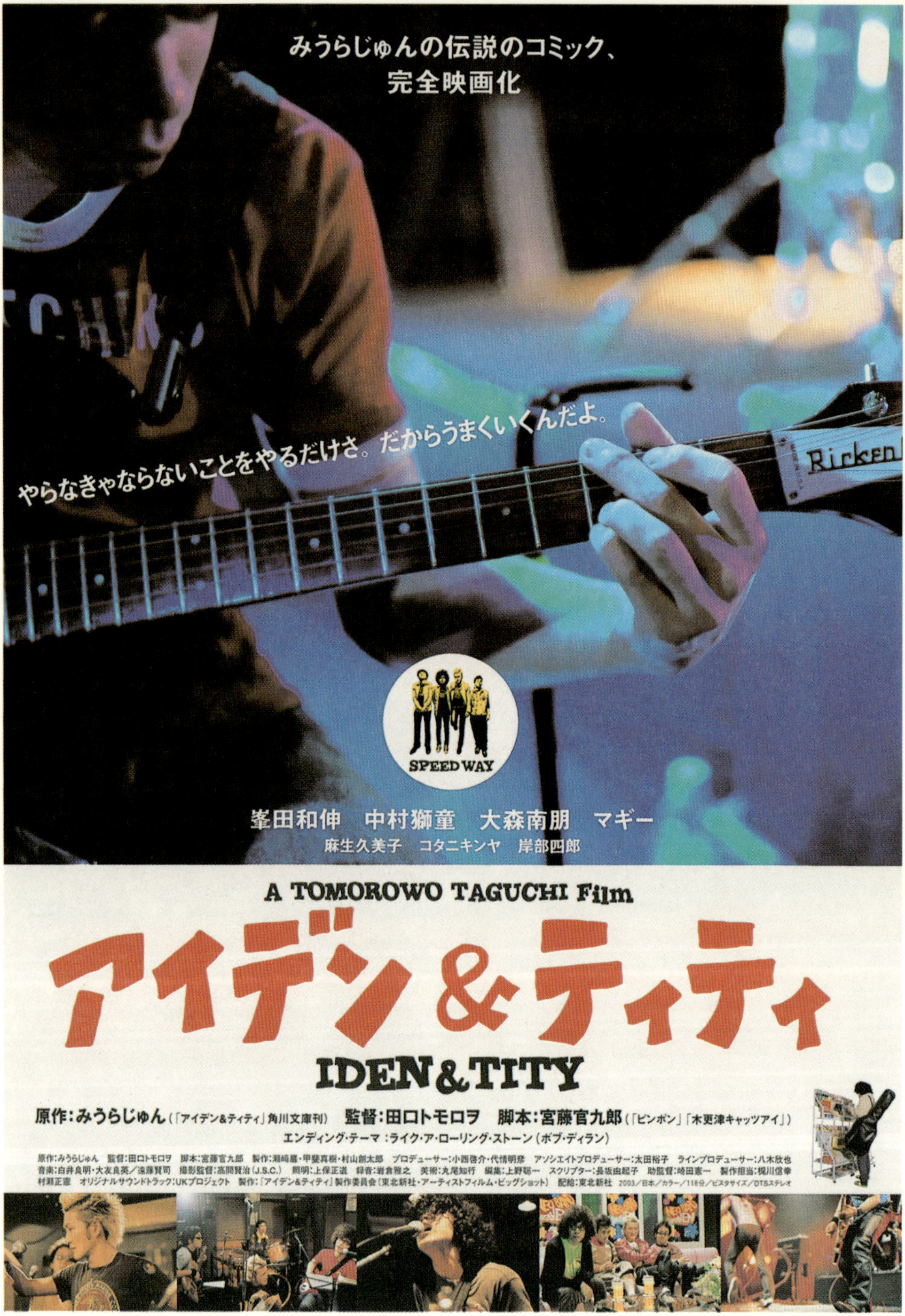

006

006:関口 修男(PLUG-IN GRAPHIC)

愛しかない、それが世界を動かしている。

峯田和伸　麻生久美子

中村獅童　大森南朋　マギー

コタニキンヤ　岸部四郎

A TOMOROWO TAGUCHI Film

アイデン＆ティティ
IDEN＆TITY

原作：みうらじゅん（「アイデン＆ティティ」角川文庫刊）　監督：田口トモロヲ　脚本：宮藤官九郎（「ピンポン」「木更津キャッツアイ」）

エンディング・テーマ：ライク・ア・ローリング・ストーン（ボブ・ディラン）

原作：みうらじゅん　監督：田口トモロヲ　脚本：宮藤官九郎　製作：瀬崎巖・甲斐真樹・村山創太郎　プロデューサー：小西啓介・代情明彦　アソシエイトプロデューサー：太田裕子　ラインプロデューサー：八木欣也
音楽：白井良明・大友良英・遠藤賢司　撮影監督：高間賢治（J.S.C.）　照明：上保正道　録音：岩倉雅之　美術：丸尾知行　編集：上野聡一　スクリプター：長坂由起子　助監督：崎田憲一　製作担当：梶川信幸
村瀬正憲　オリジナルサウンドトラック：UKプロジェクト　製作：「アイデン＆ティティ」製作委員会（東北新社・アーティストフィルム・ビッグショット）　配給：東北新社　2003／日本／カラー／118分／ビスタサイズ／DTSステレオ

007

007:関口 修男（PLUG-IN GRAPHIC）

WRITTEN AND DIRECTED BY
KATSUHITO ISHII
Presented by TOHOKUSHINSHA FILM CO. & TAKI CORPORATION INC.
Distributed by TOHOKUSHINSHA FILM CO.
PARTY 7

the Virgin Suicides

ソフィア・コッポラ 第一回監督作品
ヴァージン・スーサイズ
PARAMOUNT CLASSICS presents
an AMERICAN ZOETROPE production
in association with MUSE PRODUCTIONS and ETERNITY PICTURES
"THE VIRGIN SUICIDES"
JAMES WOODS KATHLEEN TURNER KIRSTEN DUNST JOSH HARTNETT
SCOTT GLENN MICHAEL PARE and DANNY De VITO as dr. horniker narrated by GIOVANNI RIBISI
casting by LINDA PHILLIPS-PALO, c.s.a., ROBERT McGEE, c.s.a., JOHN BUCHAN music composed by AIR
costume designer NANCY STEINER edited by MELISSA KENT JAMES LYONS
production designer JASNA STEFANOVIC
director of photography EDWARD LACHMAN, a.s.c., co-producer FRED ROOS GARY MARCUS
executive producer FRED FUCHS WILLI BAER produced by FRANCIS FORD COPPOLA JULIE COSTANZO
DAN HALSTED CHRIS HANLEY based upon the novel by JEFFREY EUGENIDES
written and directed by SOFIA COPPOLA
TM & © 1999 by Paramount Classics, a division of Paramount Pictures. All Rights Reserved.
'99年カンヌ国際映画祭監督週間正式出品作品／監督・脚本：ソフィア・コッポラ／撮影：エドワード・ラックマン／音楽：AIR／原作：ジェフリー・ユージェニデス
ジェームズ・ウッズ／キャスリーン・ターナー／キルステン・ダンスト／ジョシュ・ハートネット／ダニー・デヴィート
1999年アメリカ映画／原作：早川書房／オリジナルサウンドトラック：V2レコーズ・ジャパン／オリジナル・スコア（AIR）〔ヴァージン・スーサイズ〕：東芝EMI
提供：東北新社　タキコーポレーション　テレビ東京／配給：株式会社東北新社／http//www.tfc.co.jp/hiroba
ヘビトンボの季節に逝ってしまった5人姉妹。僕たちは残された思い出の破片をかき集める。

009

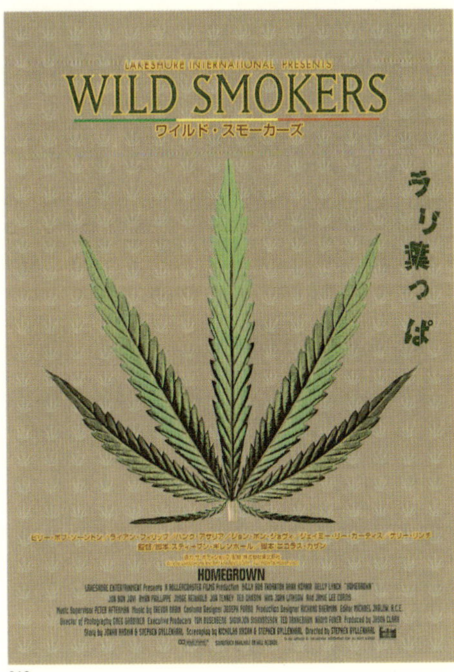

010

009:清水 麻美子　010:山本 一陽（リトルフィールド）

EUREKA ユリイカ
J WORKS
2000年・第53回カンヌ国際映画祭W受賞
コンペティション部門正式招待
国際批評家連盟賞＆エキュメニック賞受賞
2000年ベルギー王立フィルムアーカイブ・グランプリ受賞
(AGE D'OR PRIZE=ルイス・ブニュエル『黄金時代』賞)
主演：役所広司
宮崎あおい
宮崎将
斉藤陽一郎
国生さゆり
光石研
利重剛
松重豊
塩見三省
真行寺君枝
尾野真千子
監督・脚本・編集・音楽：青山真治
プロデューサー：仙頭武則
撮影：田村正毅
照明：佐藤譲
録音：菊池信之
美術：清水剛
音楽：山田勲生
助監督：七字幸久
J WORKS
電通+IMAGICA+サンセントシネマワークス+東京テアトル
製作プロダクション：サンセントシネマワークス
配給：サンセントシネマワークス+東京テアトル
生きろとはいわん。死なんでくれ

011:大寿美トモエ

Chloe
胸に宿ったのは睡蓮のつぼみ
クロエ
MATSUDA Miyuki
NAGASE Masatoshi
TOMOSAKA Rie
TSUKAMOTO Shinsa
2001年・第51回ベルリン国際映画祭コンペティション部門正式招待作品
J WORKS
監督：利重剛 ｜ 出演：永瀬正敏 ともさかりえ 塚本晋也 松田美由紀 ｜ プロデューサー：仙頭武則 ｜ 脚本：利重剛 萩生田宏治 ｜ 撮影：篠田昇 ｜ 照明：中村裕樹
録音：鏡金仁 ｜ 美術：花谷秀文 ｜ 衣装：花谷律子 ｜ 編集：掛須秀一 ｜ 音楽：今野登茂子 ｜ 製作：電通＋IMAGICA＋サンセントシネマワークス＋東京テアトル
制作プロダクション：サンセントシネマワークス ｜ 配給：サンセントシネマワークス ｜ 宣伝：東北新社 ｜ 翻案：『うたかたの日々』（ハヤカワepi文庫刊）『日々の泡』（新潮文庫刊）
©2001 J-WORKS FILM INITIATIVE（Dentsu/Imagica/Suncent Cinema Works/Tokyo Theatres） http://chloe.acommy.com

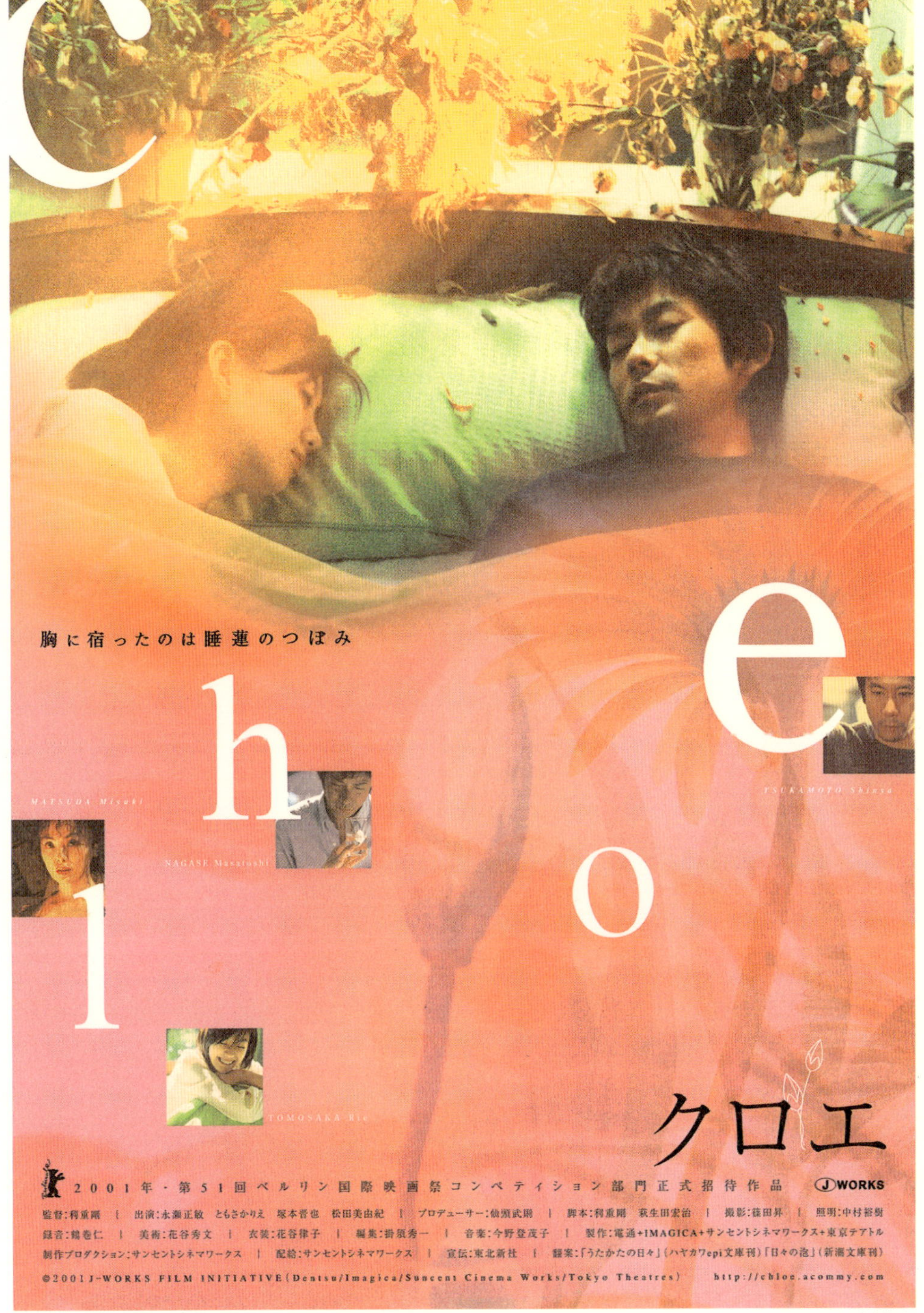

012:大寿美 トモエ

フランス中部、オーベルニュ地方の小さな学校、笑ったり、悩んだり、ケンカしたり、先生とこどもたちの対話を美しく綴った珠玉のドキュメンタリー。

Etre et avoir
ぼくの好きな先生

監督・編集：ニコラ・フィリベール　　出演：ロペス先生と3才から11才までの13人のクラスメイトたち

後援：フランス大使館文化部　協力：ユニフランス東京　協賛：クオバディス・ジャパン　提供：バッフ＋ロングライト　配給：ミラクルヴォイス・東京テアトル　宣伝：ミラクルヴォイス

realisation Nicolas Philibert image Katell Djian, Laurent Didier assistés de Hugues Gémignani son Julien Cloquet musique originale Philippe Hersant caméra et montage Nicolas Philibert assistant monteur Thaddée Bertrand photographies Christian Guy direction de production Isabelle Pailley Sandoz producteur délégué Gilles Sandoz producteur associ Serge Lalou une coproduction Maia Films, Arte France Cinéma, Les Films d'ici, Centre National de Documentation Pédagogique avec la participation de Canal +, du Centre National de la Cinématographie, de Gimages 4 et le soutien du Ministère de l'Education Nationale, du Conseil Régional d'Auvergne, et de la Procirep avec Monsieur Georges Lopez, le professeur et les élèves de l'école de Saint-Etienne sur Usson (Puy De Dôme) : Alizé, Axel, Guillaume Jessie, Johan (Jojo), Johann, Jonathan, Julien, Laura, Létitia, Marie-Elisabeth, Nathalie et Olivier © Maia Films, Arte France Cinéma, Les Films d'ici, CNDP 2002

ゆっくり、大きくなる
Etre et avoir
ぼくの好きな先生
笑ったり、悩んだり、ケンカしたり…… フランス中部の小さな学校の先生とこどもたちの日々
監督・編集：ニコラ・フィリベール　出演：ロペス先生と3才から11才までの13人のクラスメイトたち

「学ぶこと」や「成長すること」がどれほど難しく、そして感動的なことか、
この撮影を終えて改めて強く感じた――――ニコラ・フィリベール
2002年カンヌ国際映画祭特別招待作品
2002年ヨーロピアン・フィルム・アワード 最優秀ドキュメンタリー賞受賞
2003年バリャドリッド国際映画祭 最優秀ドキュメンタリー賞受賞
2003年フランス・セザール賞 最優秀編集賞受賞
Etre et avoir
ぼくの好きな先生
9月20日（土）より、新学期ロードショー！
銀座テアトルシネマ
www.bokusuki.com

2002年カンヌ国際映画祭　ある視点部門正式出品作品
トロント国際映画祭　ロッテルダム国際映画祭　釜山国際映画祭　香港国際映画祭
サンフランシスコ国際映画祭　エジンバラ国際映画祭　ロサンゼルス国際映画祭
涙女
なみだおんな
私の涙、売ります
監督：リュウ・ビンジェン
出演：リャオ・チン
　　　ウェイ・シンクン
2002年／35mm／カラー
アメリカン・ヴィスタ／90min／Dolby SR
カナダ・フランス・韓国合作
中国語／原題：発條的女人
提供：アーティストフィルム＋ミラクルヴォイス
　　　＋インデックスジャパン＋リトル・モア
配給：ミラクルヴォイス／ビターズ・エンド
宣伝：ミラクルヴォイス

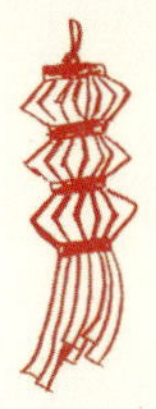

涙女
なみだおんな

私の涙、売ります

2002年カンヌ国際映画祭　ある視点部門正式出品作品

トロント国際映画祭　ロッテルダム国際映画祭　釜山国際映画祭　香港国際映画祭

サンフランシスコ国際映画祭　エジンバラ国際映画祭　ロサンゼルス国際映画祭

監督 リュウ・ビンジェン　出演 リャオ・チン、ウェイ・シンクン

2002年／35ミリ／カラー／アメリカンヴィスタ／90分／Dolby SR／カナダ、フランス、韓国合作／中国語／原題・哭泣的女人

提供 アーティストフィルム＋ミラクルヴォイス＋インデックスジャパン＋リトル・モア　配給 ミラクルヴォイス／ビターズ・エンド　宣伝 ミラクルヴォイス

015

015:大島 依提亜

ほえる犬は嚙まない

ほえる犬は嚙まない【諺】＝口やかましい者ほど、実行が伴わないの意

監督：ボン・ジュノ 出演：ペ・ドゥナ、イ・ソンジェ 原題：짖는 개는 절대 물지 않는다 (フランダースの犬)
2000年／韓国／110分／35mm／カラー／ビスタ
© 2000 Mirovision Inc. miro GAGA 協賛：KOREAN AIR
配給協力：グアバ・グアボ 配給：ファイヤークラッカー
日本語字幕：根本理恵

製作総指揮：チャ・スンジェ『8月のクリスマス』『イルマーレ』『春の日は過ぎゆく』『武士』
製作：チョ・ミンファン 脚本：ボン・ジュノ／ソン・テウン／ソン・ジホ
音楽：チョ・ソンウ『8月のクリスマス』
撮影：チョ・ヨンギュ『バッド・ムービー』『美術館の隣の動物園』
照明：パウ・チョンファン『モーテル・カクタス』

Story

迷い犬を探しています
※特徴：手術をしているため…ほえない

・その事件は、中流家庭の人々が住む閑静なマンションで起きた。
飼ってはいけないはずの犬の鳴き声が日夜マンション中に響き渡り、ユンジュはとてもイライラしていた。やがて起きる小犬失踪事件。少女の愛犬ピンドリがいなくなったことをきっかけに、いつもはゆる～い日々を過ごしていたヒョンナムの、日頃忘れていた小さな正義感に火がついてしまう。
そして、次々と現れるどこか妙な人たち。
ヒョンナムは、彼女の非力さと天然ぶりを心配する親友チャンミの警告も耳に入らず、犯人を捕まえて市民栄誉賞を受賞するためにムダの多い疾走を開始する！

Introduction

"ちょっとありえない"ような"日常"のお話

第13回東京国際映画祭をはじめ世界各国の映画祭で大反響を巻き起こし、ここ日本でも一般公開を望む声が強かった本作が満を持しての公開です。
閑静な郊外のマンションで、連続小犬失踪事件が発生する。そこに登場するのは、自分の手で犯人を捕まえようと奔走する女子事務員とその親友。いつまでも大学教授になれない夫と、甲斐性のないその夫を養う妻。いじわるそうな婆さんやうさん臭い警備員等々の愛すべきキャラクターたちが、綿密に計算された映像と全篇に流れる軽快なジャズの中を走り回る。
本作が長篇デビュー作となったボン・ジュノは386世代（60年代生まれの世代）の中でも評価が最も高い映画監督。今春公開された長篇第2作『殺人のおもいで』は、韓国で記録的な大ヒットとなった。本作では、漫画的な表現やディテールにこだわった笑いを随所に仕掛け、"日常"ではありえない奇妙な事件や、荒唐無稽な状況を次々と創り上げている。その一方で、表向きトボケた登場人物たちの内面に秘められている感情も絶妙なバランスで描き、ストーリーが進むにつれて鮮明になっていく様々な色彩（特に黄色に注目）で感情の変化を表現している。これまで、目にした事がなかったような既存のジャンルに納まらない新しい感覚が楽しめる。
元気がカラ回り気味な女子事務員ヒョンナムを演じ、観客にさわやかな印象を残すペ・ドゥナは、CM、モデル、TV番組の司会やドラマ出演など、旺盛な活動の後、本作によって本格的な女優業に転身した。韓国では『猫をお願い』(01)で数多くの女優賞を受賞し、最新作「チューブ」(02)も話題となった。
「美術館の隣の動物園」(98)や「アタック・ザ・ガス・ステーション！」(99)、「エンジェル・スノー」(01)など、出演作品ごとに様々なキャラクターを演じ分けるイ・ソンジェは、本作では、気弱で少しずつ賢いがどこか憎めないユンジュ役も好演している。
都会的だけれども温かく、残酷に見えるがやさしげで、普通だけれどもファンタジーな"日常"を舞台に展開する、韓国発のエンタテインメント・ムービーをお楽しみ下さい。

とびっきりキュートでちょっぴりシュールなエンタテインメント・ムービー！！

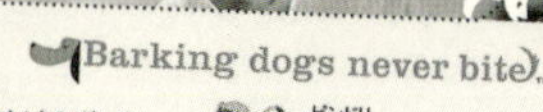

登場人物と犬たち

ヒョンナム：ペ・ドゥナ
物語の舞台となるマンションの管理事務所に勤めている。優しくて正義感は強いが、純粋すぎる天然のお人好し。一番の関心は市民栄誉賞を買ってテレビに出ること。緊張するとフードをかぶる癖がある。

ユンジュ：イ・ソンジェ
出産間近の妻に養われている。うだつのあがらない大学の非常勤講師。教授になる為のワイロの工面に、日々頭を悩ます。近頃、マンション内に響き渡る犬の鳴き声に神経過敏となっている。

チャンミ：コ・スヒ
マンション敷地内の文房具店の店員。ヒョンナムの親友でかなりのチェーンスモーカー。"このアマ"が口癖。計り知れない包容力の持ち主だが、ちょっとやさしい一面もある。

ウンシル：キム・ホジョン
ユンジュの2歳年上の妹。甲斐性の無い犬に代わって家計を支えている。ユンジュに対し、いつもキツくあたっているように見えるのだが・・・。

ツバ吐きばあさん：キム・ジング
ワンちゃんの願い主。どこでもツバを吐く癖あり。どんな状況でも"切干大根論"を熱く語る。年の割りに身のこなしが軽い。

ビョン警備員：ビョン・ヒボン
マンションの警備員。仕事をする傍らいつも、ネギや食材が入った鍋を下げて地下室へ向かう姿がよく目撃されている。言い逃れのための作り話には、意外な才能を見せる。

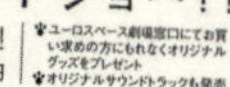

ピンドリ
シーズー。黄色いカッパを着た少女の愛犬。小犬失踪事件の最初の犠牲者。

ワンちゃん
カステラ好きのミニチュア・ピンシャー。日夜ほえまくり、この事件の発端となる。

スンジャ
ウンシルが買ってきたプードル。イチゴ牛乳を飲まなければ寝つかない穏健な体質。

10月より待望のロードショー！！

特別鑑賞券1,400円 絶賛発売中！
当日：一般1,700円／学生1,400円／シニア1,000円
ユーロスペース劇場窓口にてお買い求めの方にもれなくオリジナルグッズをプレゼント
オリジナルサウンドトラックも発売

ユーロスペース
渋谷駅南口徒歩下車2分、JTB前さくら通り上がる
TEL 03-3461-0211 www.eurospace.co.jp

主な出品映画祭＆受賞歴
第19回バンクーバー映画祭／第46回サン・セバスチャン国際映画祭 新人監督賞コンペ部門
第44回ロンドン国際映画祭／第13回東京国際映画祭 シネマプリズム部門／第30回ロッテルダム国際映画祭
第3回ブエノスアイレス国際映画祭 コンペ部門／第25回香港国際映画祭 国際映画批評家連盟賞受賞
第24回シアトル国際映画祭 アジアンビート部門／第19回ミュンヘン国際映画祭 若いアジア映画部門

016:コンテムポラリー・プロダクション

キャンディはまるで"エッチの国のアリス"！キュートなファッションと「おしゃれエッチ」な魅力がPOPに全開！

Walter Matthau

Ewa Aulin

Marlon Brando

James Coburn

Charles Aznavour

John Astin

John Huston

Ringo Starr

Richard Burton

♥ 永遠に可愛らしい、キャンディと60年代ファッション!!

キャンディ・クリスチャンはキュートでスイートな女子高生！
16歳でミス・ティーン・インターナショナルに選ばれた、
スウェーデン出身のエヴァ・オーリンは、まるで妖精が降臨したようにイノセントな魅力を振りまく。
可憐なウィスパーヴォイス、透き通った肌とちょっと太めのナイスバディ、
今の気分にぴったりのフリフリのワンピもキャミソールも、ミニのファー・コートも最高にキュートで、
オープニングからエンディングまで、キャンディの"おしゃれエッチ"な魅力にやられっぱなし！

♥ アカデミー賞常連の、あまりに濃すぎる豪華キャスト!!

『波止場』、『ゴッド・ファーザー』でアカデミー賞主演男優賞2回受賞のマーロン・ブランドをはじめ、
『恋人よ帰れ！わが胸に』で助演男優賞受賞のウォルター・マッソー、『白い刻印』で助演男優賞受賞のジェームズ・コバーンほか、
ビートルズのメンバーとしてあまりにも有名なリンゴ・スターや『クレオパトラ』のリチャード・バートン、オスカー監督のジョン・ヒューストンなど
60年代映画界の大物スターたちが、キャンディをめぐるおバカな演技を続々としし披露。
名優達のあまりに濃すぎる力演は、果たして演技なのか、はたまた本当にキャンディに夢中だったのか!?とにかく必見！

♥ 原作は『イージー・ライダー』のテリー・サザーン!!

原作は1958年にフランスで発表され、女子高生の性の解放をブラックユーモアたっぷりに描き、
従来の道徳概念を打ち破ったために、アメリカでは発禁扱いにされたいわくつきの小説。
作者のテリー・サザーンは『博士の異常な愛情/または私は如何にして心配するのを止めて水爆を愛するようになったか』や
『イージー・ライダー』の脚本などを手がけた知られざる天才作家で傑作を数多く生み出した。
反体制的なスタイルとポップな感覚が調和した、カウンター・カルチャー界の代表的な作家のひとりとして、
ビートニク派との親交も深く、『バロウズ』や『ビートニク』には本人として出演。

♥ 伝説のエロティック・コメディが復活!!

キャンディは、華麗な教授、庭師、空軍大将、天才医師、せむし男、ヨガの伝道師など
次々と出会う奇妙な男たちを救済するために、
グラマー＆プリティなナイスバディを惜しみもなく捧げる。
キャンディはまるで"エッチの国のアリス"ともいうべき、虚飾と偽善に満ちた世界を遍歴し、
サイケ＆フリー・セックスの時代をひとりさっそうと駆け抜ける。
1969年(※1)に製作され、ビデオ化もされず伝説となっていた本作。今回は初公開版より
約10分長い日本初のオリジナル完全版での公開が実現!!
※1……一説には'68年とも言われる。日本公開は70年

SUMMER NIGHT@CINEMA RISE 6/21(土)よりレイトショー！連日21:10〜23:20(終映予定)
特別鑑賞券 ¥1,300発売中！当日料金(税込):一般¥1,500／学生¥1,300／シニア・高校生¥1,000
♥劇場窓口でお買い求めの方に、「キャンディ特製ミニグラス」をプレゼント！(限定)
●『キャンディ』フォトコミックがプチグラパブリッシングより6月下旬発売予定！●『キャンディ』原作本が角川書店BOOK PLUSより発売中(定価￥1,000)
●国書刊行会よりテリー・サザーンの唯一の短編集、『レッド・ダート・マリファナ』(訳:松永良平)今夏発売予定！

シネマライズ
渋谷公園通りパルコパート3前
TEL.03-3464-0051
www.cinemarise.com

017

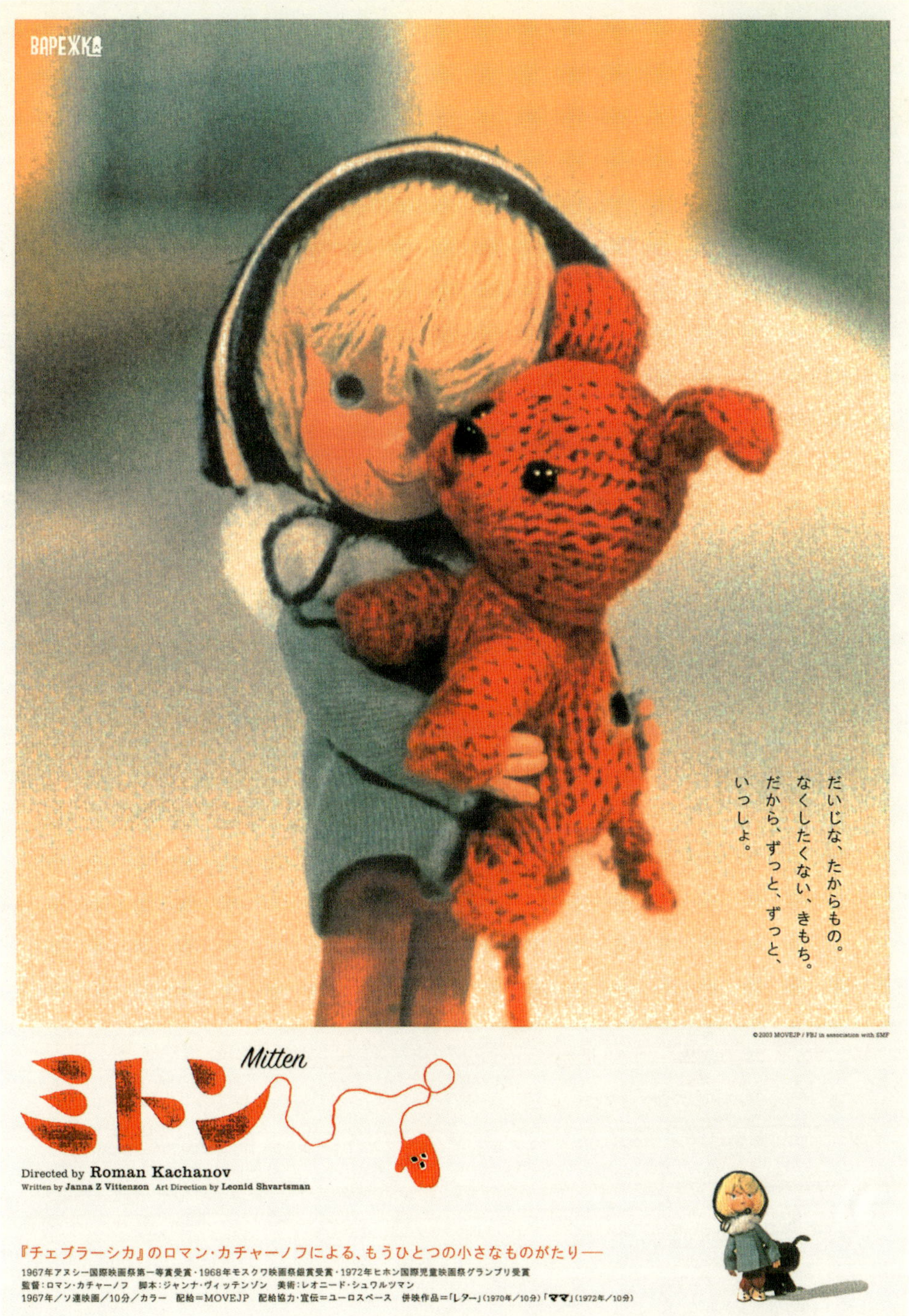

だいじな、たからもの。
なくしたくない、きもち。
だから、ずっと、ずっと、
いっしょ。

『チェブラーシカ』のロマン・カチャーノフによる、もうひとつの小さなものがたり――

1967年アヌシー国際映画祭第一等賞受賞・1968年モスクワ映画祭銀賞受賞・1972年ヒホン国際児童映画祭グランプリ受賞
監督：ロマン・カチャーノフ　脚本：ジャンナ・ヴィッテンゾン　美術：レオニード・シュワルツマン
1967年／ソ連映画／10分／カラー　配給＝MOVEJP　配給協力・宣伝＝ユーロスペース　併映作品＝「レター」(1970年／10分)「**ママ**」(1972年／10分)

018：大島 依提亜

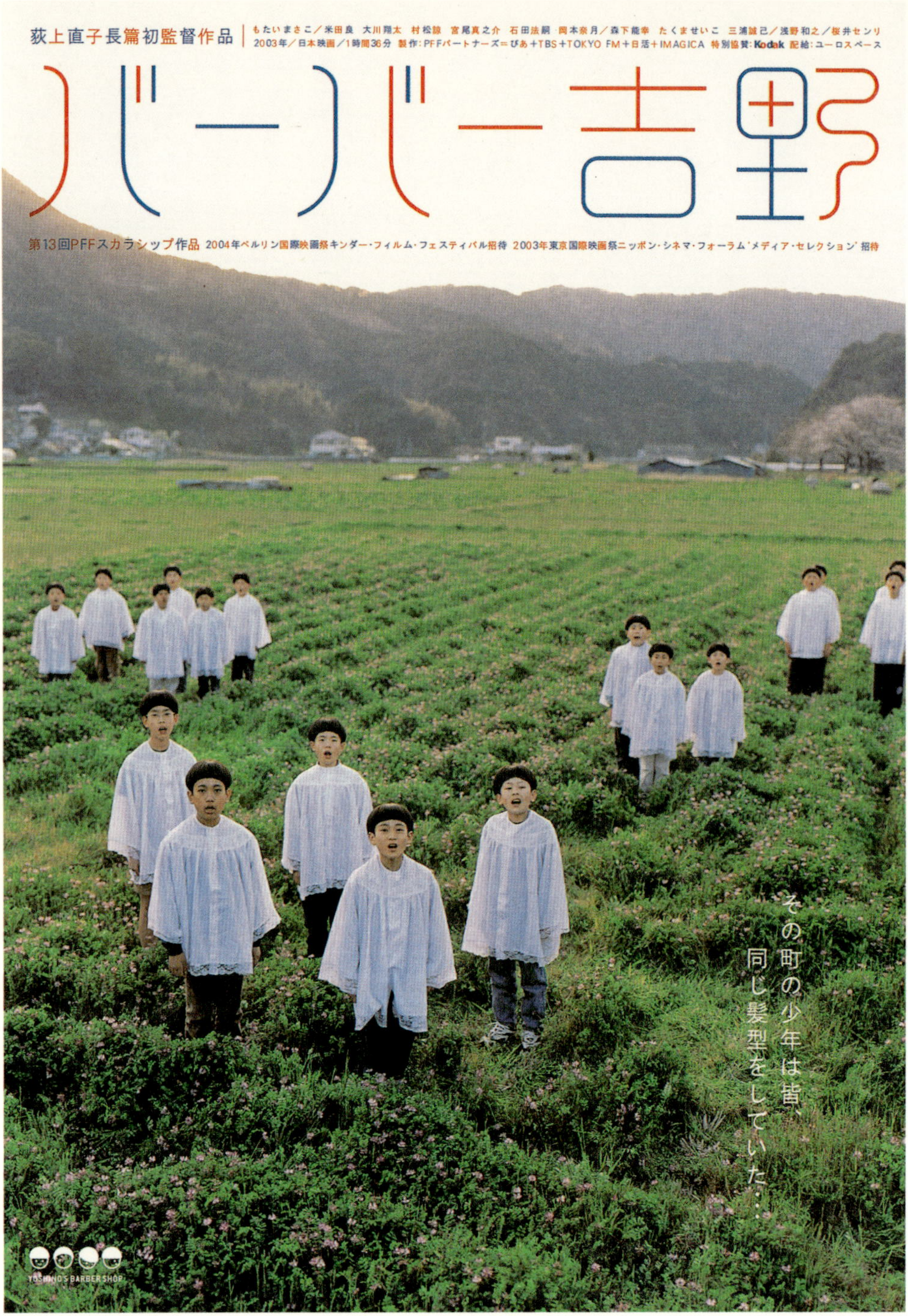

荻上直子長篇初監督作品
もたいまさこ／米田良　大川翔太　村松諒　宮尾真之介　石田法嗣　岡本奈月／森下能幸　たくませいこ　三浦誠己／浅野和之／桜井センリ
2003年／日本映画／1時間36分　製作：PFFパートナーズ＝ぴあ＋TBS＋TOKYO FM＋日活＋IMAGICA　特別協賛：Kodak　配給：ユーロスペース
バーバー吉野
第13回PFFスカラシップ作品　2004年ベルリン国際映画祭キンダー・フィルム・フェスティバル招待　2003年東京国際映画祭ニッポン・シネマ・フォーラム'メディア・セレクション'招待
その町の少年は皆、
同じ髪型をしていた…。
YOSHINO'S BARBER SHOP

019

019:大島 依提亜

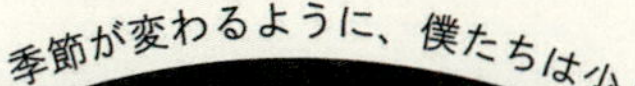

季節が変わるように、僕たちは少しだけ大人になった——

春から夏への数週間……。

ものがたり

山の新緑が見事な稜線をつくる、美しい、小さな田舎町。床屋の「バーバー吉野」のおばちゃん(もたいまさこ)が刈る、'吉野ガリ'がこの町の男の子のシンボル。その伝統はもう100年以上も続いている。そんな奇妙な髪型を、誰ひとり疑問に思っていなかった小さなこの町に、東京から転校生がやって来たことで事態は一変するのだった…。

ビター・スイートな、和製『スタンド・バイ・ミー』の誕生

桜と菜の花が咲き乱れる中、修道士を思わせる髪型の子供たちが田畑を縫う小道に居並ぶや、教会の合唱隊のごとく荘厳なバロック音楽を唱和し始める。田園に響く「ハレルヤ」を連呼する男の子たちのソプラノの声…。

ユニークな導入部で一気に観る者を引き込む映画『バーバー吉野』は、「男の子の髪型は全員同じにしなければならない」という不思議な規律に閉じこめられた田舎町の春から夏を舞台に、そこに生きる少年や大人たちの姿をユーモラスに写し出した、みずみずしくも、切なくやさしい思春期のものがたり。

初恋、親や教師への反抗心、秘密基地、性への目覚め、大人になるということ…。髪型を変えてもきっと何も変わらない。でも少年たちは、彼らに起こった些細な冒険を通して、昨日とは違う自分を見つけ、少しだけ大人になっていく——。少年たちの繊細で、でもほろ苦い、誰もが通過するひそやかな時間。そんなガラス細工のような大人への移行時間を見事に画面に焼きつけた、和製『スタンド・バイ・ミー』が誕生しました。

新鋭・荻上直子監督の、目線のやさしさとみずみずしさ

少年たちの心情を的確に追ったのは、この作品が長篇デビュー作となる荻上直子。まだ30代初めの女性監督によるみずみずしくもリアリティある男の子描写は、驚きをもって迎え入れられるでしょう。

キャストには、強烈な存在の吉野のおばちゃんに『双生児』『金融腐食列島・呪縛』のもたいまさこ。主演の5人の男の子には米田良(『ミスター・ルーキー』)、大川翔太(『ドラゴンヘッド』)、村松諒(『FROG RIVER』)、宮尾真之介(『BANBIBONE』)、石田法嗣(『Returner』)らが。彼らが憧れる同級生の真央には『ごめん』の岡本奈月。また、大人側では、先生役に『IKKA：一和』『きょうのできごと』の三浦誠己。ケケおじさんで強烈な印象を残すのは『殺し屋1』『アカルイミライ』の森下能幸。慶太の姉役はルミネtheよしもと新喜劇にも出演中の、たくませいこ。「バーバー吉野」の常連、三河のおじいさんには『学校IV』の桜井センリ。そして、TVドラマ『HR』『僕の生きる道』の浅野和之が父親役を好演しています。

撮影は静岡県の松崎町、下田で敢行。少年たちが冒頭で歌う合唱曲など、随所を彩る音楽には、バロック期の巨人ゲオルグ・フリードリヒ・ヘンデルや、イタリアン・オペラの大家ジャコモ・プッチーニの楽曲が使用されています。

バーバー吉野

YOSHINO'S BARBER SHOP

第13回PFFスカラシップ作品
2004年ベルリン国際映画祭キンダー・フィルム・フェスティバル招待
2003年東京国際映画祭ニッポン・シネマ・フォーラム'メディア・セレクション'招待
監督・脚本=荻上直子
出演：もたいまさこ／米田良 大川翔太 村松諒 宮尾真之介 石田法嗣 岡本奈月／
森下能幸 たくませいこ 三浦誠己／浅野和之／桜井センリ
製作：矢内廣 中村雅哉 児玉守弘 黒坂修 高野力 プロデューサー：天野真号 ラインプロデューサー：池原健
撮影：上野彰吾 照明：島越正夫 録音：阿部茂 林大輔 整音：加藤大和 編集：普嶋信一 美術：松塚陸史
助監督：天野修敬 製作担当：原部公一 音楽監修：井出博子
2003年／日本映画／1時間36分／カラー／35mm／1:1.85／モノラル
配給：ユーロスペース

春休みほのぼのロードショー！

前売鑑賞券1400円絶賛発売中！
劇場窓口でお買い求めの方に『バーバー吉野』ポストカードをプレゼント
劇場窓口、有名プレイガイド、チケットぴあ等でお求めください。
(当日料金：一般1700円・学生1400円・シニア1000円)
※ミニシアター回数券もお使いになれます。

上映時間
連日
1:00
3:00
5:00
7:00

ユーロスペース
tel：03-3461-0211
渋谷駅南口下車2分 JTB前さくら通り上がる
www.eurospace.co.jp

人生は前にしか進まない

2002年カンヌ国際映画祭グランプリ・主演女優賞ダブル受賞

過去のない男
mies vailla menneisyyttä

アキ・カウリスマキ監督作品
サン・セバスチャン映画祭国際批評家連盟賞／ハンブルグ映画祭ダグラス・サーク賞
出演＝マルック・ペルトラ／カティ・オウティネン
後援＝フィンランド大使館 協力＝フィンランド航空
提供＝ＴＢＳ＋トライエム＋博報堂＋ユーロスペース
配給＝ユーロスペース

020:大島 依提亜

ニュープリント上映

アンナ・マグダレーナ・バッハの日記

1967年　ドイツ・イタリア合作　モノクロ　94分　監督＝ジャン＝マリー・ストローブ＋ダニエル・ユイレ

出演＋演奏＝グスタフ・レオンハルト　クリスティアーネ・ラング＝ドレヴァンツ

ウィーン・コンチェントゥス・ムジクス（指揮：ニコラウス・アーノンクール）

配給＝ユーロスペース

Early Kaurismäki
アキ・カウリスマキ監督未公開2作品連続上映
殺人は、時代への復讐だった。
罪と罰
アキ・カウリスマキ、驚異の処女作
出演＝マルック・トイッカ／アイノ・セッポ／エスコ・ニッカリ／マッティ・ペロンパー
監督・脚本＝アキ・カウリスマキ　原作＝F・M・ドストエフスキー『罪と罰』より
1983年／フィンランド／1時間33分／カラー　配給＝ユーロスペース
Crime and Punishment
Early Kaurismäki 
アキ・カウリスマキ監督未公開2作品連続上映
アキ風！ 痛快バラエティ・ロード・ムービー!!
カラマリ・ユニオン
出演：マッティ・ペロンパー／ブンティ・ヴァルトネン／サッケ・ヤルヴェンパー／ピルッカ　ベッカ・ペテリウス／その他大勢
監督・脚本：アキ・カウリスマキ　1985年／フィンランド／1時間20分／モノクロ　配給：ユーロスペース
Calamari Union
男たちよ、
パラダイスへ進め！
フランク

023

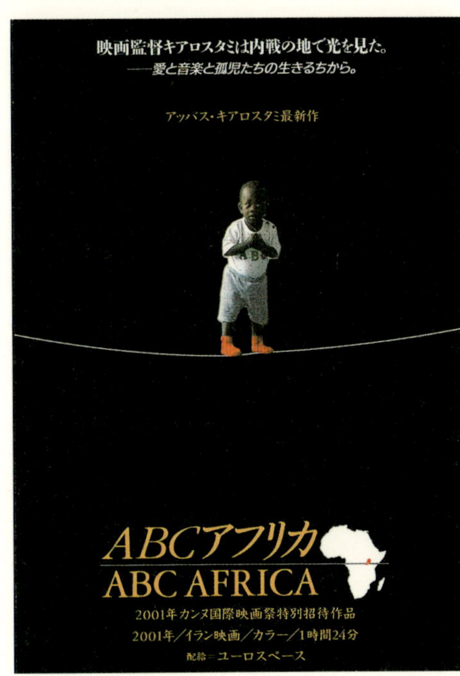

024

025

026

愛にさすらう
Written,directed,edited and produced by
Vincent Gallo
the brown bunny
ブラウン・バニー
監督・脚本・編集・製作：ヴィンセント・ギャロ
主演：ヴィンセント・ギャロ、クロエ・セヴィニー
傷心のバイクレーサー、バドの旅が終わるとき、デイジーは悲しみの彼方からやって来る。

027

ラスト20分の愛の衝撃!!
Vincent Gallo   Chloë Sevigny
KINETIQUE presents
the brown bunny
ブラウン・バニー
written, directed, edited and produced by
Vincent Gallo
Ed TSUWAKI
SHIGEO

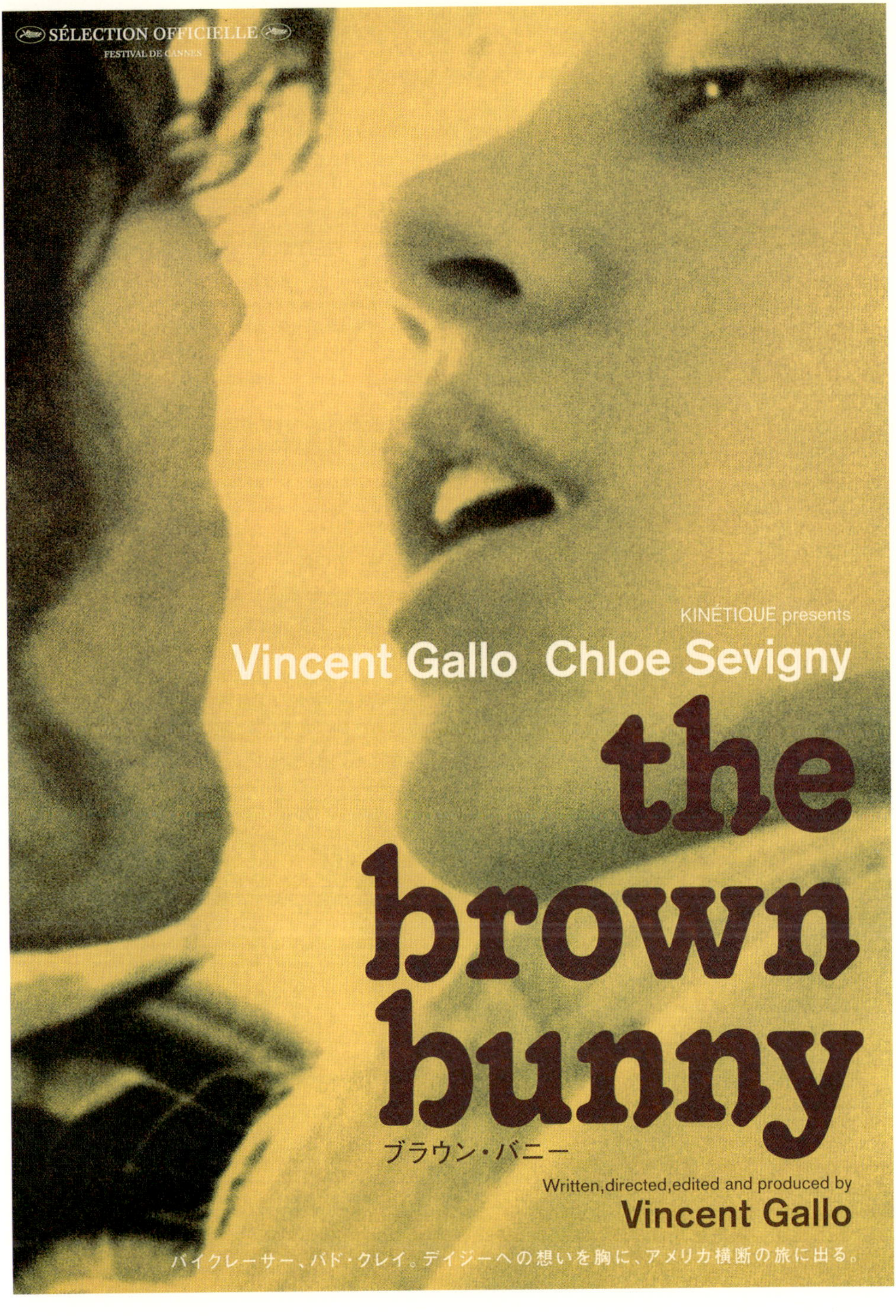

SÉLECTION OFFICIELLE
FESTIVAL DE CANNES

KINÉTIQUE presents

Vincent Gallo Chloe Sevigny

the
brown
bunny

ブラウン・バニー

Written,directed,edited and produced by
Vincent Gallo

バイクレーサー、バド・クレイ。デイジーへの想いを胸に、アメリカ横断の旅に出る。

028

028:関口 修男（PLUG-IN GRAPHIC）

JEAN-MICHEL BASQUIAT
IN
DOWNTOWN81
JEAN MICHEL BASQUIAT
IN
DOWNTOWN81
バスキア19歳。おとぎ話が現実になることを未だ知らない
NEW YORK BEAT FILMS PRESENTS "DOWNTOWN 81" JEAN MICHEL BASQUIAT DEBORAH HARRY KID CREOLE AND THE COCONUTS TUXEDOMOON D.N.A.
JAMES WHITE AND THE BLACKS WALTER STEDING THE PLASTICS DIRECTOR OF PHOTOGRAPHY JOHN MC NULTY EDITED BY PAMELA FRENCH
ART DIRECTED BY MARIPOL EXECUTIVE PRODUCER MICHAEL ZILKHA CO-PRODUCED BY PATRICK MONTGOMERY AND GLENN O'BRIEN WRITTEN BY
GLENN O'BRIEN PRODUCED BY MARIPOL DIRECTED BY EDO BERTOGLIO DIRECTORS FORTNIGHT CANNES 2000 ©2000 New York Beat Films, LLC ALL RIGHTS RESERVED.
DISTRIBUTED BY K I N E T I Q U E www.DT81.NET
監督・アートディレクター スタイリスト エド・ベルトグリオ／脚本・共同製作 グレン・オブライエン／製作 マリポール／主演 ジャン＝ミシェル バスキア／2000年 カンヌ国際映画祭監督週間正式出品
アメリカ映画／2000年／1時間15分／カラー／英語／ヨーロピアン・ビスタ／Dolby SRD
サウンドトラック：V2レコーズ・ジャパン／協賛：BEAMS／後援：スペースシャワーTV／配給：キネティック／www.DT81.NET

Roman Polanski
狂気、ブロンド、ナイフ。
● REPULSION -反撥- ● 袋小路 ● 水の中のナイフ
LICENSED BY EURO LONDON FILMS LTD. ALL RIGHTS RESERVED / DISTRIBUTED BY KINÉTIQUE

the ROMAN POLANSKI films REPULSION, CUL-DE-SAC, A KNIFE IN THE WATER

a COMPTON production MICHAEL KLINGER and TONY TENSER present

"REPULSION" starring CATHERINE DENEUVE original screenplay by ROMAN

POLANSKI and GERARD BRACH director of photography GILBERT TAYLOR B.S.C.

music composed and conducted by CHICO HAMILTON produced by GENE GUTOWSKI

030

...OMPTON production. MICHAEL KLINGER and TONY TENSER present
...L-DE-SAC" starring DONALD PLEASENCE. FRANÇOISE DORLÉAC original
...enplay by ROMAN POLANSKI and GERARD BRACH director of photography
...BERT TAYLOR B.S.C. music by KOMEDA executive producer SAM WAYNBERG
...duced by GENE GUTOWSKI

a ZRF KAMERA production "A KNIFE IN THE WATER" starring LEON NIEMCZYK
JOLANTA UMECKA ZYGMUNT MALANOWIC original screenplay by ROMAN
POLANSKI and JERZY SKOLIMOWSKI and JAKUB GOLDBERG director of
photography JERZY LIPMAN music by KOMEDA produced by STANISLAW ZYLEWICZ
supported by UNITED ARROWS

UNITED ARROWS

KIN E I QUE

031:関口 修男（PLUG-IN GRAPHIC）

しあわせの法則

監督・脚本:リサ・チョロデンコ　ケイト・ベッキンセール　クリスチャン・ベール　フランシス・マクドーマンド
2002年／アメリカ映画／1時間43分／アメリカン・ヴィスタ／Dolby SR/SRD／原題:Laurel Canyon
オリジナル・サウンドトラック:カッティング・エッジ　提供:ドメティック、ジェネオン エンタテインメント　配給:キネティック KINETIQUE
www.shiawasenohousoku.com

FRANCES McDORMAND
CHRISTIAN BALE
ALESSANDRO NIVOLA

ときには誘惑も心のごちそう

ネネットとボニ
それは子宮の海を漂うような優しさ。
NÉNETTE et BONI

033

BLOOD SIMPLE
the thriller
A film by JOEL & ETHAN COEN
哀しいほど滑稽な殺人
ブラッドシンプル／ザ・スリラー

034

バレエを生きる。
それは、愛より強い想い。
Tout près des étoiles
Les danseurs de l'Opéra de Paris
パリ・オペラ座、美しく過酷な物語。
エトワール
Un film de Nils Tavernier

035

BEYOND A REASONABLE DOUBT
FRITZ LANG
2000
To TOM FROM SUSAN
Distributed by CABLE HOGUE co., ltd

037-1

038

039

037-1:横山 ひろあき

配給:ケイブルホーグ

BLACK MOON

ブラック・ムーン

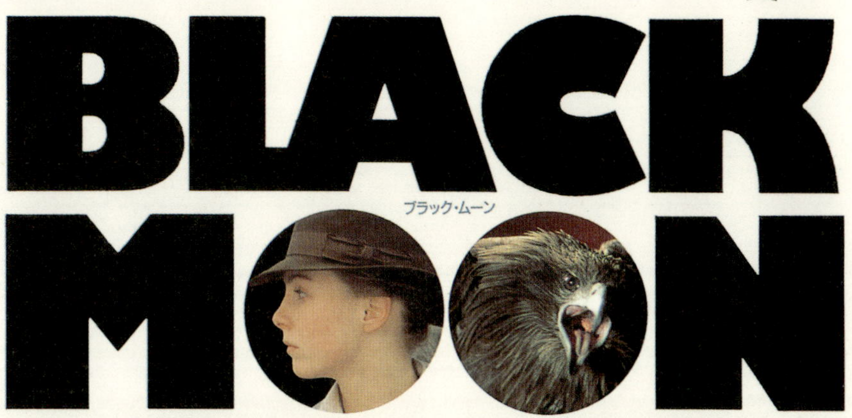

少女が鏡を越えて見たものは……

ルイ・マルが創造したもう一つのルイス・キャロルの世界。

監督:ルイ・マル　撮影:スヴェン・ニクヴィスト
出演:キャスリン・ハリソン、アレキサンドラ・ステュワルト
ジョー・ダレッサンドロ
1975年/フランス=西ドイツ合作/カラー/92分
日本初公開

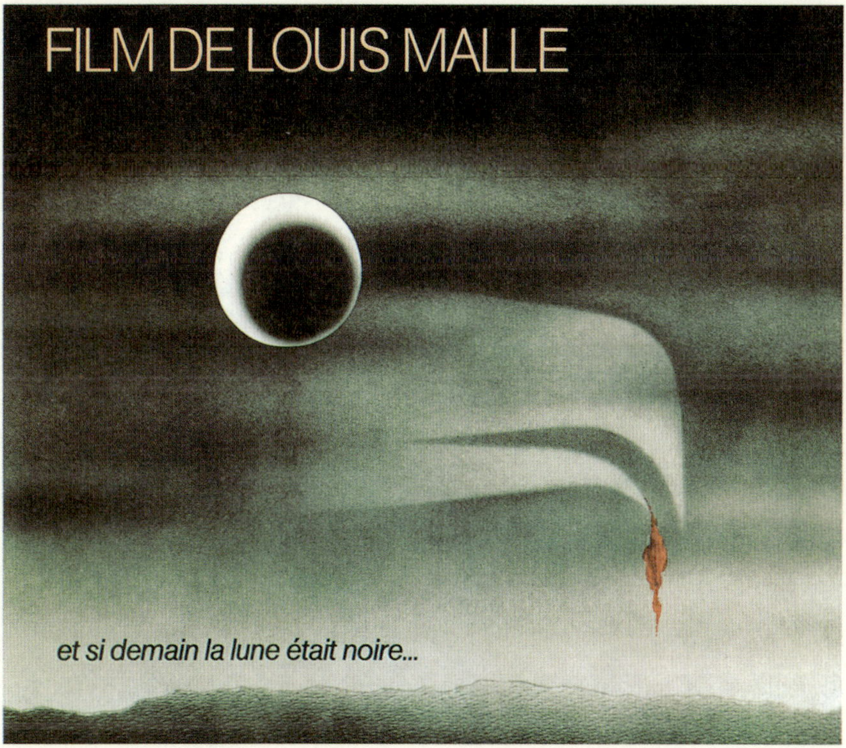
FILM DE LOUIS MALLE
et si demain la lune était noire...

053

041

042

043

044

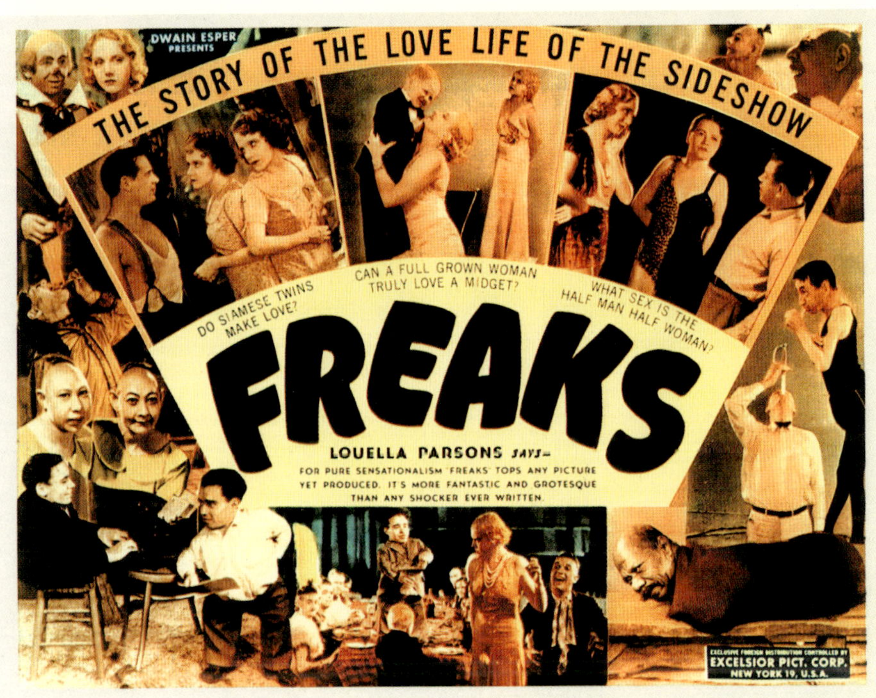

DWAIN ESPER PRESENTS
THE STORY OF THE LOVE LIFE OF THE SIDESHOW
DO SIAMESE TWINS MAKE LOVE?
CAN A FULL GROWN WOMAN TRULY LOVE A MIDGET?
WHAT SEX IS THE HALF MAN HALF WOMAN?
FREAKS
LOUELLA PARSONS SAYS—
FOR PURE SENSATIONALISM 'FREAKS' TOPS ANY PICTURE YET PRODUCED. IT'S MORE FANTASTIC AND GROTESQUE THAN ANY SHOCKER EVER WRITTEN.
EXCLUSIVE FOREIGN DISTRIBUTION CONTROLLED BY
EXCELSIOR PICT. CORP.
NEW YORK 19, U.S.A.

ROCK MOVIES SPECIAL
ハイアー・ゼイ・カム
フィルモア最后のコンサート
ドント・ルック・バック
ザ・グレイトフル・デッド・ムーヴィー
ボーダー・レディオ
さらば青春の光
モア／ピンクフロイド
TFM TOKYO FM

AGUIRRE
DER ZORN
GOTTES
アギーレ・神の怒り
フィッツカラルド
KLAUS
KINSKI
FITZCARRALDO
EIN
FILM
VON
WERNER HERZOG

EL MARIACHI
MEXICO
ロバート・ロドリゲス、24歳。
製作費7,000ドル、撮影2週間。
アメリカン・ドリームを実現した
"神技的"デビュー作。
エル
マリアッチ
1992年/アメリカ映画/80分/カラー/ロス・フーリガンズ・プロダクション
ロバート・ロドリゲス作品 "EL MARIACHI"
出演：カルロス・ガラルド/コンスエロ・ゴメス/ピーター・マーカルド
製作：ロバート・ロドリゲス/カルロス・ガラルド　脚本・監督：ロバート・ロドリゲス
提供：コロンビア映画　配給：ケイブルホーグ

ED WOOD
COLLECTION
PLAN 9 FROM OUTERSPACE
Glen or Glenda
BRIDE OF THE MONSTER
プラン9・フロム・アウタースペース
Plan9 from Outer Space
グレンとグレンダ
Glen or Glenda
怪物の花嫁
Bride of the Monster
Distributed by CABLE HOGUE
©1995, poly film VERLEIH

IGGY POP "NIGHTCLUBBING" SEX PISTOLS "ANARCHY IN THE UK" X-RAY SPEX "OH BONDAGE UP YOURS" SEX PISTOLS "GOD SAVE THE QUEEN"
RICH KIDS "PRETTY VACANT" SEX PISTOLS "LIER" THE CLASH "POLICE AND THIEVES" GENERATION X "KISS ME DEADLY" SEX PISTOLS "I WANNA BE ME" SEX PISTOLS "PRETTY VACANT" SEX PISTOLS "NO FUN"
CABLE HOGUE CO., LTD.
Distributed by CABLE HOGUE CO.,LTD.
SEX PISTOLS
DEAD BOYS
Generation X
RICH KIDS
SHAM 69
X-Ray Spex
D.O.A.
TOM NORMAN PRESENTS A HIGH TIMES FILM PRODUCED AND DIRECTED BY LECH KOWALSKI
SEX PISTOLS "HOLIDAYS IN THE SUN" SEX PISTOLS "EMI" SEX PISTOLS "BODIES" AUGUSTUS PABLO "A.P.SPECIAL" (D.O.A.) TOM NORMAN PRESENTS A HIGH TIMES FILM PRODUCED AND DIRECTED BY LECH KOWALSKI
SEX PISTOLS "NEW YORK" SHAM 69 "RIP OFF" SHAM 69 "BORSTAL BREAKOUT" THE DEAD BOYS "I WANNA BE A DEAD BOY (ALL THIS AND MORE)"

050:宇川 直宏

深紅の愛
Deep Crimson
Arturo Ripstein
二人の官能の愛は、死はおろか、人生さえも越えてゆく。

052

053

052:君島 イチロー　053:君島 イチロー

知の森では、
この10分が永遠となる

ベルナルド・ベルトルッチ
BERNARDO BERTOLUCCI
「水の寓話」

マイク・フィギス
MIKE FIGGIS
「time4」

イジー・メンツェル
JIRI MENZEL
「老優の一瞬」

イシュトヴァン・サボー
ISTVÁN SZABÓ
「10分後」

クレール・ドゥニ
CLAIRE DENIS
「ジャン=リュック・ナンシーとの対話」

フォルカー・シュレンドルフ
VOLKER SCHLÖNDORFF
「啓示された光」

マイケル・ラドフォード
MICHAEL RADFORD
「星に魅せられて」

ジャン=リュック・ゴダール
JEAN-LUC GODARD
「時間の闇の中で」

究極のコンピレーションフィルム誕生
10ミニッツ・オールダー イデアの森
TEN MINUTES OLDER

生きるとは、
この10分を生きること

アキ・カウリスマキ
AKI KAURISMÄKI
「結婚は10分で決める」

ビクトル・エリセ
VICTOR ERICE
「ライフライン」

ヴェルナー・ヘルツォーク
WERNER HERZOG
「失われた一万年」

ジム・ジャームッシュ
JIM JARMUSCH
「女優のブレイクタイム」

ヴィム・ヴェンダース
WIM WENDERS
「トローナからの12マイル」

スパイク・リー
SPIKE LEE
「コアラブラッシュ」

チェン・カイコー
CHEN KAIGE
「夢幻田園」

究極のコンピレーションフィルム誕生
10ミニッツ・オールダー 人生のメビウス
TEN MINUTES OLDER

054

BERNARDO BERTOLUCCI
AKI KAURISMÄKI
MIKE FIGGIS
VICTOR ERICE
WERNER HERZOG
JIRI MENZEL
JIM JARMUSCH
ISTVÁN SZABÓ
CLAIRE DENIS
WIM WENDERS
VOLKER SCHLÖNDORFF
SPIKE LEE
MICHAEL RADFORD
CHEN KAIGE
JEAN-LUC GODARD

TEN MINUTES OLDER THE TRUMPET
10ミニッツ・オールダー［人生のメビウス］
2002年カンヌ国際映画祭「ある視点」部門正式出品
監督：アキ・カウリスマキ／ヴィクトル・エリセ／ヴェルナー・ヘルツォーク／ジム・ジャームッシュ／ヴィム・ヴェンダース／スパイク・リー／チェン・カイコー

TEN MINUTES OLDER THE CELLO
10ミニッツ・オールダー［イデアの森］
2002年ヴェネチア国際映画祭特別招待作品
監督：ベルナルド・ベルトルッチ／マイク・フィギス／イジー・メンツェル／イシュトヴァン・サボー／クレール・ドゥニ／フォルカー・シュレンドルフ
マイケル・ラドフォード／ジャン=リュック・ゴダール

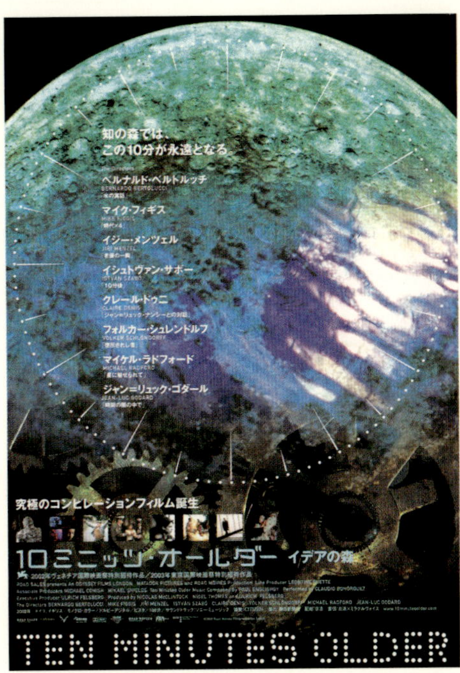

055

056

057

055:大寿美 トモエ　056:川村 哲司　057:矢部 綾子

A Sexy New Comedy from Harry Sinclair
TOY LOVE
Infidelity for Beginners
猫は、なんでも知っている

まだ、もっと、
イケナイ恋をしてみたい！

non-sens

058

VARLA JEAN MERMAN   ROSSY de PALMA
FRANCHESCA PAGE
A Musical
The Talent   The Producer
The Understudy   The Best Friend   The Boyfriend   The Star

FRANCHESCA PAGE
踊るのよ、フランチェスカ！

059

060

061

062

060:浅葉 克巳（浅葉デザイン事務所）　061:田中 孝道　062:田中 孝道

063

064

065

066

067:ウルトラグラフィックス

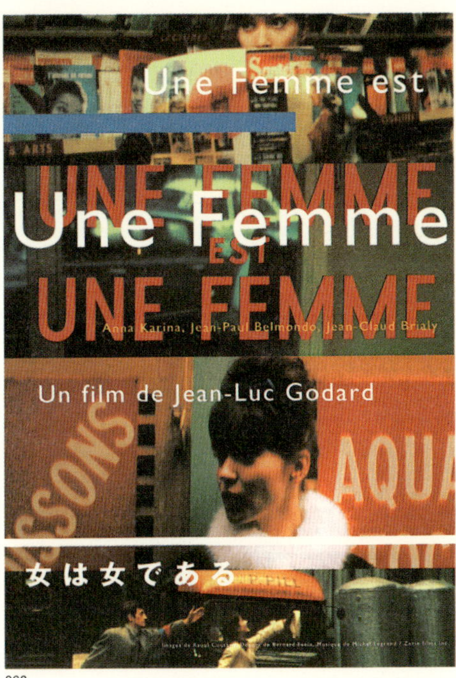

068

069

070

071

Festival
de
Jacques
Tati

Jour de fête
Les vacances de
monsieur Hulot
Mon oncle
Play time
Soigne ton gauche
L'école des facteurs
Cours du soir

ジャック・タチ フィルム・フェスティバル

072

Festival de Jacques Tati
©Les Films de Mon oncle   distribuée par zazie films

073

074

075

073:ウルトラグラフィックス　074:曽田 文子（Akane Design）　075:ウルトラグラフィックス

076

077

078

チェアウォーカーたちの愛と希望の物語
誰だって愛したい。そして愛されたい。
ナショナル 7
Nationale Sept
La Sept ARTE-TÉLÉCIP présente
Un film de
JEAN-PIERRE SINAPI
Image et cadre JEAN-PAUL MEURISSE   Son JEAN-MICHEL CHAUVET
Montage CATHERINE SCHWARTZ
NADIA KACI, OLIVIER GOURMET, LIONEL ABELANSKI,
CHANTAL NEUWIRTH, JULIEN BOISSELIER
Distribuée par ZAZIE FILMS, INC.

079

ZERO MOSTEL in
MEL BROOKS'
The
Producers
A SYDNEY GLAZIER PRODUCTION
featuring ESTELLE WINWOOD CHRISTOPHER HEWETT KENNETH MARS LEE MEREDITH DICK SHAWN as L.S.D. and co-starring GENE WILDER
Director of Photography JOSEPH COFFEY Music Composed and Conducted by JOHN MORRIS Edited by RALPH ROSENBLUM A.C.E.
Production Designer CHARLES ROSEN Costume Designer GENE COFFIN Written & Directed by MEL BROOKS
プロデューサーズ

080

世界中でもっとも愛されたフランス映画
オトナの恋、
応援します！
ムッシュ
カステラの恋
(仏アカデミー賞)
本年度セザール賞作品・脚本他4部門制覇！
本年度アカデミー賞外国語映画賞ノミネート
2000年モントリオール国際映画祭グランプリ受賞
2000年ヨーロピアン・フィルム・アワード脚本賞受賞
UN FILM RÉALISÉ PAR AGNÈS JAOUI
LE GOÛT DES AUTRES
ANNE ALVARO   JEAN-PIERRE BACRI   ALAIN CHABAT   AGNÈS JAOUI   GÉRARD LANVIN   CHRISTIANE MILLET   WLANDIMIR YORDANOFF
SÉNARIO D'AGNÈS JAOUI ET JEAN-PIERRE BACRI
AVEC ANNE LE NY BRIGITTE CATILLON XAVIER DE GUILLEBON RAPHAËL DEFOUR, DIRECTEUR DE LA PHOTOGRAPHIE LAURENT DAILLAND, ACF CHEF DECORATEUR FRANÇOIS EMMANUELLI CHEF
MONTEUR HERVE DE LUZE CRÉATRICE DE COSTUMES JACKIE STEPHENS-BUDIN, INGENIEURS DU SON JEAN-PIERRE DURET ET DOMINIQUE GABORIEAU ARRANGEMENTS MUSICAUX JEAN-CHARLES
JARRELL, DIRECTEUR DE PRODUCTION DANIEL CHEVALIER PRODUCTEUR EXÉCTIF JACQUES HINSTIN, PRODUCTEURS DELEGUES CHRISTIAN BERARD CHARLES GASSOT
アンヌ・アルヴァロ／ジャン＝ピエール・バクリ／ブリジット・カティヨン／アラン・シャバ／ジェラール・ランヴァン／アニエス・ジャウイ 監督：アニエス・ジャウイ 脚本：アニエス・ジャウイ＋ジャン＝ピエール・バクリ 撮影：ローラン・ダイアン 編集：エルヴェド・リュズ 製作：シャルル・ガッソ
オリジナル・サントラ盤 ユニバーサル ミュージック   2000年仏映画／1時間52分／カラー／スコープサイズ／ドルビーSRD、dts 配給：セテラ Cetera

081:岡野 登（サイファ。）

082

083

084

085

082:岡野 登（サイファ。）　083:市川 千鶴子　084:岡野 登（サイファ。）　085:岡野 登（サイファ。）

神は彼に二物を与えた
Retrospective 80ème
Anniversaire
de la n
Gér
生誕80周年記念

086

Gérard Philipe
DVD Selection
ジェラール フィリップ DVD セレクション
生誕80周年記念特別企画 蘇るジェラール・フィリップ
Rétrospective 80ème
Anniversaire
de la naissance de
Gérard Philipe
生誕80周年記念特別企画 蘇るジェラール・フィリップ

父よ
MON PÈRE
IL M'A SAUVÉ LA VIE

息子を救ったのは、父の静かなる愛だった

UN FILM DE JOSÉ GIOVANNI
ジョゼ・ジョヴァンニ監督作品　ブリュノ・クレメール／ヴァンサン・ルクール
ALAIN SARDE présente　BRUNO CREMER · VINCENT LECOEUR MON PÈRE IL M'A SAUVÉ LA VIE
avec RUFUS · MICHELLE GODDET · NICOLAS ABRAHAM · MARIA PITARRESI · ERIC DEFOSSE · GABRIEL BRIAND · CHARLOTTE KADY
D'APRÈS LE ROMAN DE JOSÉ GIOVANNI "Il AVAIT DANS LE COEUR DES JARDINS INTROUVABLES" ÉDITIONS ROBERT LAFFONT
ADAPTATION JOSÉ GIOVANNI AVEC LA COLLABORATION DE BERTRAND TAVERNIER DIALOGUES JOSÉ GIOVANNI MUSIQUE "SURGHJENTI" LES ÉDITIONS RICORDU
IMAGE ALAIN CHOQUART MONTAGE CLAUDINE MERLIN SON MICHEL DESROIS ANNABEL CALLARD VINCENT ARNARDI SCRIPTE ZOÉ ZURSTRASSEN
DÉCORS ROLAND DEVILLE COSTUMES JACQUELINE BOUCHARD DIRECTION DE PRODUCTION ALAIN CENTONZE COORDINATION ARTISTIQUE PAUL GIOVANNI
PRODUCTION EXÉCUTIVE CHRISTINE GOZLAN UNE COPRODUCTION CINÉ VALSE FRANCE 3 CINÉMA RHÔNE-ALPES CINÉMA
AVEC LA PARTICIPATION DE LA RÉGION RHÔNE-ALPES ET DU CENTRE NATIONAL DE LA CINÉMATOGRAPHIE VENTES ET DISTRIBUTION INTERNATIONALES
STUDIO CANAL AVEC LA PARTICIPATION DE CANAL + ET DE STUDIO IMAGES 7 www.bacfilms.com

087

ジョゼ・ジョヴァンニ監督作品　UN FILM DE JOSÉ GIOVANNI
ブリュノ・クレメール『新・メグレ警視』シリーズ／ヴァンサン・ルクール『サルサ！』
リュフュス『アメリ』／ミシェル・ゴデ『うつくしい人生』／ニコラ・アブラハム／原作・脚色・監督：ジョゼ・ジョヴァンニ（原作：白亜書房刊）／共同脚色：ベルトラン・タヴェルニエ
製作：アラン・サルド／撮影監督：アラン・ショカール／編集：クロディーヌ・メルラン／音楽：シュルジェンティ／2001年フランス映画／配給：セテラ・インターナショナル

ALAIN SARDE PRÉSENTE　BRUNO CREMER · VINCENT LECOEUR　MON PÈRE　IL M'A SAUVÉ LA VIE
AVEC RUFUS · MICHELLE GODDET · NICOLAS ABRAHAM · MARIA PITARRESI · ERIC DEFOSSE · GABRIEL BRIAND · CHARLOTTE KADY
D'APRÈS LE ROMAN DE JOSÉ GIOVANNI "IL AVAIT DANS LE COEUR DES JARDINS INTROUVABLES" ÉDITIONS ROBERT LAFFONT　ADAPTATION JOSÉ GIOVANNI
AVEC LA COLLABORATION DE BERTRAND TAVERNIER　DIALOGUES JOSÉ GIOVANNI　MUSIQUE "SURGHJENTI" LES ÉDITIONS RICORDU

088:若林 伸重（Akane Design）

誰もが魂を奪われた。 若きグールドのレジェンダリー・フィルム。

グレン・グールド 27歳の記憶

FROM THE NATIONAL FILM BOARD OF CANADA Direction and Production ROMAN KROITOR WOLF KOENIG
Editing JAMES BEVERIDGE Camera WOLF KOENIG Sound MICHAEL BELAIEFF FRED ANDERS RON ALEXANDER
Commentary STANLEY JACKSON Exective Producer TOM DALY ©1959 National Film Board of Canada. All Rights Reserved.
1959年 カナダ｜カナダナショナルフィルムボード製作｜16mm｜モノラル｜B&W｜スタンダード｜56分 後援:カナダ大使館 配給:クレストインターナショナル

089:若林 伸重（Akane Design）

Baiser de Judas
Scénario et réalisation :
Bertrand Tavernier
Interprètes : Laetitia Roman
Bernard Rousselet
Judy Del Carril

Baiser d'été
Scénario et réalisation :
Bernard T. Michel
Interprètes : Marie-France Boyer
Charles Sebrien
Catherine Sola

Baiser du soir
Scénario et réalisation :
Jean-François Hauduroy
Interprètes : Barbara Steele
Antoine Roblot

Cher baiser
Scénario et réalisation :
Charles L. Bitsch
Interprètes : Jean-Pierre Moulin
Sofia Torkeli

Baiser de 16 ans
Scénario et réalisation : Claude Berri
Interprètes : Johnny Monteilhet
Loredana Nuciak
Alain Roche

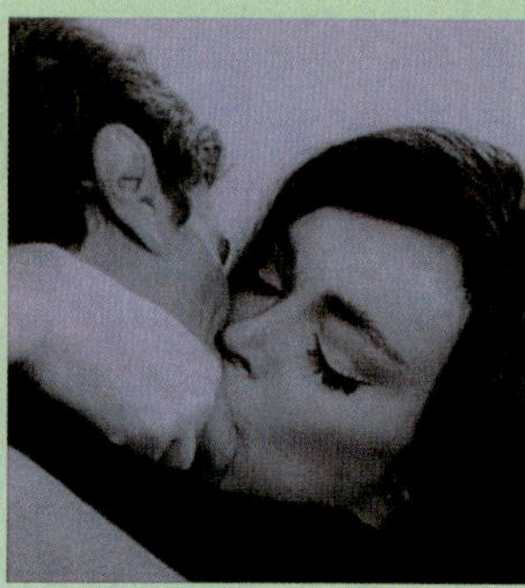

Kiss! Kiss! Kiss!

LES BAISERS
Musique : Paul Misraki, Ward Swingle, René Urtreger etc...
Directeur de la Photographie : Raoul Coutard
Une production : Georges de Beauregar
Distribué par Crest International
PRODUCTION GEORGES DE BEAUREGARD ©1964
1963 France/B&W/1H37M/1:1.85Vista/Mono
avec le soutien de ESPRIT

090:五十嵐 貴子（クリエイティブ・エース）

091:関口 修男（PLUG-IN GRAPHIC）

ぼくの国、パパの国

Film Four presents an Assassin Films production "east is east" Om Puri Linda Bassett
Executive Producer Alan J Wands Line Producer Shellie Smith Hair and Make-up Designer Penny Smith
Costume Designer Lorna Marie Mugan Original Music by Deborah Mollison Production Designer Tom Conroy
Editor Michael Parker Director of Photography Brian Tufano BSC
Screenplay by Ayub Khan-Din based on his play Produced by Leslee Udwin Directed by Damien O'Donnell
©FILM FOUR LIMITED MCMXCIX
FILMFOUR
後援：ブリティッシュ・カウンシル　協力：英国政府観光庁
配給：クレストインターナショナル　Crest

イギリスのマンチェスターに暮らすパキスタン人のパパとイギリス人のママ、そしてぼくら7人クラザーズ。小さな家はいつも大きなトラブル。

east is east

さあ、独立だ。

2000年英国
アカデミー賞
最優秀
英国映画賞受賞

2000年カンヌ国際映画祭
第1回メディア賞受賞
（ダミアン・オドネル）

092:大寿美 トモエ

la patinoire
un film de jean-philippe toussaint

distributed by DAIEI CO., LTD.

ニンゲン合格
ningen gokaku
Hidetoshi Nishijima
Shun Sugata
Lily
Kumiko Asou
Show Aikawa
Yoriko Doguchi
Ren Ohsugi
Hiromitsu Suzuki
Kosuke Toyohara
Koji Yakusho
僕はここに存在した。
そして、どこかへ行く...

095

096

097

LE LABYRINTHE D'HERBES de SHUJI TERAYAMA
草迷宮
寺山修司
監督作品
デジタルニューマスター完全版!!
紀伊國屋書店 人力飛行機舎 ポスターハリス・カンパニー テラヤマ・ワールド

098:井原 靖章

TERAYAMA RETROSPECTIVE 2003 IN PARCO 第1弾
◆寺山修司没後20年／パルコ劇場30周年記念映画祭◆
『幻想と詩とエロチシズムの
寺山修司・映像詩展』
映像の魔術師・寺山修司の幻想的でカルトな映像作品一挙上映!!
『一歳
初めての映画
あけた瞼のあいだからさしこむ
剃刀の刃のような光
太陽は私を射る最初の映写機だった』
寺山修司（ぼくの映画史より）
2003年 3月19日[水]〜23日[日]
11:00am〜/1:30pm〜/3:30pm〜/6:00pm〜/9:15pm〜
※各回完全入れ替え制。当日朝10時30分より各プログラムごとに
入場整理券を発行。
※続けてご覧になるお客様も一度退場してお並びいただきます。
◉料金［すべて税込］
◆前売り‥‥‥‥‥1回券1500円／3回券3900円
◆フリーパス寺山お面券‥‥‥‥‥‥10000円
（限定100枚シネクイントのみで販売）
◆プレミアムシート券‥‥‥‥‥ 2800円
（指定席・1プログラム限定36枚、チケットぴあのみで、前日まで販売）
（シネクイント、チケットぴあ、都内有名プレイガイドで取り扱い中）
◆当日‥‥‥‥‥1回券1700円／3回券4500円
学生1500円／小人・シニア1000円
●主催──TBSラジオ ●企画・制作──パルコ
／人力飛行機舎／ポスターハリス・カンパニー
PARCO劇場
渋谷パルコ・パート1・9F 03-3477-5858
PARCO THEATER 30
Design: Yasuaki Ikuta + Eiko Nagase

099:井原 靖章

松本俊夫監督作品
a film by Toshio Matsumoto

修
DEMONS
羅

血と怨念に彩られたこの世の地獄絵
燃え上がる狂気の炎の中に
消えた小万の恋…
…はたして、愛は勝つのか？
世紀末に よみがえる
鶴屋南北原作の時代劇の傑作

中村賀津雄 唐十郎 三条泰子
今福正雄 松本克平 田村保 観世栄夫 天野新士 山谷初男 南裕輔 江波多寛児 川口敦子
脚本・監督：松本俊夫 原作：鶴屋南北「盟三五大切」 撮影：鈴木達夫 美術：朝倉摂 地唄：西松文二
松本プロダクション＋日本ATG提携作品／パートカラー／スタンダード／一九七一年／二時間十四分／ニュープリント版／配給：イメージフォーラム

「もう何も見たくも、聞きたくもござんせん。たとえこの世に陽がさそうとも、このうじ虫野郎は闇にはまるばかりでござんす。思えば無駄な一生でござんした。」

image forum

100:古賀 ゆり

KOJI WAKAMATSU
1965-1972
JAPAN, AVANT-GARDE, POP
&
VIOLENCE MOVIES

若松孝二 1965-1972
ジャパン、アバンギャルド、ポップ＆バイオレンス ムービー

日本が生んだ最も暴力的で政治とエロス、そして究極の愛に満ちた映画を作った若松孝二。
'60年代から'70年代にかけての全共闘、学園闘争の熱い時代に正面からぶつかり格闘した10本の映画。
それらは全てピンク映画というフィールドから生まれたポップな異端児たちであった。
いまにわかに海外からも注目を集める若松孝二の衝撃的な10作品をすべてニュープリントで一挙上映!!

永山則夫をテーマにした幻の風景映画『略称 連続射殺魔』(足立正生制作)も特別同時上映。

Affairs In the Wall
壁の中の秘事 1965

The Embryo
胎児が密猟する時 1966

Violated Angels
犯された白衣 1967

A Womb to Let
腹貸し女 1968

Running in Madness, Dying in Love
狂走情死考 1969

Violent Virgin
処女ゲバゲバ 1969

Go, Go, Second Time Virgin
ゆけゆけ二度目の処女 1969

Season of Terror
現代好色伝 テロルの季節 1969

Sex Jack
性賊 セックス・ジャック 1970

Ecstasy of The Angels
天使の恍惚 1972

特別同時上映
A.K.A. Serial Killer
略称 連続射殺魔 1969 足立正生 制作

企画協/image Forum
協力協力若松プロダクション＋image Forum

102

103

104

102:古賀 ゆり 103:古賀 ゆり 104:match

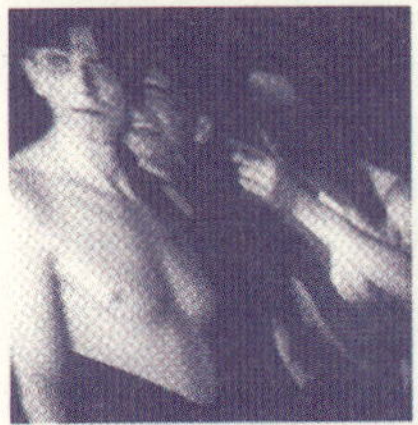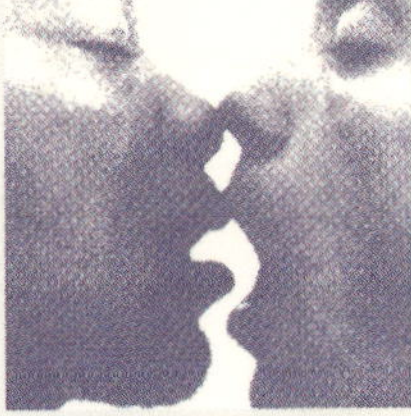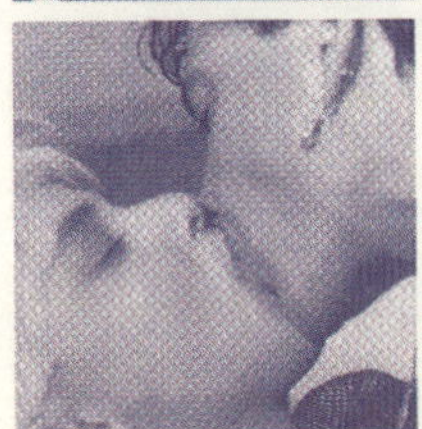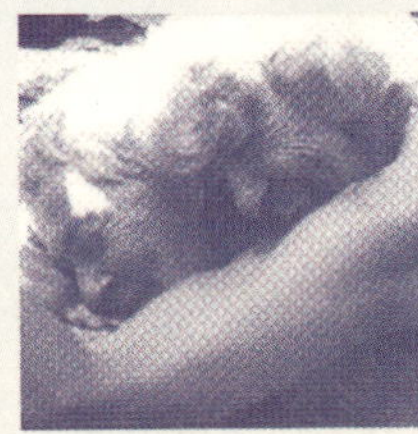
"PASSIONATE, SUBJECTIVE meditation on the repressed
and marginalized history of gay women and men."
– Vincent Canby, THE NEW YORK TIMES
VIVID, LUSTY, impressionistic, Barbara Hammer appears to
be leading a rising tide of lesbian filmmaking."
– John Anderson, NY NEWSDAY
NITRATE KISSES
Gay Memories, Lost then Found, Erotic Sensibilities Wakened
A FILM BY BARBARA HAMMER
/mage/orum

105

Magical
View!

106

HEAVEN-6-BOX
天国の六つの箱

107

最悪最上の純愛に、世界は騒然とした・・・。
ヨーロッパを席巻する韓国の鬼才、キム・ギドクが放つ衝撃の純愛ワールド
誠心誠意、君を傷つけ、そして愛す。
KIM Ki-Duk Film
Bad Guy
悪い男
2002年ベルリン国際映画祭コンペティション正式出品作品
2002年トロント国際映画祭／福岡アジア映画祭グランプリ受賞／韓国・百想芸術大賞最優秀男子演技賞受賞／大鐘賞新人女優賞受賞／2001年釜山国際映画祭
韓国パノラマ部門・アジア映画振興機構（NETPAC）賞受賞
出演：チョ・ジェヒョン『Interview』ソ・ウォン　監督・脚本：キム・ギドク『魚と寝る女』　製作：イ・スンジェ　プロデューサー：アン・サンフン　撮影：ファン・チョリョン　照明：パク・ミン　音楽：パク・ホジュン　美術：キム・ソンジュ
©2002 By Tube Entertainment All Rights Reserved　配給：エスピーオー　R-15　www.kimki-duk.jp　www.cinemart.co.jp

108:岡野 登（サイファ。）

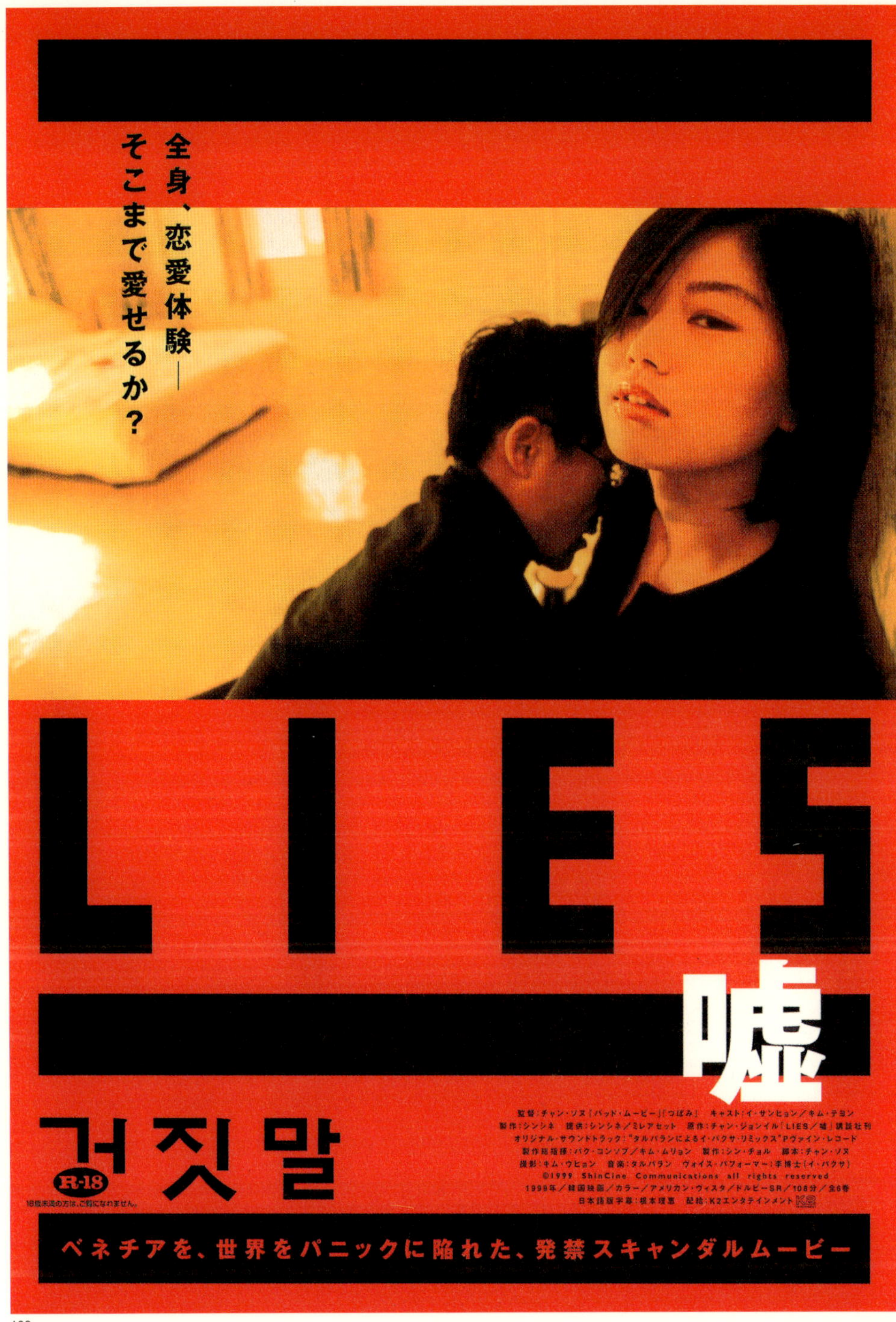
全身、恋愛体験──
そこまで愛せるか？

LIES

嘘

거짓말

R-18
18歳未満の方は、ご覧になれません。

監督：チャン・ソヌ「バッド・ムービー」「つばみ」　キャスト：イ・サンヒョン／キム・テヨン
製作：シンシネ　提供：シンシネ／ミレアセット　原作：チャン・ジョンイル「LIES／嘘」講談社刊
オリジナル・サウンドトラック："タルパランによるイ・バクサ・リミックス"Pヴァイン・レコード
製作総指揮：パク・コンソブ／キム・ムリョン　製作：シン・チョル　脚本：チャン・ソヌ
撮影：キム・ウヒョン　音楽：タルパラン　ヴォイス・パフォーマー：李博士（イ・バクサ）
©1999 ShinCine Communications all rights reserved
1999年／韓国映画／カラー／アメリカン・ヴィスタ／ドルビーSR／108分／全6巻
日本語版字幕：根本理恵　配給：K2エンタテインメント K2

ベネチアを、世界をパニックに陥れた、発禁スキャンダルムービー

109:岡野 登（サイファ。）

小人の饗宴
ヴェルナー・ヘルツォーク監督作品

110

フルスタリョフ、車を！
アレクセイ・ゲルマン監督作品
'98カンヌ国際映画祭正式出品
ХРУСТАЛЕВ, МАШИНУ!

111

UFO少年アブドラジャン
み――んな空を見ろ！

112

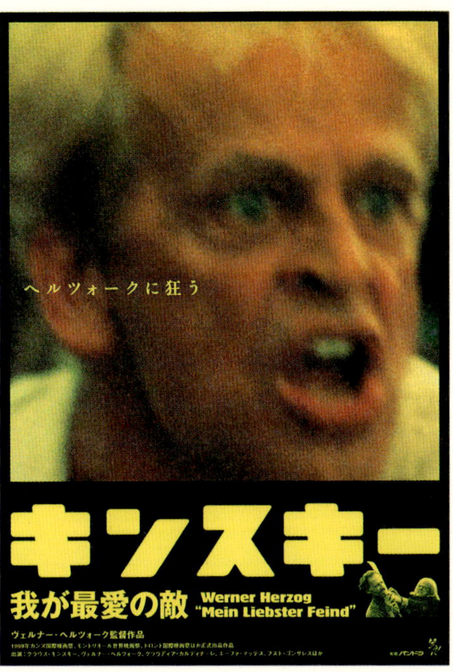

ヘルツォークに狂う
キンスキー
我が最愛の敵　Werner Herzog　"Mein Liebster Feind"
ヴェルナー・ヘルツォーク監督作品
1999年 カンヌ国際映画祭、モントリオール世界映画祭、トロント国際映画祭ほか正式出品作品
出演：クラウス・キンスキー、ヴェルナー・ヘルツォーク、クラウディア・カルディナーレ、エーファ・マッテス、フスト・ゴンサレスほか

113

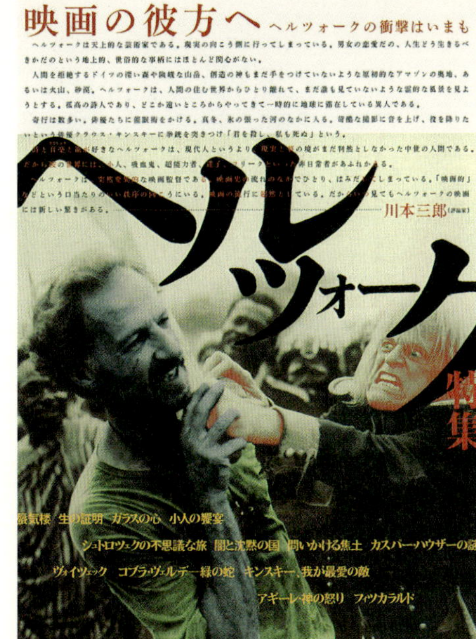

映画の彼方へ　ヘルツォークの衝撃はいまも
ヘルツォークは天上的な芸術家である。現実の向こう側に行ってしまっている。男女の恋愛だの、人生どう生きるべきかだのという地上的、世俗的な事柄にはほとんど関心がない。
人間を拒絶するドイツの深い森や険峻な山岳、創造の神もまだ手をつけていないような原初的なアマゾンの奥地、あるいは火山、砂漠。ヘルツォークは、人間の住む世界からひとり離れて、まだ誰も見ていないような霊的な孤景を見ようとする。孤高の詩人であり、どこか遠いところからやってきて一時的に地球に滞在している異人である。
奇行は数多い。俳優たちに催眠術をかける。真冬、氷の張った河のなかに入る。苛酷な撮影に音を上げ、役を降りたいという俳優クラウス・キンスキーに拳銃を突きつけ「君を殺し、私も死ぬ」という。
鳥と音楽と森が好きなヘルツォークは、現代人というより、現実と夢の境がまだ判然としなかった中世の人間である。だから夢の世界には、小人、吸血鬼、超能力者、道子、フリークといった非日常者があふれかえる。
ヘルツォークは、突然変異的な映画監督である。映画史の流れのなかでひとり、はみだしてしまっている。「映画的」などという口当たりのいい秩序の向こうにいる。映画の流行に超然としている。だからいつ見てもヘルツォークの映画には新しい驚きがある。──川本三郎（評論家）
ヘルツォーク
特集
蜃気楼　生の証明　ガラスの心　小人の饗宴
シュトロツェクの不思議な旅　闇と沈黙の国　問いかける焦土　カスパー・ハウザーの謎
ヴォイツェク　コブラ・ヴェルデ　緑の蛇　キンスキー、我が最愛の敵
アギーレ／神の怒り　フィツカラルド

114

forgotten silver
コリン・マッケンジー／もうひとりのグリフィス
ピーター・ジャクソン　コスタ・ボーテス監督

mockery

モキュメンタリー
人間劇場!?
ドキュメンタリーの世界に巻きつく挑発と謎のいたずら作品
「コリン・マッケンジー／もうひとりのグリフィス」
真実へ至る道　それは一つとは限らない
知ったこっちゃない

nobody's business
「知ったこっちゃない」
アラン・バーリナー監督

115

116:野寺 尚子（ウルトラグラフィックス）

早く帰りてぇ～
オンエアできますかね？
ローカルニュース
世界一やる気のない撮影隊、参上
●脚本・監督　中村義洋　●製作　Twin Crew Films　●配給　オムロピクチャーズ

117

A LARVA TO LOVE
愛しているなら、血を吸わせて。
第25回ぴあフィルムフェスティバル正式招待作品
東京国際ファンタスティック映画祭2003正式招待作品
恋する幼虫
監督・脚本 井口昇
荒川良々／新井亜樹／伊勢志摩　村杉蝉之介／唯野未歩子／乾貴美子／松尾スズキ
企画:井口昇／制作統括:田中康治／プロデューサー:しまだゆきやす
撮影:西川裕・太田丈・井口昇／照明:長島徳秋・西村喜廣／助監督:朝生賀子／制作進行:谷内幸絵・栗林忍／演出助手:北野雄二
スタイリスト:田中康治／特殊メイク・造形:西村喜廣
VFX:宇佐見和奈／音楽:北野雄二／劇中挿入歌:戸張大輔(アルバム「ギター」より)／劇中漫画制作:じぇんじぇん
製作:イメージリングス＋のぼるプロ／2003年／DV／カラー／1時間50分／配給:イメージリングス
http://www.vesta.dti.ne.jp/~rings
IMAGE RINGS

AAAAAA!
A LARVA TO LOVE
愛しているなら、血を吸わせて。
第25回ぴあフィルムフェスティバル正式招待作品
東京国際ファンタスティック映画祭2003正式招待作品
恋する幼虫
監督・脚本 井口昇
荒川良々　新井亜樹／伊勢志摩　村杉蝉之介　唯野未歩子／乾貴美子／松尾スズキ
企画:井口昇／制作統括:田中康治／プロデューサー:しまだゆきやす
撮影:西川裕・太田丈・井口昇／照明:長島徳秋・西村喜廣／助監督:朝生賀子／制作進行:谷内幸絵・栗林忍／演出助手:北野雄二
スタイリスト:田中康治／特殊メイク・造形:西村喜廣
VFX:宇佐見和彦／音楽:北野雄二／劇中挿入歌:戸張大輔（アルバム「ギター」より）／劇中漫画制作:じぇんじぇん
製作:イメージリングス＋のぼるプロ／2003年／DV／カラー／1時間50分／配給:イメージリングス
http://www.vesta.ati.ne.jp/rings
IMAGE RINGS

119:ビー・ビー・ビー

120:丸山 克生（ビー・ビー・ビー）

121

122

121:秋山 具義　122:中山 昌士（CREATURE）

CAST
上原さくら
松尾れい子
鹽村隼
桜井大造
津田寛昭
大森立嗣
山中零
鈴木満頭
原田芳雄

STAFF
製作・配給／リトル・モア
製作協力／東京テアトル、フィルムメイカーズ

監督・脚本／渡辺謙作

撮影／村石直人　照明／鈴木達也　録音／竹澤実　美術／三浦伸一　衣裳／石岡童　編集／田中慎二　音楽／及川純
スクリプター／坂本希代子　衣裳／五浦明美　ヘアメイク／小添みどり　撮影助手／手立行　スチール／大森浩巳
助監督／大崎章　製作担当／山本泉　宣伝美術／平野文子　プロデューサー補／佐藤正俊・三澤真美恵

プロデューサー／竹井正和・菊池男世市
企画／有恒司・孫寒莉
原案／Mickey Kankan Boo

1998年／73分／ヴィスタヴィジョンサイズ

1998 ピースモア PRESENTS

123

124

123:平野 文子　124:秋山 具義

125

アンチェイン梶というボクサーがいた。
リングネームの"アンチェイン"は
レイ・チャールズの名曲
『アンチェイン・マイ・ハート』からとった。
"心の鎖を解き放て！"
まさにその歌のように梶は生きた。
戦績、六敗一引き分け。
たった一度も勝てなかった。

126

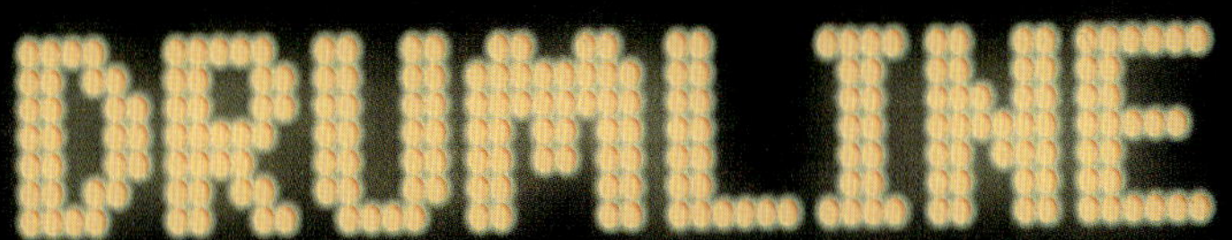

未体験のビート、驚異のマーチング・バトル！

ドラム ライン

Day01: Exposure >>> 視菌
Day03: Infection >>> 感染
Day08: Epidemic >>> 伝染
Day15: Evacuation >>> 避難
Day20: Devastation >>> 荒廃
「トレインスポッティング」「ザ・ビーチ」の
ダニー・ボイル監督最新作
28日後...
28
DAYS
LATER
わずかな未来は始まっている

「トレインスポッティング」「ザ・ビーチ」のダニー・ボイル監督最新作
わずかな未来は始まっている
誰もいなくなってしまった街に向かって、
それでも僕たちは叫び続ける "HELLO!"
28
DAYS
LATER
28日後...

128

Hope?
世界の終わり方は、
ひとつとは限らない・・・
28
28日後...
DAYS
LATER
But what if ・・・
「トレインスポッティング」のダニー・ボイル監督が仕掛けた
もうひとつのショッキングな結末

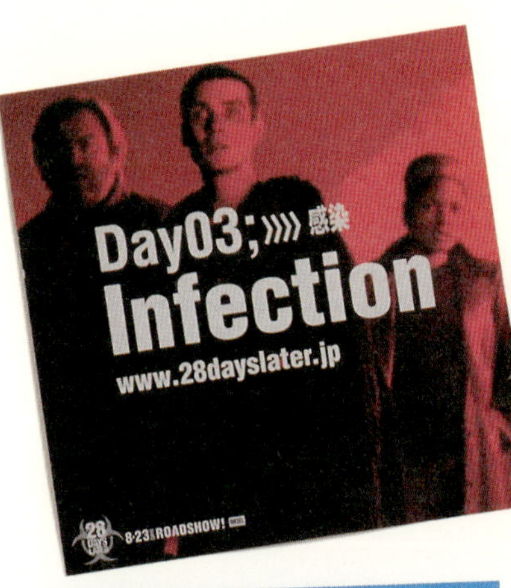

Day03;》》》 感染
Infection
www.28dayslater.jp
8·23 ROADSHOW!

Day01;》》》 細菌
Exposure
www.28dayslater.jp
8·23 ROADSHOW!

Day15;》》》 避難
Evacuation
www.28dayslater.jp
8·23 ROADSHOW!

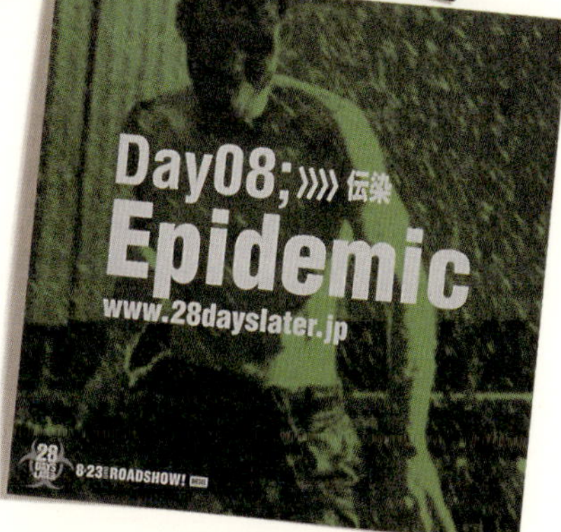

Day08;》》》 伝染
Epidemic
www.28dayslater.jp
8·23 ROADSHOW!

28 Days
later...
www.28dayslater.jp
8·23 ROADSHOW!

Day20;》》》 荒廃
Devastation
www.28dayslater.jp
8·23 ROADSHOW!

ヨーロッパで大ヒット！

誰と恋をしたらいいのか？どんな仕事をしたらいいのか？
日本の若者よ、迷っているなら旅に出なさい！
世界のどこかでこんな "アパート" があなたを待っています。
——セドリック・クラピッシュ監督

7人の国籍も性別も違う学生たちが暮らすこのアパートは
胸がドキドキしたり、キュンとなったりする "事件" 付き。
最高で最低の日々だから、忘れない——。
このアパートで何か "答え" が見つかるかも…

「猫が行方不明」のセドリック・クラピッシュ監督が
ロマン・デュリス×オドレイ・トトゥ「アメリ」の
顔合わせ

海外を旅して歩いた若い頃を想い出しました。
旅に出て異邦人になるも良し、この映画の世界を旅するも良し。
——宇梶剛士（俳優）

このアパートの住人たちは "今を生き
こんな生き方ができるなんてすごく
——JESSICA（モデル）

ロマン・デュリスは愛されることも愛すること
そこにいることがとても上手い。
——やまだないと（漫画家）

どこか自分と重ねてしまう
）の気持ちと笑顔と涙。
生活の音と良いを
ら描きました。
んこ（イラストレーター）

スパニッシュ・
アパートメント

129

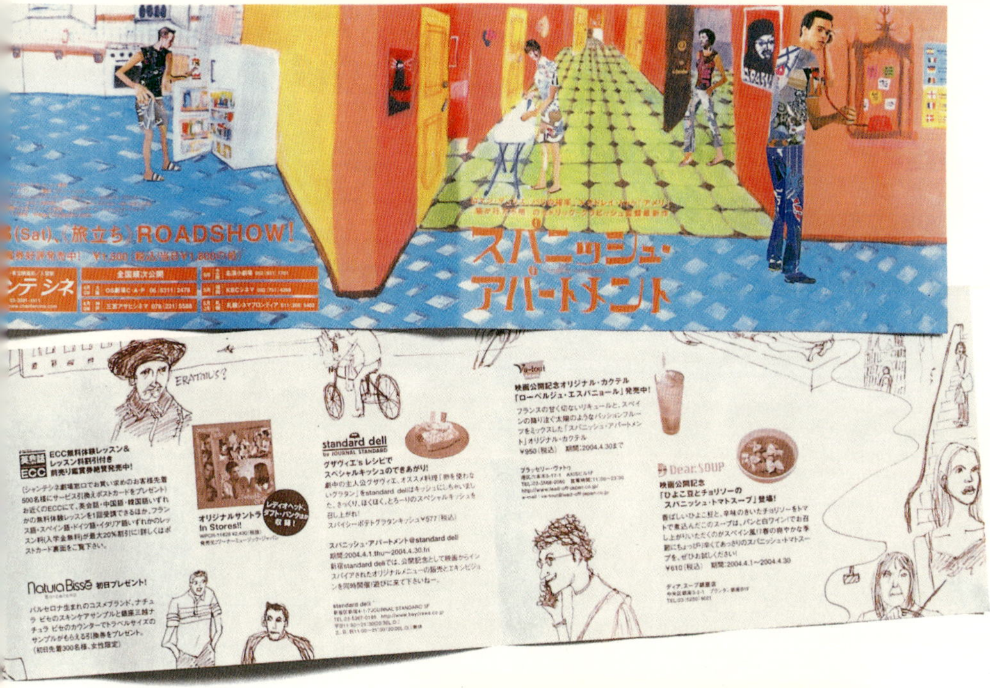

ひとつのアパートに7つの国の青春
スパニッシュ・アパートメント
L'Auberge espagnole
ロマン・デュリス「パリの確率」×オドレイ・トトゥ「アメリ」
場が行方不明、のセドリック・クラビッシュ監督最新作
冷蔵庫の中、電話の出かた、恋、夢…
このアパートにルールなんかない!

130

130:若林 伸重（Akane Design）

131

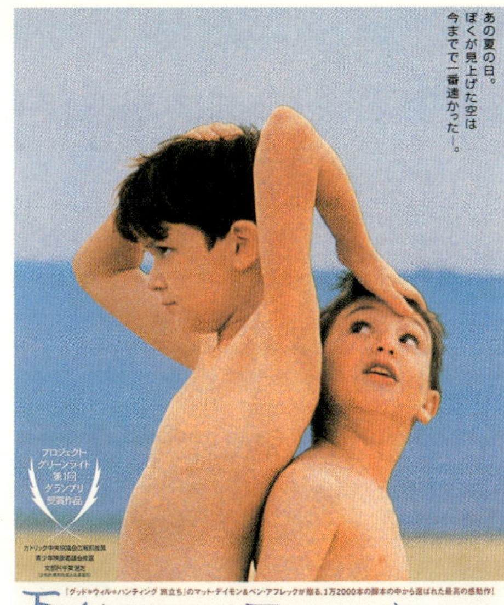

132

133

131:大寿美 トモエ 132:岡野 登（サイファ。） 133:大寿美 トモエ

伝説は今も生きている
PIÑERO
benjamin bratt
a film by LEON ICHASO
MIRAMAX INTERNATIONAL and GREENESTREET FILMS present a GREENESTREET production in association with
LOWER EAST SIDE FILMS a LEON ICHASO film BENJAMIN BRATT PIÑERO
GIANCARLO ESPOSITO TALISA SOTO NELSON VASQUEZ MICHAEL WRIGHT MICHAEL IRBY
JAIME SANCHEZ with MANDY PATINKIN and RITA MORENO
casting ELLYN LONG MARSHALL MARIA E. NELSON music supervisors KENNY VANCE KEN WEISS
original music by KIP HANRAHAN associate producer LISA RHODEN costume designer SANDRA HERNANDEZ
editor DAVID TEDESCHI production designer SHARON LOMOFSKY director of photography CLAUDIO CHEA
co-producer JAMIE GORDON co-executive producers JOHN LEGUIZAMO KATHY DEMARCO
producers JOHN PENOTTI FISHER STEVENS TIM WILLIAMS written and directed by LEON ICHASO
original motion picture soundtrack album on UNIVERSAL compact discs and cassettes
PRESENTED BY MEDIA SUITS・ARTIST FILM・SEP DISTRIBUTED BY MEDIA SUITS
SPACE SHOWER PICTURES R-15
ラップのオリジネイター、ミゲル・ピニェロ。ニューヨークのストリート詩人の生涯初映画化

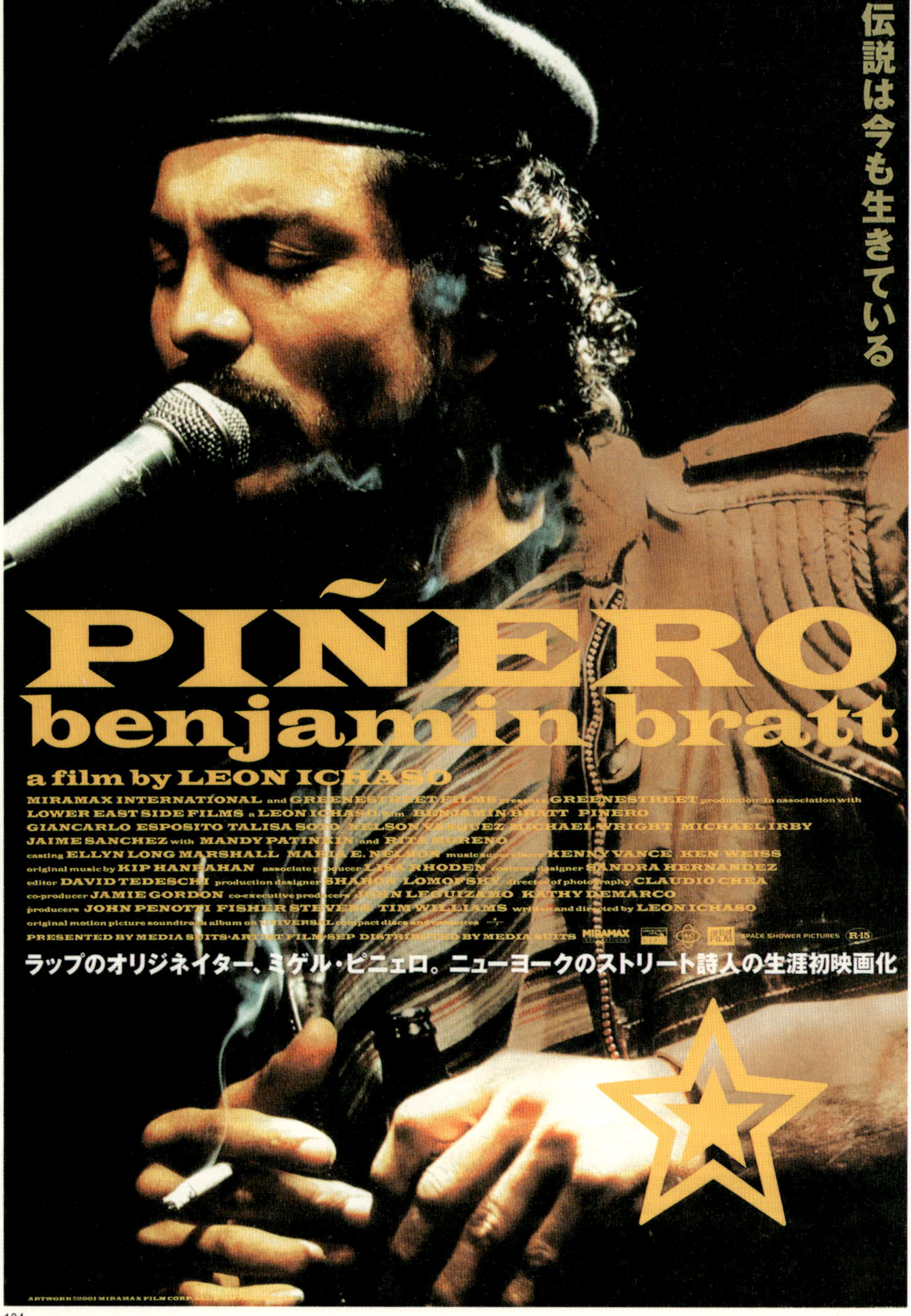

134:岡野 登（サイファ。）

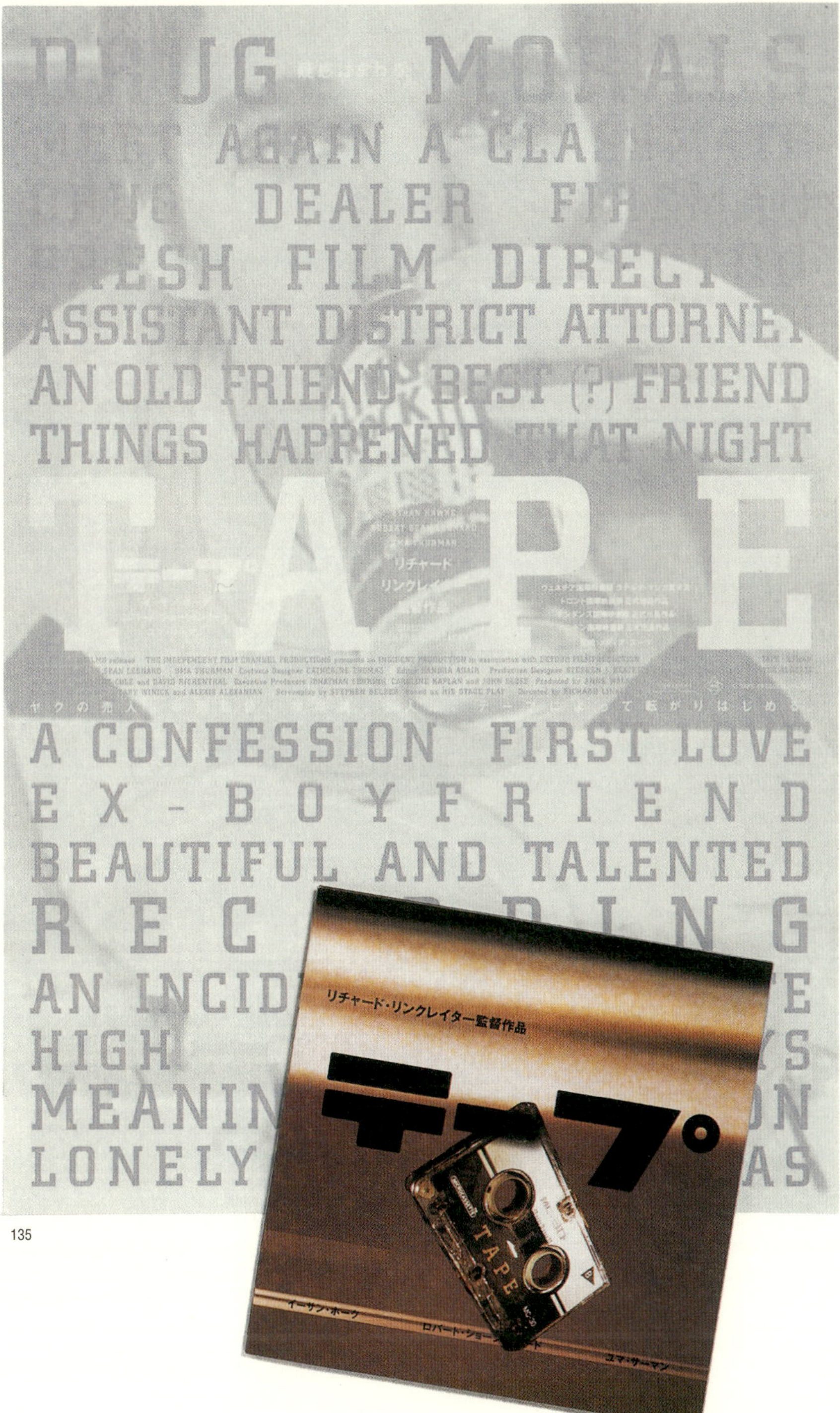

DRUG MORALS
MET AGAIN A CLA...
DRUG DEALER FIR...
FRESH FILM DIRECT...
ASSISTANT DISTRICT ATTORNEY
AN OLD FRIEND BEST (?) FRIEND
THINGS HAPPENED THAT NIGHT

TAPE

A CONFESSION FIRST LOVE
EX-BOYFRIEND
BEAUTIFUL AND TALENTED
RECORDING
AN INCIDE...
HIGH
MEANIN...
LONELY

リチャード・リンクレイター監督作品

テープ7°

135

136:野本 和也（ノモトデザイン室）　137:若林 伸重（Akane Design）　138:岡野 登（サイファ。）

斬新な映像で大ヒットを巻き起こした「CUBE」──あの恐怖が、還ってきた。
CUBE²
キューブ2
4.25 Fri GRAND OPEN
ヴァージンシネマズ六本木ヒルズ 衝撃のオープニング・ロードショー
すべての謎が明らかになる

CUBE²
4.25 FRI OPENING ROADSHOW
VIRGIN CINEMAS ROPPONGI HILLS

ある日突然、何の接点もない8人の男女が。
謎の四次元立方体に閉じこめられる。
CUBE²
キューブ2
出口はあるのか──

史上もっとも残酷なサバイバルが幕を開ける
謎を解け。
CUBE²
キューブ2

139:岡野 登（サイファ。）

©漫☆画太郎/集英社
友情！努力！勝利！
伝説の漫☆画太郎作品
初の映画化!!
夕張国際ファンタスティック映画祭2003
ヤング・ファンタスティック・グランプリ部門
グランプリ受賞作品
スーパーヘッド!!
ブッコロシテ
ヤル!!!
はっあ!!!
死にさらせ〜っ!!!!
ズギューン
ひぃぃぃ〜ん
こわいんで
やんす〜
地獄甲子園
監督：山口雄大
出演：坂口拓、伊藤淳史、谷門博士、神英雄、飯塚俊太郎、西岡泰隆（X-GUN）土平ドンペイ、生田目耕史、三城晃子、大停一史、松本実、勝俣真寿、増本庄一郎、紙子膳収（特別出演）、小西博之、水沼研一　ナレーション：下條アトム
製作：千葉善紀、簑本款　企画プロデュース：浅谷英美　プロデューサー：北村龍平　原作：漫☆画太郎「地獄甲子園」（集英社　ジャンプコミックス刊）　脚本：横山亮、山口雄大　撮影監督：吉谷巧　編集：掛須秀一　音楽：矢野大介
アクション監督：下村勇二　特殊メイク：神谷誠　Infernoアーティスト：遠成志　脚本協力：漫☆画太郎、石井博樹、北村龍平、高本晚一　撮影協力：和歌山市
エンディングテーマ「KICK IT!!」SONGS COMPOSED and PERFORMED by 小気山鹿尻
2002年／日本／97分／ビスタ／DTSステレオ　©2002 漫☆画太郎／集英社／JIGOKU PARTNERS　製作：メディア・スーツ、クロックワークス　製作協力：ナパームフィルムズ　配給：クロックワークス
www.klockworx.com/jigoku

140:大寿美 トモエ

Written and Directed by
SHINOBU YAGUCHI and TAKUJI SUZUKI
Exective Producers
Takashi Kurama & Tomoaki Yonemura & Naoki Kai
Producer Yuko Yasuda
Co-producers
Shinichi Ide & Mikito Ninchi & Junko Yaguchi
Music By Shinichioku Kanazawa
CAST
KIRINA AKI
KOEN S MAN T
MIAKO O O
YOSHIYOSHI N D N
YOJI TADA O
NAO ARAKAWA
TANAKA
NEKOTA
PRODUCED BY
PANASONIC
ARTIST FILM
DigitalHG/720P
STEREO/65min/16:9
2002/JAPAN
©PARCO FICTION
あなたの知ってるパルコの、
お話はなし。お楽しみ
ください。
CINE QUINTO Short Films Vol.2
Parco Fiction
distributed by PARCO / Artist Film

パルコ フィクション

テクノポリスの空の下、乙女心は乱れる。

１９
８０
イチキュー
ハチマル

RIE TOMOSAKA AS REIKO
INUKO INUYAMA AS KANAE
YU AOI AS RIKA
IN
1980
A KERALINO SANDOROVICH FILM

ケラリーノ・サンドロヴィッチ第1回監督作品

ともさかりえ　犬山イヌコ　蒼井優

串田和美　みのすけ　山崎一　田口トモロヲ　及川光博

橋本真実　吉永雄紀　峯村リエ　三宅弘城　松永玲子　大倉孝二　勝地涼　大山鎬則

友情出演：秋山菜津子　綾田俊樹　伊武雅刀　忌野清志郎　江波杏子　掟ポルシェ　坂田聡　鈴木慶一　手塚とおる　長塚圭史　温水洋一　ピエール瀧　広岡由里子　マギー　ロマン優光　B&B　蛭子能収(イラスト)

監督・脚本：ケラリーノ・サンドロヴィッチ　音楽：岸野雄一　プロデューサー：林哲次　榎本憲男

製作：東北新社／東京テアトル／キングレコード／博報堂／TOKYO FM　配給：東京テアトル　配給協力：東北新社　2003年／日本／ビスタサイズ／123分

http://1980-movie.jp

8月31日 くもりのち 晴れ。
SUMMER NUDE
人生はアミダクジだ。
サマーヌード
飯塚 健 第一回監督作品
野波麻帆　古屋暢一
今井 雅之　堀口 文宏（あさりど）　川本 成（あさりど）　前田 綾花　真帆　車 だん吉
山田 辰夫　ルー大柴　具志堅 用高　香坂 みゆき　きたろう
製作｜Butterfly Cinemarket Ltd. © 2001 Summer Nude 製作委員会
配給｜アルゴ・ピクチャーズ株式会社

143：田中 克幸（K2）

どうしても、届かなかった。どうしても…
青空　監督　サトウトシキ
向井新悟　横浜ゆき　川瀬陽太　奈賀毬子　下元史朗　伊藤清美
企画:朝倉大介　プロデューサー:衣川伸人・森田一人　協力プロデューサー:岩田治樹　脚本:小林政広　音楽:山田勲生　撮影:広中康人
照明:高田　賢　録音:福島音響　編集:金子尚樹　助監督:女池　充　現像:東映化学　製作・配給:国映・新東宝　協力:Vシアター
R-18　18才未満の方は、ご覧になれません。

144

144:豊島 恵輔

145

145:高橋 有紀子（Coa Graphics）

映像探偵社作品
夢みるように眠りたい
監督＝林海象
製作＝林海象・二瀬隆重／脚本＝林海象／撮影＝長田勇市／照明＝長田達也／美術＝木村威夫／音楽＝浦山秀彦・熊谷陽子・佳村萠・あがた森魚
佳村萠
佐野史郎
大竹浩二
大泉滉
あがた森魚
十貫寺梅軒
遠藤賢司
草島競子
松田春翠
吉田義夫
深水藤子

147

148

149

150

147:伊藤 正治　149:峯石 景子　150:井上 広一

火傷(やけど)のハードは眠らない

PHOTO SHINYA FUJIWARA

CITY of HOPE

From John Sayles comes an epic of the modern American city.

希望の街

ジョン・セイルズ 監督作品
'91東京国際映画祭東京グランプリ受賞
'91エジンバラ映画祭批評家賞受賞　ビンセント・スパーノ/ジョー・モートン/トニー・ロ・ビアンコ/バーバラ・ウィリアムス
監督・脚本・編集●ジョン・セイルズ　製作●サラ・グリーン/マギー・レンジ　撮影●ロバート・リチャードソン　音楽●メーソン・デアリング
オンリー・ハーツ/セテラ・インターナショナル配給 ⓒ1991 Esperanza Inc. All Rights Reserved.

151

151:鈴木 成一

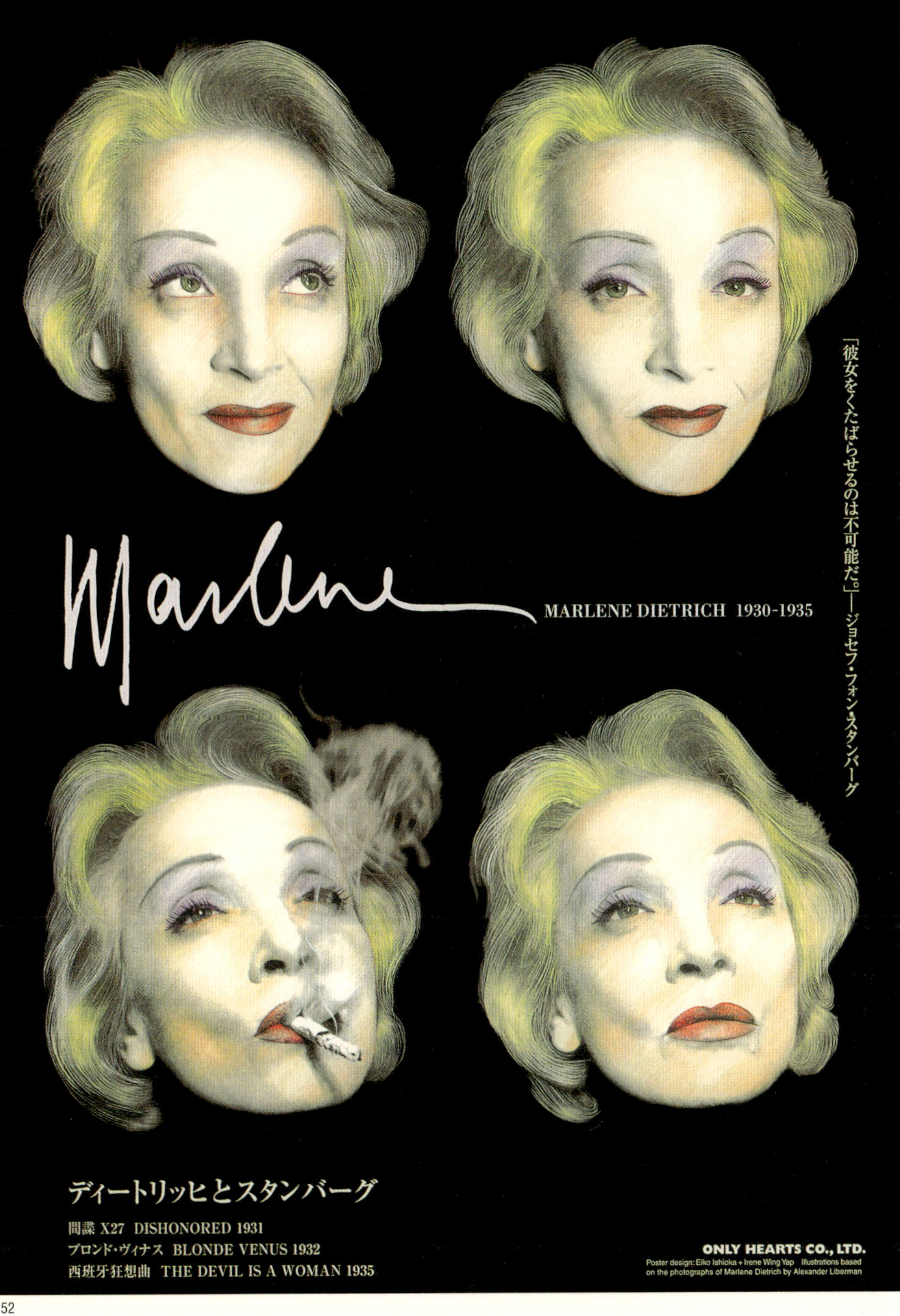

MARLENE DIETRICH 1930-1935

「彼女をくたばらせるのは不可能だ。」――ジョセフ・フォン・スタンバーグ

ディートリッヒとスタンバーグ

間諜 X27 DISHONORED 1931
ブロンド・ヴィナス BLONDE VENUS 1932
西班牙狂想曲 THE DEVIL IS A WOMAN 1935

ONLY HEARTS CO., LTD.
Poster design: Eiko Ishioka + Irene Wing Yap   Illustrations based
on the photographs of Marlene Dietrich by Alexander Liberman

153

154

155

153:伊藤 正治　154:峯石 景子

JOHNNY 100 PESOS

AN AUGUST ENTERTAINMENT RELEASE / A CATALINA CINEMA PRODUCTION / A FILM BY GUSTAVO GRAEF MARINO "JOHNNY 100 PESOS" ARMANDO ARAIZA · PATRICIA RIVERA · WILLY SEMLER · LUIS GNECCO · PAULINA URRUTIA · CRISTIAN CAMPOS DIRECTOR OF PHOTOGRAPHY JOSE L ARREDONDO / FILM EDITOR DANIELLE FILLIOS / PRODUCTION DESIGN JUAN C. CASTILLO MUSIC ANDRES POLLAK / WRITTEN BY GERARDO CACERES AND GUSTAVO GRAEF MARINO / EXECUTIVE PRODUCER ABDULLAH OMMIDVAR IN ASSOCIATION WITH JUAN FORCH · DAVID QUINTERO / BANKING FACILITIES CINE CHILE S. A. PRODUCED AND DIRECTED BY GUSTAVO GRAEF MARINO ©1993 CATALINA CINEMA S. A. ALL RIGHTS RESERVED MPAA NR. 32679

愛すること
闘うこと
美しいこと
永遠であること
それが,
青春の墓碑銘

独りぼっちのジョニー

グスタヴォ・グラフ・マリーノ監督作品　アルマンド・アライサ

CAST—アルマンド・アライサ　パトリシア・リヴェラ　ウィリー・セムラー　パウリナ・ウルティア　セルヒオ・エルナンデス　ルイス・アラルコン　STAFF—監督・製作●グスタヴォ・グラフ・マリーノ　脚本●ヘラルド・カセレス, グスタヴォ・グラフ・マリーノ　撮影●ホセ・ルイス・アレドンド　美術●ファン・カルロス・カスティージョ　音楽●アンドレス・ポリャック

1994年東京国際映画祭［京都大会］インターナショナル・コンペティション正式出品作品
1993年／チリ＋アメリカ＋メキシコ／90分／ヴィスタ　配給●オンリー・ハーツ＋アスク講談社　後援●チリ大使館

DRAGON HEAT

157

The Name Of "GOD"
Who Controls
The World Is ..."LOVE".
"LOVE GOD"
Will Keenan. Shannon Burkett. Kymberli Ghee. Kerri Kenneny.
Michael Laurence. Dale Soules and Yukio Yamato.
DIRECTOR
FRANK GROW
A Good Machine Production. A Frank Grow Film
LOVE GOD
DISTRIBUTED by ONLY HEARTS
casting by PEGGY ADLER. line producer SUSAN STOVER. original music by STUART GRAY. music supervisor TRACY McKNIGHT. digital visual effects GRAY LEIB. production designer CLAY BROWN. director of photography TERRY STACEY.
editor DAVID FRANKEL. associate producers HISAMI KUROIWA. STEVEN. G. MENKIN executive producers SHIMPEI OKUDA. RUTH ROBLES. LOUIS ROBLES. produced by ANTHONY BREGMAN. written and directed by FRANK GROW.

159：櫛田 透（nix graphics）

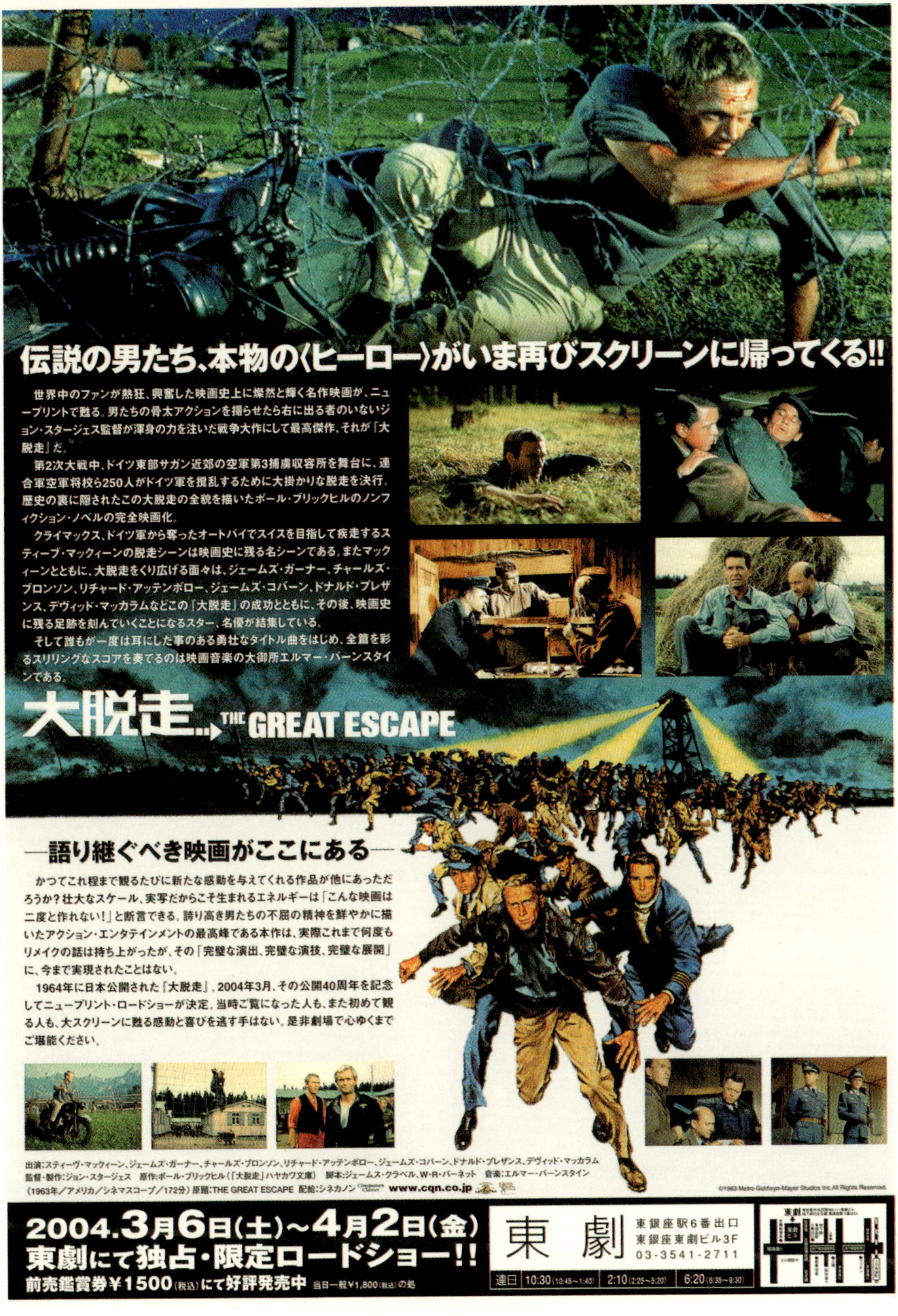

伝説の男たち、本物の〈ヒーロー〉がいま再びスクリーンに帰ってくる!!

世界中のファンが熱狂、興奮した映画史上に燦然と輝く名作映画が、ニュープリントで甦る。男たちの骨太アクションを撮らせたら右に出る者のいないジョン・スタージェス監督が渾身の力を注いだ戦争大作にして最高傑作、それが「大脱走」だ。

第2次大戦中、ドイツ東部サガン近郊の空軍第3捕虜収容所を舞台に、連合軍空軍将校ら250人がドイツ軍を撹乱するために大掛かりな脱走を決行。歴史の裏に隠されたこの大脱走の全貌を描いたポール・ブリックヒルのノンフィクション・ノベルの完全映画化。

クライマックス、ドイツ軍から奪ったオートバイでスイスを目指して疾走するスティーブ・マックィーンの脱走シーンは映画史に残る名シーンである。またマックィーンとともに、大脱走をくり広げる面々は、ジェームズ・ガーナー、チャールズ・ブロンソン、リチャード・アッテンボロー、ジェームズ・コバーン、ドナルド・プレザンス、デヴィッド・マッカラムなどこの「大脱走」の成功とともに、その後、映画史に残る足跡を刻んでいくことになるスター、名優が結集している。

そして誰もが一度は耳にした事のある勇壮なタイトル曲をはじめ、全篇を彩るスリリングなスコアを奏でるのは映画音楽の大御所エルマー・バーンスタインである。

大脱走 → THE GREAT ESCAPE

─語り継ぐべき映画がここにある─

かつてこれ程まで観るたびに新たな感動を与えてくれる作品が他にあっただろうか？壮大なスケール、実写だからこそ生まれるエネルギーは「こんな映画は二度と作れない！」と断言できる。誇り高き男たちの不屈の精神を鮮やかに描いたアクション・エンタテインメントの最高峰である本作は、実際これまで何度もリメイクの話は持ち上がったが、その「完璧な演出、完璧な演技、完璧な展開」に、今まで実現されたことはない。

1964年に日本公開された『大脱走』、2004年3月、その公開40周年を記念してニュープリント・ロードショーが決定。当時ご覧になった人も、また初めて観る人も、大スクリーンに甦る感動と喜びを逃す手はない。是非劇場で心ゆくまでご堪能ください。

出演：スティーヴ・マックィーン、ジェームズ・ガーナー、チャールズ・ブロンソン、リチャード・アッテンボロー、ジェームズ・コバーン、ドナルド・プレザンス、デヴィッド・マッカラム
監督・製作：ジョン・スタージェス　原作：ポール・ブリックヒル（「大脱走」ハヤカワ文庫）　脚本：ジェームズ・クラベル、W・R・バーネット　音楽：エルマー・バーンスタイン
（1963年／アメリカ／シネマスコープ／172分）　原題：THE GREAT ESCAPE　配給：シネカノン　www.cqn.co.jp

2004.3月6日(土)〜4月2日(金)
東劇にて独占・限定ロードショー!!
前売鑑賞券 ¥1500 (税込)にて好評発売中　当日一般¥1,800(税込)の処

東　劇
東銀座駅6番出口
東銀座東劇ビル3F
03-3541-2711

連日　10:30 (10:45〜1:40)　　2:10 (2:25〜5:20)　　6:20 (6:35〜9:30)

LIFE IS IN THEIR HANDS...
Please see it from the beginning!
TWELVE
ANGRY MEN
HENRY FONDA
distributed by CINE QUA NON
Produced by HENRY FONDA and REGINALD ROSE・Associate Producer GEORGE JUSTIN・AN ORION-NOVA Production・Released thru UNITED ARTISTS With LEE J.COBB・ED BEGLEY and E.G.MARSHALL・JACK WARDEN
ED BEGLEY and E.G.MARSHALL・JACK WARDEN
With LEE J.COBB and E.G. MARSHALL・J.COBB
like twelve sticks of dynamite! ...it explodes
十二人の怒れる男
DEATH IS ON THEIR MINDS!

160:岡野 登（サイファ。）

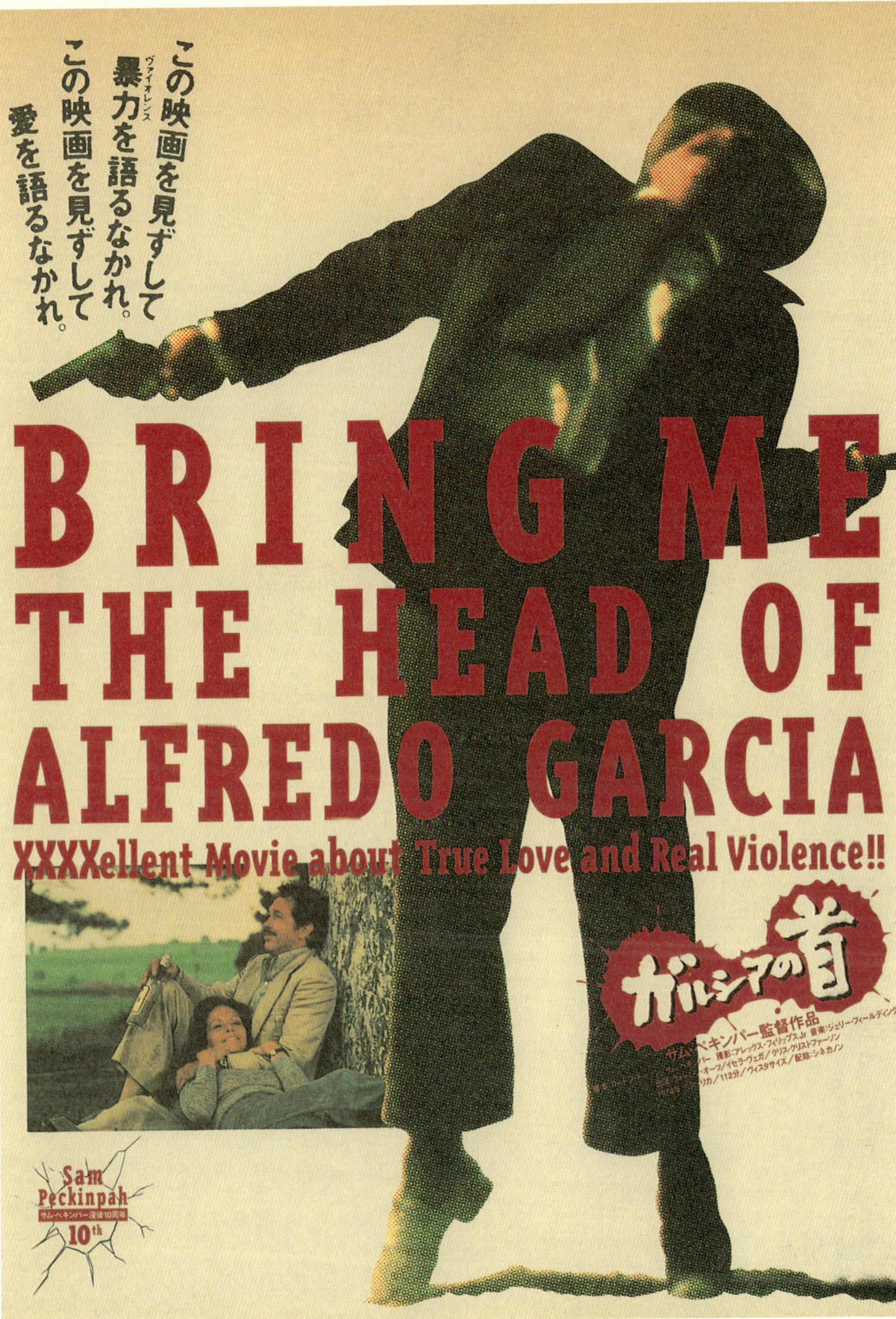

この映画を見ずして暴力（ヴァイオレンス）を語るなかれ。
この映画を見ずして愛を語るなかれ。
BRING ME
THE HEAD OF
ALFREDO GARCIA
XXXXellent Movie about True Love and Real Violence!!
ガルシアの首
サム・ペキンパー監督作品　音楽：ジェリー・フィールディング
撮影：アレックス・フィリップス Jr
オーツ／イセラ・ベガ／クリス・クリストファーソン
リカ／112分／ヴィスタサイズ／配給：シネカノン
Sam Peckinpah
サム・ペキンパー没後10周年
10th

161:岡野 登（サイファ。）

BILLY WILDER!!

時を越えて愛される映画監督 ★ビリー・ワイルダー 特集上映

モンローが歌う！
シャーリーが涙する！
マレーネがささやく！
ワイルダーの傑作がスクリーンに蘇る！

情婦
WITNESS FOR THE PROSECUTION
1958年／117分／モノクロ
EDWARD SMALL presents TYRONE POWER·MARLENE DIETRICH·CHARLES LAUGHTON in "WITNESS FOR THE PROSECUTION" An ARTHUR HORNBLOW Production
With ELSA LANCHESTER·JOHN WILLIAMS·TORIN THATCHER·UNA O'CONNOR
PHILIP TONGE·IAN WOLFE·From the story and stage play by AGATHA CHRISTIE
Screenplay by BILLY WILDER and HARRY KURNITZ·Adaptation by LARRY MARCUS·Directed by BILLY WILDER
Produced by ARTHUR HORNBLOW

お熱いのがお好き
SOME LIKE IT HOT
1959年／122分／モノクロ
MARILYN MONROE·TONY CURTIS·JACK LEMMON in A BILLY WILDER Production "SOME LIKE IT HOT"
CO-STARRING GEORGE RAFT·PAT O'BRIEN·JOE E. BROWN
Screenplay by BILLY WILDER and I.A.L. DIAMOND·Directed by BILLY WILDER
An ASHTON Picture·A MIRISCH COMPANY Presentation

アパートの鍵貸します
THE APARTMENT
1960年／121分／モノクロ
THE MIRISCH COMPANY Presents JACK LEMMON·SHIRLEY MacLAINE·FRED MacMURRAY in a BILLY WILDER Production "THE APARTMENT"
Co-Starring RAY WALSTON·With JACK KRUSCHEN·DAVID LEWIS·LOAN SHAWLEE·NAOMI STEVENS·HOPE HOLIDAY and EDIE ADAMS
Written by BILLY WILDER and I.A.L. DIAMOND·Directed by BILLY WILDER
Filmed in PANAVISION·A MIRISCH COMPANY Picture

UNITED ARTISTS

162

心がヒリヒリしてる
Best Screenplay
Cannes International
Film Festival 2002
SWEET
SIXTEEN
A KEN LOACH FILM
2002年カンヌ国際映画祭脚本賞受賞 ケン・ローチ監督最新作［スイート・シクスティーン］

163

J-PHONE PRESENTS
Beautiful
Sunday
a film by Tetsuo NAKASHIMA
人類は、日曜日に滅亡する。
　　　　——なーんちゃって
1998年トロント国際映画祭正式招待作品

164

地雷を
踏んだら
サヨウナラ
ASANO Tadanobu
Production TEAM OKUYAMA / Distributor CineQuaNon

165

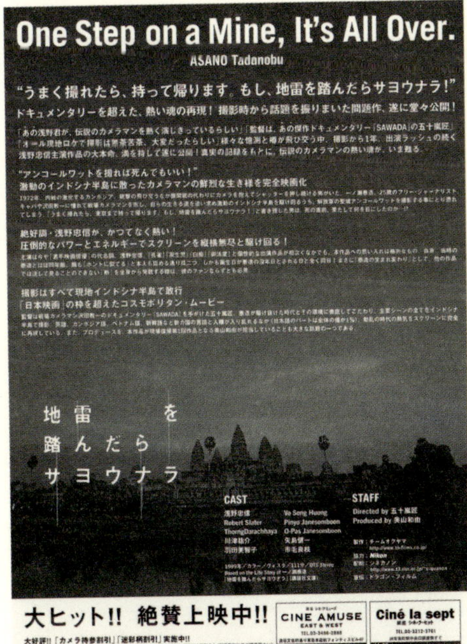
One Step on a Mine, It's All Over.
ASANO Tadanobu
"うまく撮れたら、持って帰ります　もし、地雷を踏んだらサヨウナラ！"
ドキュメンタリーを超えた、熱い魂の再現！撮影時から話題を振りまいた問題作、遂に堂々公開！
地雷を
踏んだら
サヨウナラ
CAST
浅野忠信
Robert Slater
Thong Darachhaya
川津祐介
羽田美智子
Vo Song Huong
Pinyo Janesomboon
O-Pos Janesomboon
矢島健一
市毛良枝
STAFF
Directed by 五十嵐匠
Produced by 美山和由
製作：チームオクヤマ
宣伝：ドラゴン・フィルム
大ヒット!!　絶賛上映中!!
CINE AMUSE
EAST & WEST
Ciné la sept

A STORY OF LOVE AND REDEMPTION
この愛が静かに世界を壊す
A MICHAEL WINTERBOTTOM FILM
STARRING：AMANDA PLUMMER, SASKIA REEVES
WRITTEN BY FRANK COTTRELL BOYCE
DIRECTOR OF PHOTOGRAPHY：SEAMUS McGARVEY
ORIGINAL MUSIC：JOHN HARLE
SONGS：THE CRANBERRIES, BJÖRK, JANET KAY, SHAMPOO, P J HARVEY AND ETC.
BUTTERFLY KISS
バタフライ・キス
OFFICIAL SELECTION IN COMPETITION FOR 45TH BERLIN INTERNATIONAL FILM FESTIVAL
1995 / U.K. / color / dolbystereo / 85min. distributed by CINEQUANON

166:岩淵 まどか

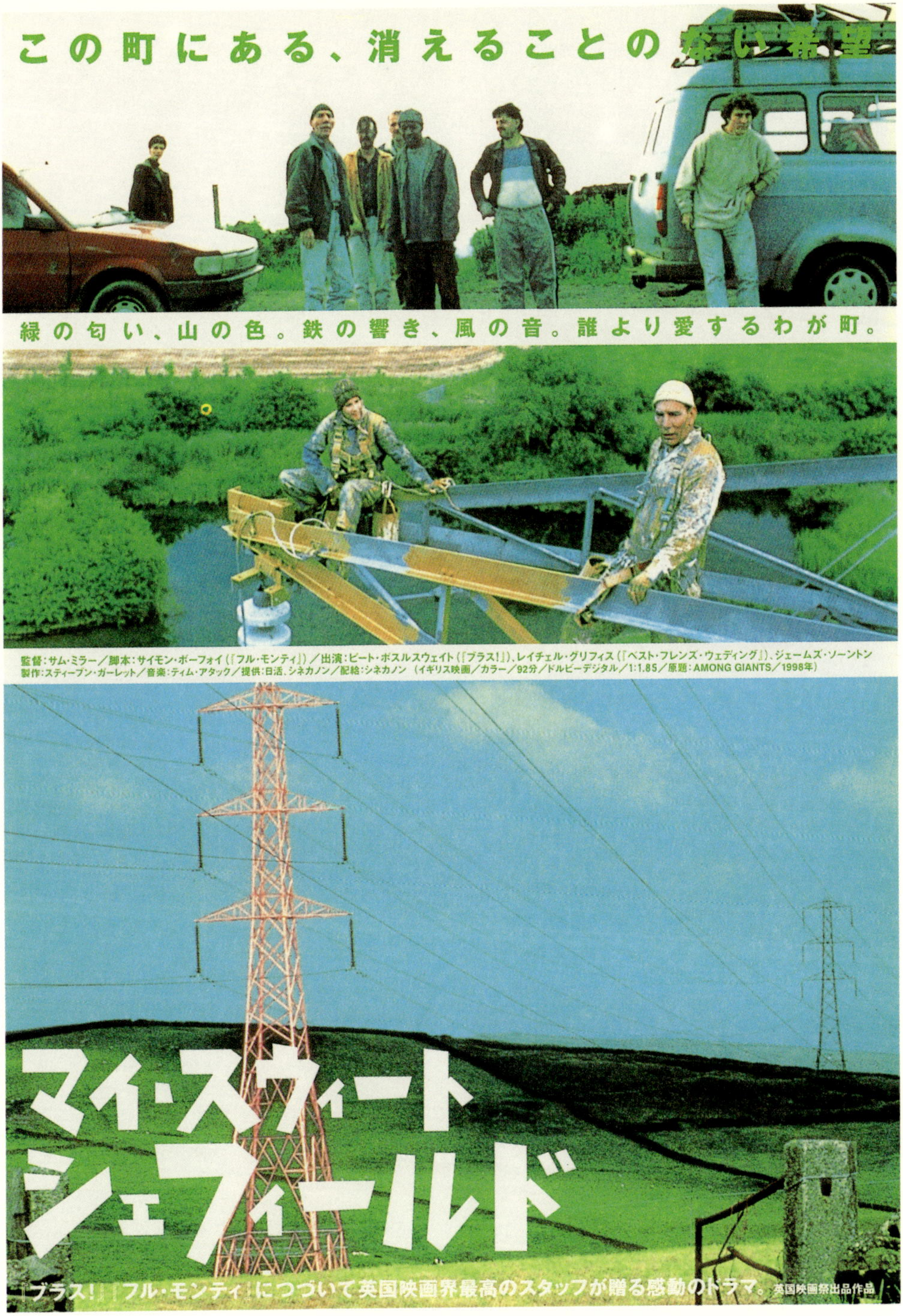

この町にある、消えることのない希望

緑の匂い、山の色。鉄の響き、風の音。誰より愛するわが町。

監督：サム・ミラー／脚本：サイモン・ボーフォイ（『フル・モンティ』）／出演：ピート・ポスルスウェイト（『ブラス！』）、レイチェル・グリフィス（『ベスト・フレンズ・ウェディング』）、ジェームズ・ソーントン
製作：スティーブン・ガーレット／音楽：ティム・アタック／提供：日活、シネカノン／配給：シネカノン　（イギリス映画／カラー／92分／ドルビーデジタル／1:1.85／原題：AMONG GIANTS／1998年）

『ブラス！』『フル・モンティ』につづいて英国映画界最高のスタッフが贈る感動のドラマ。英国映画祭出品作品

168

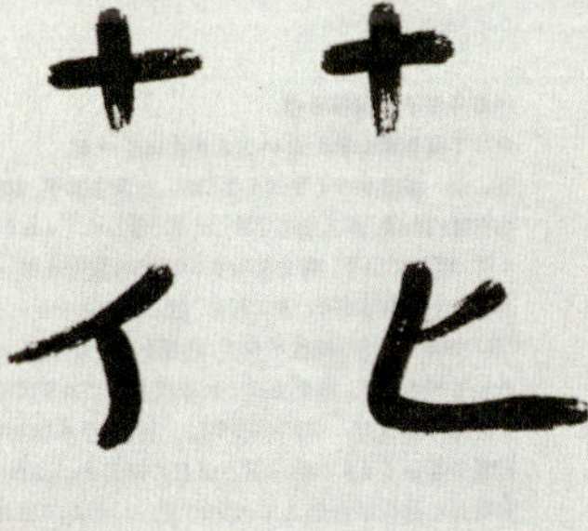

小泉今日子 vs 浅野忠信
相米慎二 監督作品
原作：鳴海章『風花の流れ者』
製作：ビークフィルム テレビ朝日 TOKYO FM
配給：シネカノン
帰る場所のない女と男と
風花

169

170

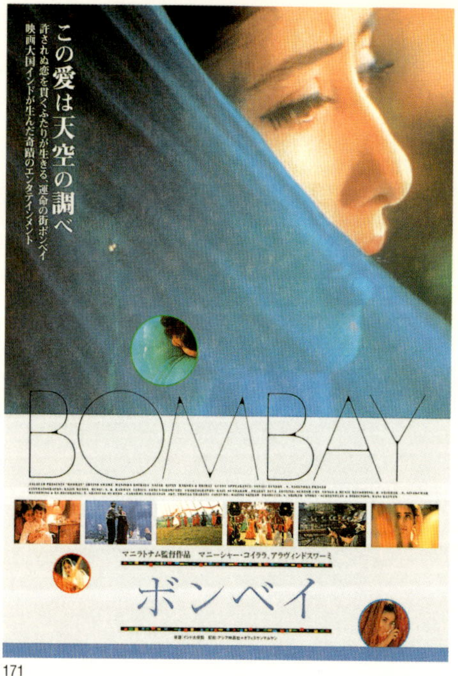

171

172

169:nix graphics 170:渡辺 純 171:nix graphics 172:nix graphics

「伝説」に彩られる
イランの天才監督マフマルバフ、日本初公開。
モフセン・マフマルバフ
監督作品
Mohsen Makhmalbaf
GABBEH
Life is COLOR!
ギャベ

174

175

176

174:工藤 公洋　175:マッチアンドカンパニー　176:渡辺 純

君のために。
「運動靴と赤い金魚」マジッド・マジディ監督作品
BARAN
少女の髪どめ。
《第25回モントリオール映画祭グランプリ受賞》
ミラマックス・フィルムズ提供 マジッド・マジディ＆フアード・ナッハス プロダクション "BARAN (Rain)"
ホセイン・アベディニ モハマド・アミル・ナジ ザーラ・バーラミ ホセイン・ラヒミ AND ホセイン・マージュープ
撮影／モハマド・ダウティ 音楽／アーマド・ペジュマン 編集／ハッサン・ハッサンデュースト 整音／モハマド・レザ・デルパカ
録音／ヤドゥラ・ナジャフィ 美術／ベーザド・カッザジ プロダクション・マネージャー／セイエド・サエド・セイェドザヤ メイクアップ／セイエド・モーセン・ムサウィ
衣装／ベーザド・カッザジ マレク・ジャハン・カザイ 写真／ハフェズ・アーマディ 監督／フアード・ナッハス 助監督／シルース・ハッサンプール ハッサン・ナジャフィ
製作／マジッド・マジディ＆フアード・ナッハス 脚本・監督：マジッド・マジディ
協力／イラン航空 提供／日本ヘラルド映画 朝日新聞社 発売 アミューズソフト販売 配給／日本ヘラルド映画 www.herald.co.jp/movies/kamidome

177

Un Film de Bruno DUMONT
LA VIE DE JÉSUS
僕 は 人 を 殺 し て し ま っ た 。
ブリュノ・デュモン監督　衝撃のデビュー作
ジーザスの日々
1997年カンヌ国際映画祭カメラドール特別賞受賞／1997年ジャン・ヴィゴ賞受賞
1997年アヴィニヨン国際映画祭最優秀撮影賞受賞／1997年シカゴ国際映画祭国際批評家連盟賞受賞／1998年セザール賞作品賞ノミネート
出演:ダヴィット・ドゥーシュ David DOUCHE／マージョリー・コットレール Marjorie COTTREEL
1997年／フランス／シネマスコープ／96分／配給:ビターズ・エンド http://www.bitters.co.jp/
R-18

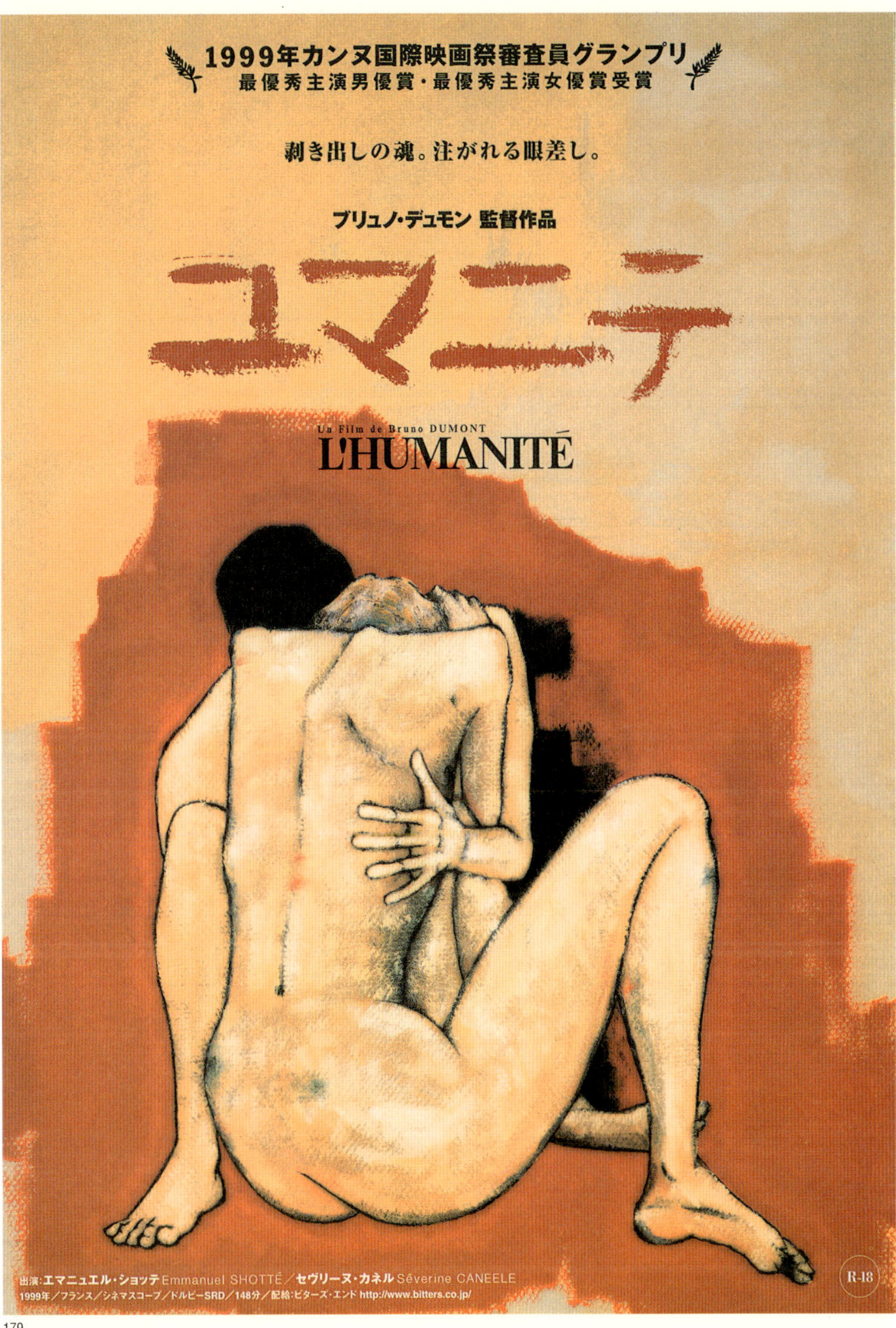

1999年カンヌ国際映画祭審査員グランプリ
最優秀主演男優賞・最優秀主演女優賞受賞
剥き出しの魂。注がれる眼差し。
ブリュノ・デュモン 監督作品
ユマニテ
Un Film de Bruno DUMONT
L'HUMANITÉ
R-18
出演：エマニュエル・ショッテ Emmanuel SHOTTÉ／セヴリーヌ・カネル Séverine CANEELE
1999年／フランス／シネマスコープ／ドルビーSRD／148分／配給：ビターズ・エンド http://www.bitters.co.jp/

2001年カンヌ国際映画祭 脚本賞
for peace 平和こそすべて
NO MAN'S LAND
ノー・マンズ・ランド　　ダニス・タノヴィッチ監督作品　提供：博報堂＋アーティストフィルム＋トライエム＋ビターズ・エンド　配給：ビターズ・エンド
for peace 平和こそすべて　www.bitters.co.jp/noman
アカデミー賞受賞
2002年外国語映画賞

この戦争は、
何のため？
NO MAN'S LAND
☆☆☆☆☆痛快で、ユーモラスで、ラストは衝撃的。胸に突き刺さる1本。・・・・ローリング・ストーン
ノー・マンズ・ランド
ダニス・タノヴィッチ監督作品　提供：博報堂＋アーティストフィルム＋トライエム＋ビターズ・エンド　配給：ビターズ・エンド　www.bitters.co.jp/noman
UN

180

181

181:市川 千鶴子

PRIX DE LA CRITIQUE INTERNATIONALE VENISE 2001
Sauvage Innocence
MEHDI BELHAJ KACEM   JULIA FAURE   MICHEL SUBOR   Scénario, adaptation et dialogues : PHILIPPE GARREL, ARLETTE LANGMANN, MARC CHOLODENKO
Image : RAOUL COUTARD   Musique originale : JEAN-CLAUDE VANNIER   Cadreur : JEAN-CÉSAR CHIABAUT   Montage : FRANÇOISE COLLIN   Mixage : THIERRY DELOR
©2001 WHY NOT PRODUCTIONS, LES FILMS ALAIN SARDE, THE KASANDER FILM COMPANY   Distribué par GAGA COMMUNICATIONS INC.   BITTERS END INC.   http://www.bitters.co.jp/shirotokuro   GAGA
白と黒の恋人たち   un film de PHILIPPE GARREL

182

It's a sad day...

DOWN UNDER BOYS

DIRECTED by ROWAN WOODS
PRODUCED by ROBERT CONNOLLY and JOHN MAYNARD
BASED UPON THE ORIGINAL PLAY "THE BOYS" by GORDON GRAHAM
SCREENPLAY by STEPHEN SEWELL
ASSOCIATE PRODUCER DAVID WENHAM
DIRECTOR OF PHOTOGRAPHY TRISTAN MILANI
MUSIC by THE NECKS

STARRING
DAVID WENHAM
TONI COLLETTE
LYNETTE CURRAN
JOHN POLSON
JEANETTE CRONIN
ANTHONY HAYES

"THE BOYS" 1998/AUSTRALIA/86min./COLOR/1:1.85/DOLBY STEREO
DISTRIBUTED by BITTERS END URL http://www.bitters.co.jp/

183

エヴァと
ステファンと
すてきな
家族

パパとけんかしたママが、ぼくらをつれてたどりついたのは、とびっきり個性的な人々が、一緒に暮らす＜コミューン＞だった・・・。

ヴェネツィア国際映画祭正式出品作品　ストックホルム国際映画祭　国際批評家連盟賞　フランダース国際映画祭 準グランプリ

監督・脚本：ルーカス・ムーディソン　製作：ラーシュ・ヨンソン　撮影監督：ウルフ・ブラントース　編集：ミカエル・レスチロフスキ　フレードリック・アブラハムセン　美術：カール＝ヨーハン・ドゥ・イェール　衣裳：メッテ・メッレル
出演：リーサ・リンドグレン、ミカエル・ニュークヴィスト、エンマ・サミュエルソン、サム・ケッセル　主題歌：アバ「S.O.S.」（ユニバーサル ミュージック）2000年　スウェーデン　106分　カラー　ドルビーSR　原題：Tillsammans
提供：ビターズ・エンド＋パップ　配給：ビターズ・エンド　www.bitters.co.jp/kazoku

184：大寿美 トモエ

エヴァと
ステファンと
すてきな
家族

監督・脚本：ルーカス・ムーディソン／製作：ラーシュ・ヨンソン／撮影：ウルフ・ブラントース
出演：リーサ・リンドグレン、ミカエル・ニュークヴィスト、エンマ・サミュエルソン、サム・ケッセル
主題歌：アバ「S.O.S.」（ユニバーサル ミュージック）
2000年／スウェーデン　106分　カラー／ドルビーSR／原題：Tillsammans
後援：スウェーデン大使館　提供：ビターズ・エンド＋バップ　配給：ビターズ・エンド
www.bitters.co.jp/kazoku

Together...

TILLSAM
FOR 236

みんなといるから、しあわせがある

185

186

185:木庭 貴信（オクターヴ）　186:渡辺 純

187

188

187:三澤 敏博（編々草） 188:倉茂 透

189:Kühn Production

190

190：大島 依提亜

裏切られても、愛を込めて。それが俺の生き方

2002年　カンヌ国際映画祭特別招待作品
2002年　サンダンス映画祭オープニング作品
2002年　ボストン批評家協会賞　最優秀ドキュメンタリー賞
2002年　シアトル批評家協会賞　最優秀ドキュメンタリー賞
2003年　ゴールデンサテライト賞　最優秀ドキュメンタリー賞

「ゴッドファーザー」を生んだ、ハリウッド史上
最も華麗でスキャンダラスな伝説の男は今も生きている。

くたばれ！
ハリウッド

THE KID STAYS IN THE PICTURE

USA FILMS PRESENTS A HIGHWAY FILMS AND MINISTRY OF PROPAGANDA FILMS PRODUCTION A FILM BY BRETT MORGEN AND NANETTE BURSTEIN "THE KID STAYS IN THE PICTURE"
DIGITAL FINISHING BY EDGEWORX SUPERVISING SOUND DESIGNER CLAUDE LETESSIER MUSIC BY JEFF DANNA EDITED BY JUN DIAZ DIRECTOR OF PHOTOGRAPHY JOHN BAILEY, A.S.C. ASSOCIATE PRODUCER CHRISTOPHER KEENE CO-PRODUCERS KATE DRIVER CHRIS GARRETT SARA MARKS
BASED ON THE BOOK BY ROBERT EVANS ADAPTED FOR THE SCREEN BY BRETT MORGEN PRODUCED BY GRAYDON CARTER DIRECTED AND PRODUCED BY BRETT MORGEN AND NANETTE BURSTEIN
THE UNBELIEVABLE TRUE TALE OF ROBERT EVANS
www.kutabare.com
USA FILMS
© 2002 USA FILMS, LLC.
ALL RIGHTS RESERVED.
DOLBY IN SELECTED THEATRES
Little Magic
AMUSE PICTURES, INC.

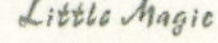

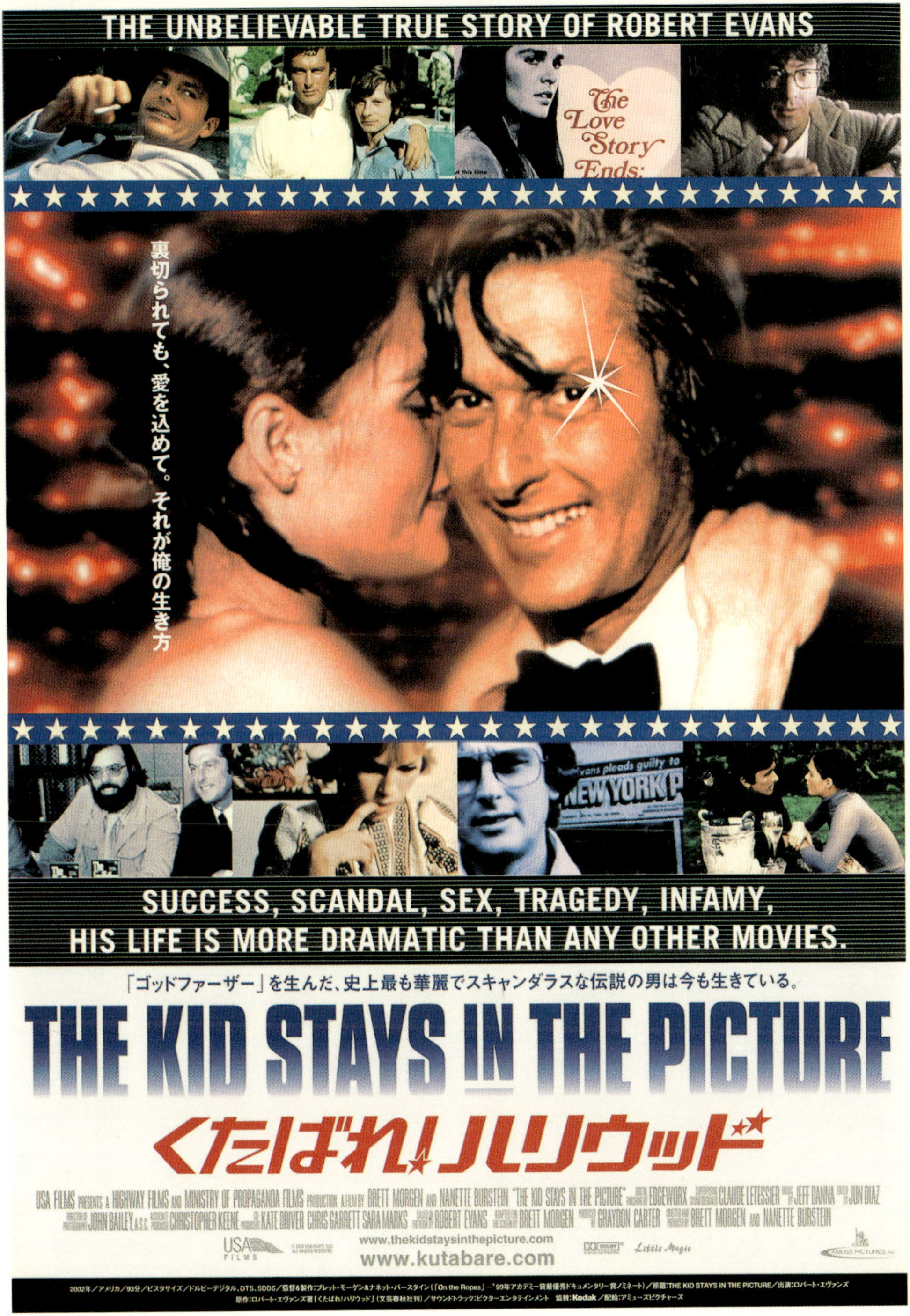
THE UNBELIEVABLE TRUE STORY OF ROBERT EVANS
The Love Story Ends:
裏切られても、愛を込めて。それが俺の生き方
evans pleads guilty to
NEW YORK P
SUCCESS, SCANDAL, SEX, TRAGEDY, INFAMY,
HIS LIFE IS MORE DRAMATIC THAN ANY OTHER MOVIES.
「ゴッドファーザー」を生んだ、史上最も華麗でスキャンダラスな伝説の男は今も生きている。
THE KID STAYS IN THE PICTURE
くたばれ!ハリウッド
USA FILMS PRESENTS A HIGHWAY FILMS AND MINISTRY OF PROPAGANDA FILMS PRODUCTION A FILM BY BRETT MORGEN AND NANETTE BURSTEIN "THE KID STAYS IN THE PICTURE" EDGEWORX CLAUDE LETESSIER JEFF DANNA JUN DIAZ
JOHN BAILEY, A.S.C. CHRISTOPHER KEENE KATE DRIVER CHRIS GARRETT SARA MARKS ROBERT EVANS BRETT MORGEN GRAYDON CARTER BRETT MORGEN AND NANETTE BURSTEIN
USA FILMS
www.thekidstaysinthepicture.com
www.kutabare.com
Little Magic
AMUSE PICTURES
2002年/アメリカ/93分/ビスタサイズ/ドルビーデジタル、DTS、SDDS/監督&製作:ブレット・モーゲン&ナネット・バースタイン(「On the Ropes」—'99年アカデミー賞最優秀ドキュメンタリー賞ノミネート)/原題:THE KID STAYS IN THE PICTURE/出演:ロバート・エヴァンズ
原作:ロバート・エヴァンズ著「くたばれ!ハリウッド」(文藝春秋社刊)/サウンドトラック:ビクターエンタテインメント 協賛:Kodak/配給:アミューズピクチャーズ

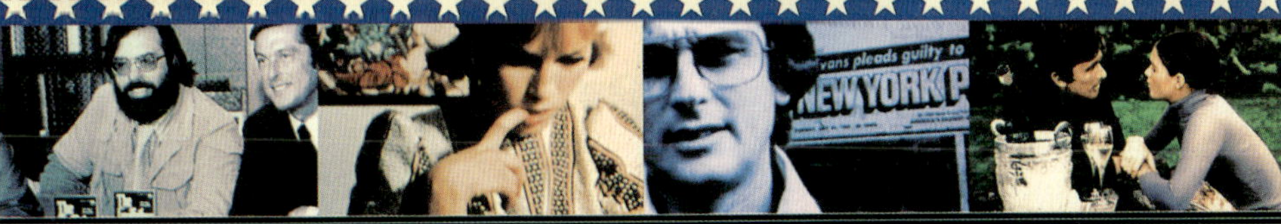

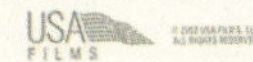

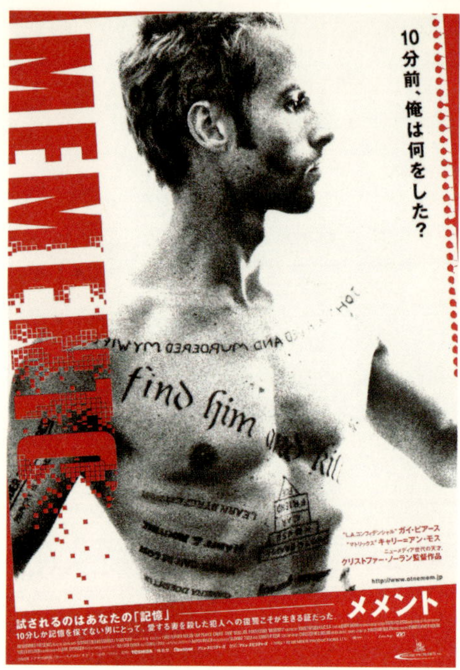

192

193

192:PLUG-IN GRAPHIC　193:野寺 尚子（ウルトラグラフィックス）

NAQOYQATSI
NAQOYQATSI
Miramax Films and Steven Soderbergh present
NAQOYQATSI
LIFE AS WAR
ナコイカッツィ

194

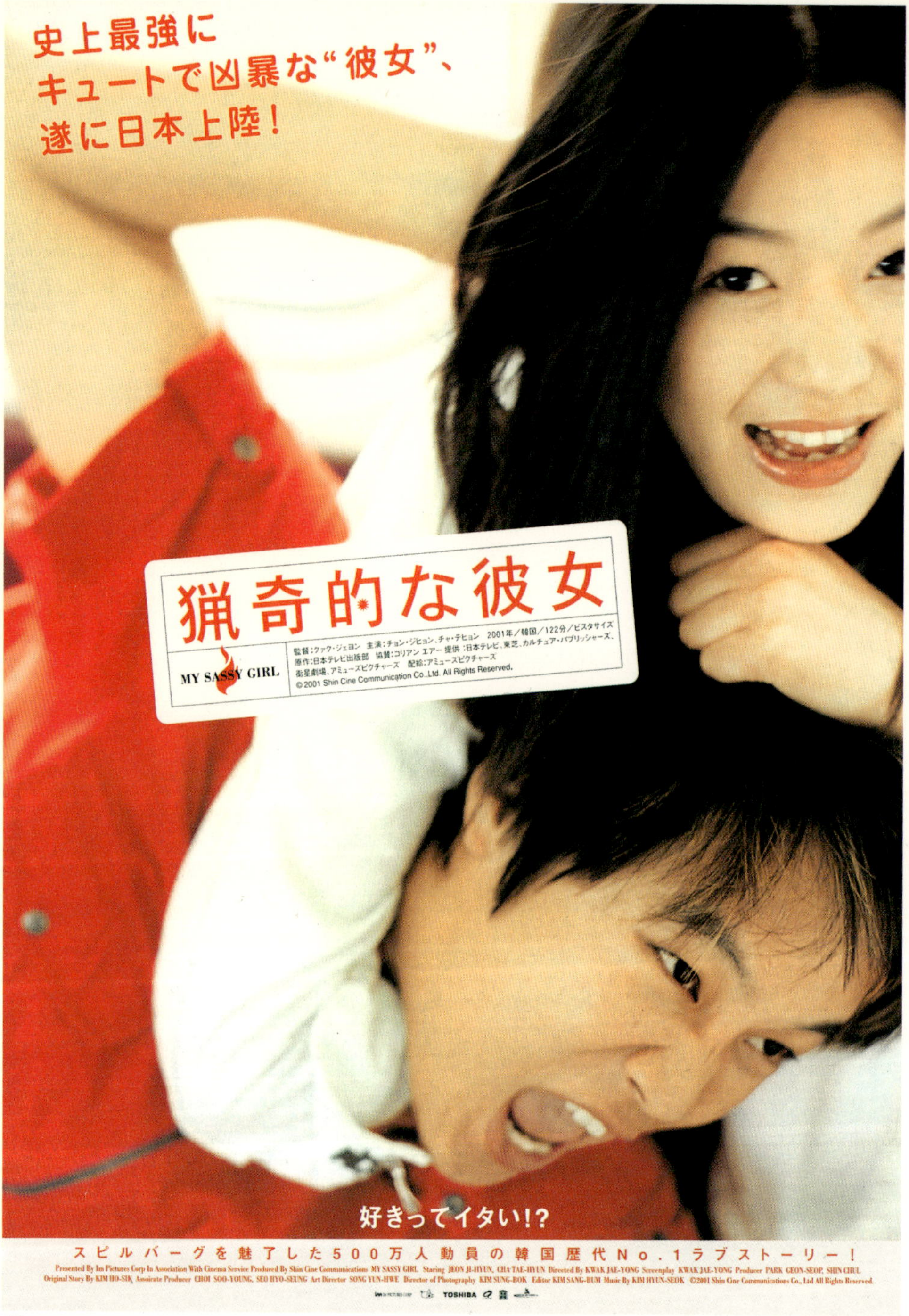

195

195:川村 哲司（atomosphere,Ltd）

見つめ合えれば、明日はきっと、幸せ

「秘密と嘘」巨匠マイク・リー監督の最高傑作

人生は、時々晴れ

✽2002年カンヌ国際映画祭正式出品作品
2003年ロンドン批評家協会賞　主演女優賞、作品賞

乾いた大地を潤す水のように、心に深く静かにしみわたる感動作

All or Nothing ALAIN SARDE PRESENTS THIN MAN FILMS A SIMON CHANNING WILLIAMS PRODUCTION A FILM BY MIKE LEIGH TIMOTHY SPALL LESLEY MANVILLE ALISON GARLAND JAMES CORDEN RUTH SHEEN MARION BAILEY
PAUL JESSON SAM KELLY KATHRYN HUNTER EXECUTIVE PRODUCER PIERRE EDELMAN LINE PRODUCER GEORGINA LOWE CASTING NINA GOLD SOUND RECORDIST MALCOLM HIRST MAKE - UP & HAIR DESIGNER CHRISTINE BLUNDELL
COSTUME DESIGNER JACQUELINE DURRAN MUSIC ANDREW DICKSON STUDIO CANAL PRODUCTION DESIGNER EVE STEWART EDITOR LESLEY WALKER CINEMATOGRAPHY DICK POPE B.S.C PRODUCER ALAIN SARDE
PRODUCED BY SIMON CHANNING WILLIAMS WRITTEN AND DIRECTED BY MIKE LEIGH THIN MAN FILMS.Ltd ©2002 Untitled 01 Limited/Les Films Alain Sarde
監督：マイク・リー　出演：ティモシー・スポール『秘密と嘘』『ラスト・サムライ』、レスリー・マンヴィル『秘密と嘘』　原題：All or Nothing 2002年／英仏合作／上映時間128分／ビスタサイズ／ドルビーデジタル
後援：ブリティッシュ・カウンシル　配給：アミューズピクチャーズ　オフィシャルサイト：www.tokidokihare.com

197

198

197:大寿美 トモエ　198:若林 伸重（Akane Design）

199

200

201

202

199:吉岡 毅（ドラゴンフライ）　201:KOBI　202:田中 克幸（ドラゴンフライ）

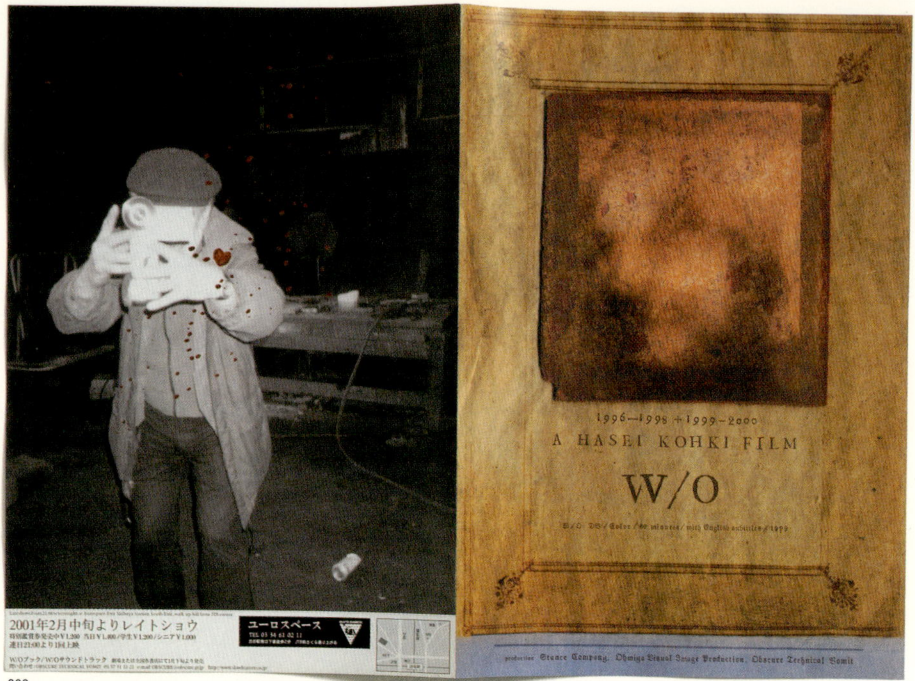
1996—1998 + 1999—2000
A HASEI KOHKI FILM
W/O
2001年2月中旬よりレイトショウ
特別鑑賞券発売中¥1,200 当日¥1,800/学生¥1,200/シニア¥1,000
連日21:00より1回上映
ユーロスペース
TEL 03 34 61 02 11
W/Oブック/W/Oサウンドトラック

203

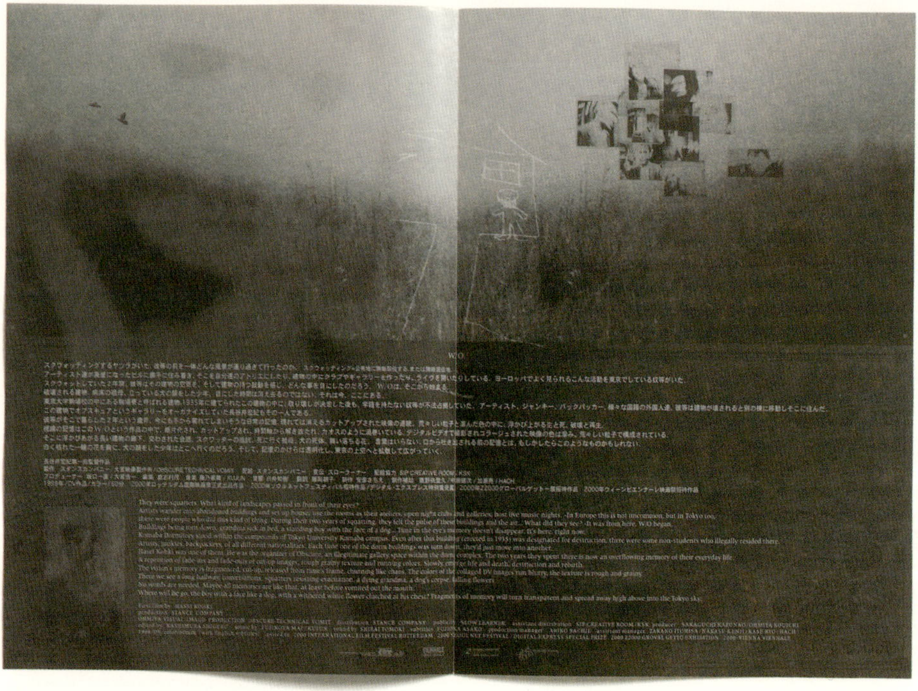
W/O

地下の民
La Nación Clandestina
より深く先住民世界にふみこみ、新たな創造へと到達したウカマウ集団の伝説的作品。
'89サンセバスチャン映画祭グランプリ
ボリビア・ウカマウ集団作品　ホルヘ・サンヒネス監督
地下の民［原題：La Nación Clandestina／ボリビア／1989年／125分／カラー／35mm／スペイン語、アイマラ語］
監督・脚本／ホルヘ・サンヒネス　出演／レイナルド・ユフラ、オルランド・ウアンカ
配給：シネマテーク・インディアス　配給協力：現代企画室／スタンスカンパニー　宣伝：ムヴィオラ
2000.12.16─2001.1.19
［地下の民］［鳥の歌］2作同時ロードショー！
モーニングショー：全作品同題上映
隠されたラテンアメリカ "もうひとつの魂" を描く──ボリビア・ウカマウ集団の軌跡

鳥の歌
Para Recibir el Canto de los Pájaros
先住民文化の中で自らを省み、異民族の共生という未来に開かれたウカマウ集団の最近作。
'95ロカルノ映画祭［賞と刷新］賞
ボリビア・ウカマウ集団作品　ホルヘ・サンヒネス監督
鳥の歌［原題：Para Recibir el Canto de los Pájaros／ボリビア／1995年／100分／カラー／35mm／スペイン語、アイマラ語］
監督・脚本／ホルヘ・サンヒネス　出演／ジェラルディン・チャップリン、ホルヘ・オルティス
配給：シネマテーク・インディアス　配給協力：現代企画室／スタンスカンパニー　宣伝：ムヴィオラ
隠されたラテンアメリカ "もうひとつの魂" を描く──ボリビア・ウカマウ集団の軌跡

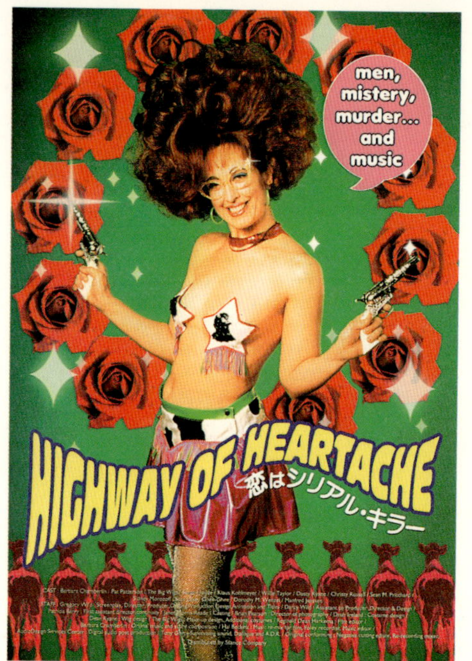

205

206

207

205:山口 博之 206:FISH DESIGN 207:渡辺 純

曼陀羅
まんだら

"ビンの中の鳥"をいかに取り出すか。解けぬ煩悩を背に負って
雲を追い、流れのままに 僧侶ふたり さすらいの旅。
韓国映画史上に残る名作 映像〈曼陀羅〉初の正式公開。

監　督●林　權澤（イム・グォンテク）
製　作●朴　宗讚（パク・チョンチャン）
原　作●金　聖東（キム・ソンドン）
脚　本●李　相法（イ・サンビョン）
　　　●宋　吉漢（ソン・ギルハン）
撮　影●鄭　一成（チョン・イルソン）
音　楽●金　正吉（キム・ジョンギル）
キャスト●ボブン（法雲）安　聖基（アン・ソンギ）
　　　●チサン（知山）全　茂松（チョン・ムソン）
　　　●オクスン（玉順）方　姫（パン・フィ）

1981年／韓国／カラー／シネスコ／1時間45分／配給＝アジア映画社

PÉDALE DOUCE
ペダル ドゥース
MARIE-DOMINIQUE GIRODET presente une
une comedie de GABRIEL AGHION
のぞいてみたい、ペダルの世界。
FANNY ARDANT
PATRICK TIMSIT
RICHARD BERRY
MICHÈLE LAROQUE
JACQUES GAMBLIN

209

210:市川 千鶴子　211:市川 千鶴子　212:市川 千鶴子

夢の国へ漕ぎ出そう

A Film by Veit Helmer　Denis Lavant　Chulpan Khamatova

TUVALU

ツバル

ファイト・ヘルマー監督作品

ドニ・ラヴァン
『ポンヌフの恋人』

チュルパン・ハマートヴァ
『ルナ・パパ』

音楽：ユルゲン・クニーパー　エンディング・テーマ：ゴラン・ブレゴヴィチ　協賛：Ⓛ Lufthansa　後援：ツバル国名誉総領事館
配給：アルシネテラン http://www.alcine-terran.com　ファイト・ヘルマー・フィルムプロダクション製作　©ブエナ・ビスタ・インターナショナル　1999年／ドイツ映画／92分／

213:市川 千鶴子

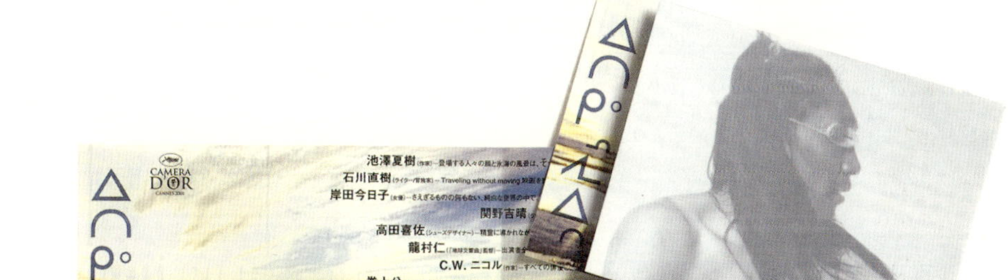

氷海の伝説
ATANARJUAT, THE FAST RUNNER

2001年カンヌ国際映画祭カメラドール（新人監督賞）受賞
2001年トロント国際映画祭最優秀カナダ映画賞受賞
2002年アカデミー賞外国語映画賞カナダ代表
2002年カナダアカデミー賞6部門受賞（作品賞・監督賞・脚本賞・編集賞・音楽賞・功労賞）
2001年フランダース国際映画祭グランプリ（作品賞）受賞
2001年エジンバラ国際映画祭最優秀新人監督賞受賞
CAMERA D'OR
CANNES 2001

どこまでも男は走る。家族のため、空と大地を守るため。

監督：ザカリアス・クヌク／撮影：ノーマン・コーン／製作：ポール・アパク・アンギリック、ノーマン・コーン、ザカリアス・クヌク
出演：ナタール・ウンガラーック、シルヴィア・イヴァル、ピーター・ヘンリー・アグナティアック、ルーシー・トゥルガグユク
2001年カナダ／イヌイット語／172分／後援：カナダ大使館／協力：学校法人ヤマザキ学園　専門学校日本動物学院　Woods
配給・宣伝：アルシネテラン　http://www.alcine-terran.com
©Cinemavault Releasing and Igloolik Isuma Productions

世界初。悠久の時を超えて甦る、極北の民イヌイットが描く一大叙事詩

214

池澤夏樹
石川直樹
岸田今日子
関野吉晴
高田喜佐
龍村仁
C.W. ニコル
巻上公一
中沢新一
山口昌男
四方田犬彦
ダニエル・デイ＝ルイス

世界初！悠久のときを超えて甦る、極北の民イヌイットが描く一大叙事詩　氷海の伝説

un film de Frédéric Fonteyne
UNE LIAISON PORNOGRAPHIQUE
Nathalie Baye
Sergi Lopez
118
木曜日、パリ16区、
ガラス越しのカフェ、
ホテル118号室の赤い扉。
名も知らぬ男と女がいた……。
1999年ヴェネツィア国際映画祭 最優秀女優賞 (ナタリー・バイ) 受賞
ナタリー・バイ
ポルノグラフィックな関係
セルジ・ロペス
監督：フレデリック・フォンテーヌ　脚本：フィリップ・ブラスバン　1999年／ベルギー・フランス・ルクセンブルク・スイス合作／80分　配給：アルシネテラン　http://www.alcine-terran.com

215:市川 千鶴子

進め！世界の果てまで！
エイゼンシュテイン
ЭЙЗЕНШТЕЙН
ВПЕРЕД! МИРУ КУВЫРКАНЬЕ!
Революция, любовь, усилие, отчаяние…
革命した，恋した，疾走した，絶望した！
1920年代ロシア。湧き上がる黒雲の中をカメラを片手に駆け抜ける！

Six-String Samurai

SIX-STRING SAMURAI
「シックス・ストリング・サムライ」

217

「シックス・ストリング・サムライ」
SIX-STRING SAMURAI

217:渡辺 純

帰り道なんて、
とっくに忘れてしまいました。
ヨシ
クリーム
SFホイップクリーム

218

帰り道なんて、
とっくに忘れてしまいました。
SFホイップクリーム

HOMESICK
ホームシック
水戸ひねき監督作品

219

Dragons
ボンベイ
to
ナゴヤ

ボンベイ
to
ナゴヤ
BOMBAY TO NAGOYA
ビジャイ
WHAT?
WHY?
佐藤
ニセ山田
ンナ
みうらじゅん

220

名古屋
ボンベイ
to
ナゴヤ

ちょっとだけ
ふしぎなせかいに
いってみよう！
アンコール
ヤマムラアニメーションずかん
企画：ヤマムラアニメーション、ユーロスペース、スローラーナー　配給：ヤマムラアニメーション、スローラーナー　協力：こどもの城

221

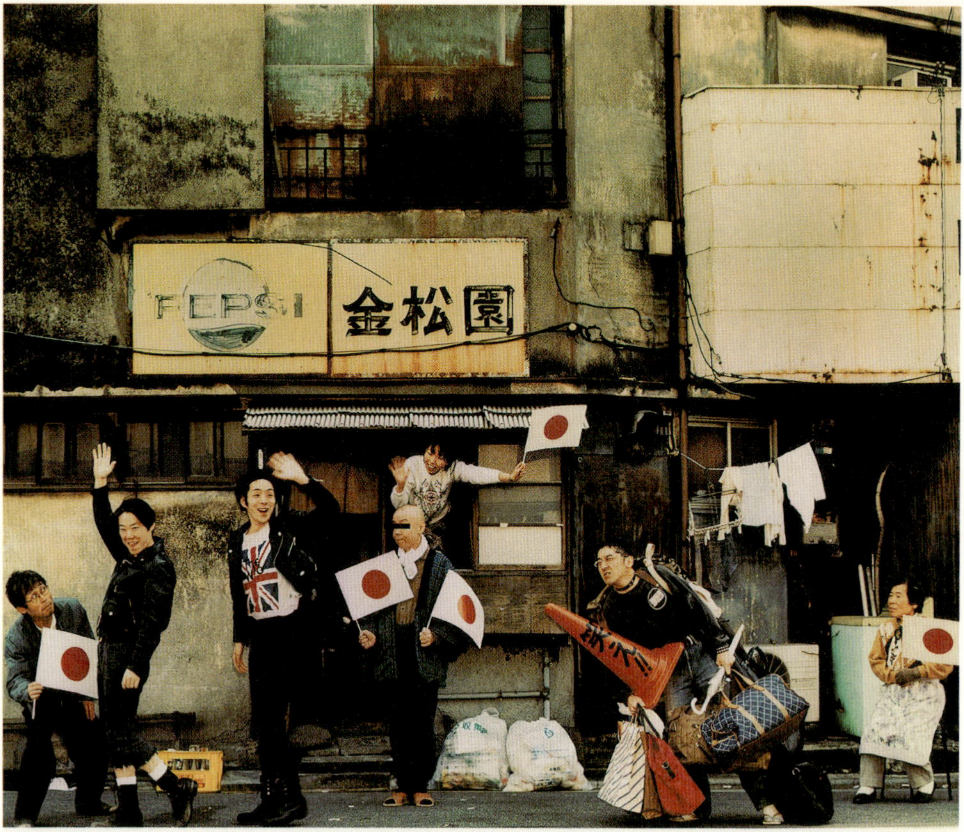

グループ魂のでんきまむし

阿部サダヲ　宮藤官九郎　村杉蝉之介　● 松尾スズキ（大人計画）　監督＋脚本＋編集●藤田秀幸　配給●スローラーナー　全面協力●大人計画　1999年／日本映画／ビデオ／119分

222:渡辺 純

みんな どこか 少し ずつ 傷ついている。
directd by
TETSUO SHINOHARA
YASUKO TOMITA
MICHITAKA TSUTSUI
KAORU KOBAYASHI
THE WASHING MACHINE
60
洗濯機は俺にまかせろ
篠原哲雄監督作品　筒井道隆　富田靖子　小林薫　百瀬致乃　田鍋謙一郎　橋本功　入江若葉　根岸季衣　染谷俊　鶴見辰吾　菅井きん
プロデューサー：笹岡幸三郎＋細川慶人　原作：宮崎和雄(第65回小説現代新人賞受賞作)　脚本：松岡周作　音楽：村山達哉　主題歌：染谷俊「ポーカーフェイス」(エピック・レコード)　美術：金勝浩一　撮影：上野彰吾
照明：矢部一男　録音：田中靖志　編集：富田伸子　特別協賛：OCT大阪工業技術専門学校　1999年・日本映画・カラー・35mm・ビスタサイズ　製作・配給：ボノボ＋スターポート　配給協力：スローラーナー

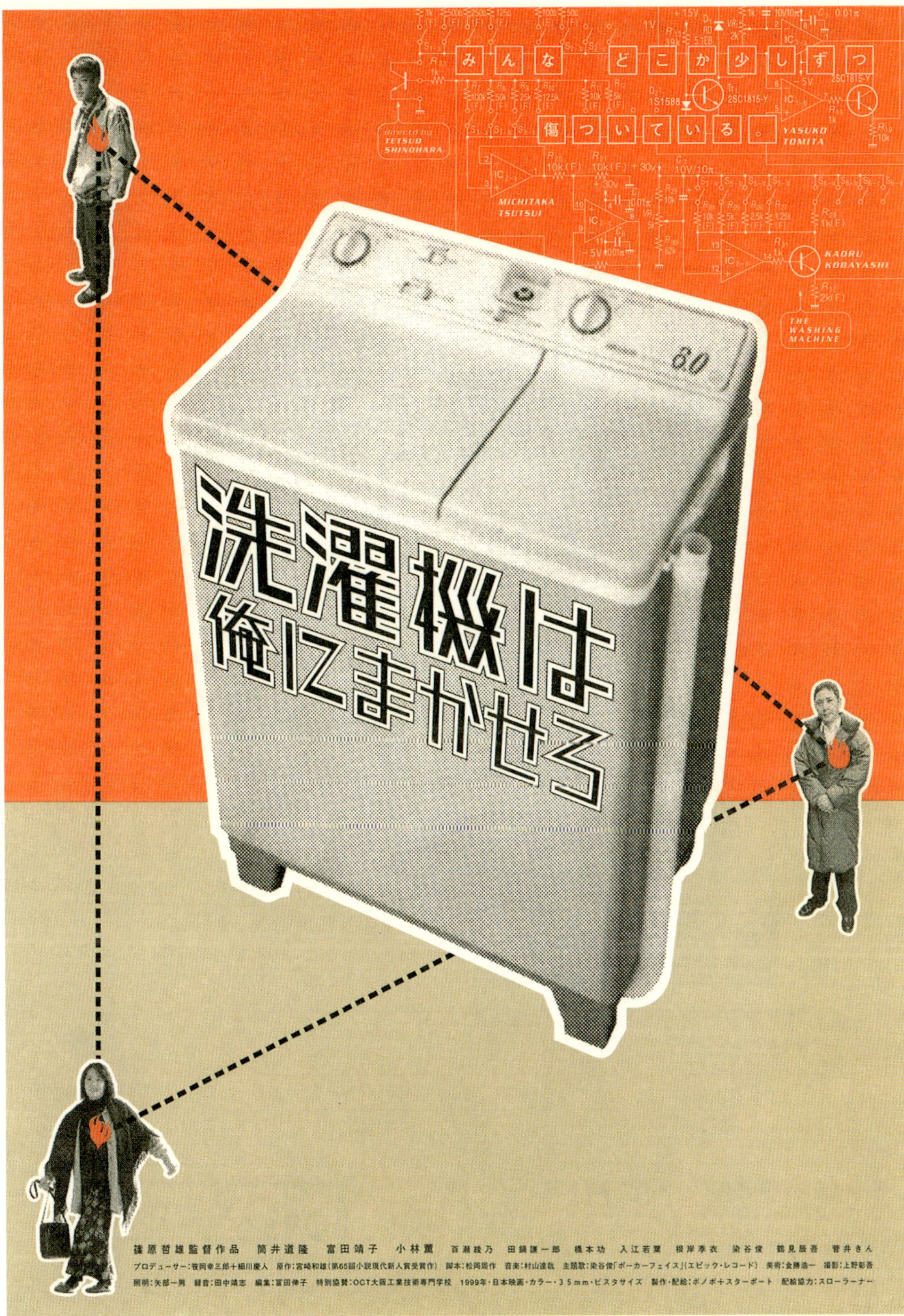

223

224:若林 伸重（Akane Design）

ここにも、ひと振りの愛がある。
a Ryuichi Hiroki film
I am an SM writer
大杉 漣　星 遥子　村上 淳
山崎給里 しみず 富子
不貞の季節

225

ここにも、ひと振りの愛がある。
a Ryuichi Hiroki film
I am an SM writer
大杉 漣　星 遥子　村上 淳
山崎給里 しみず 富子
不貞の季節

ここにも、ひと振りの愛がある。
廣木隆一監督作品
不貞の季節
大杉 漣　星 遥子　村上 淳
山崎給里 しみず 富子

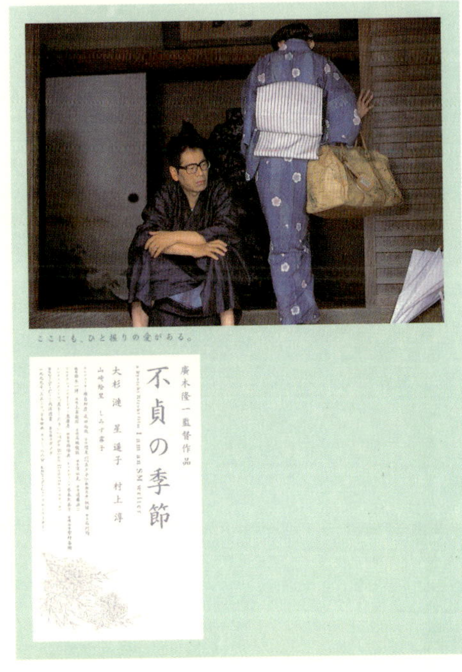

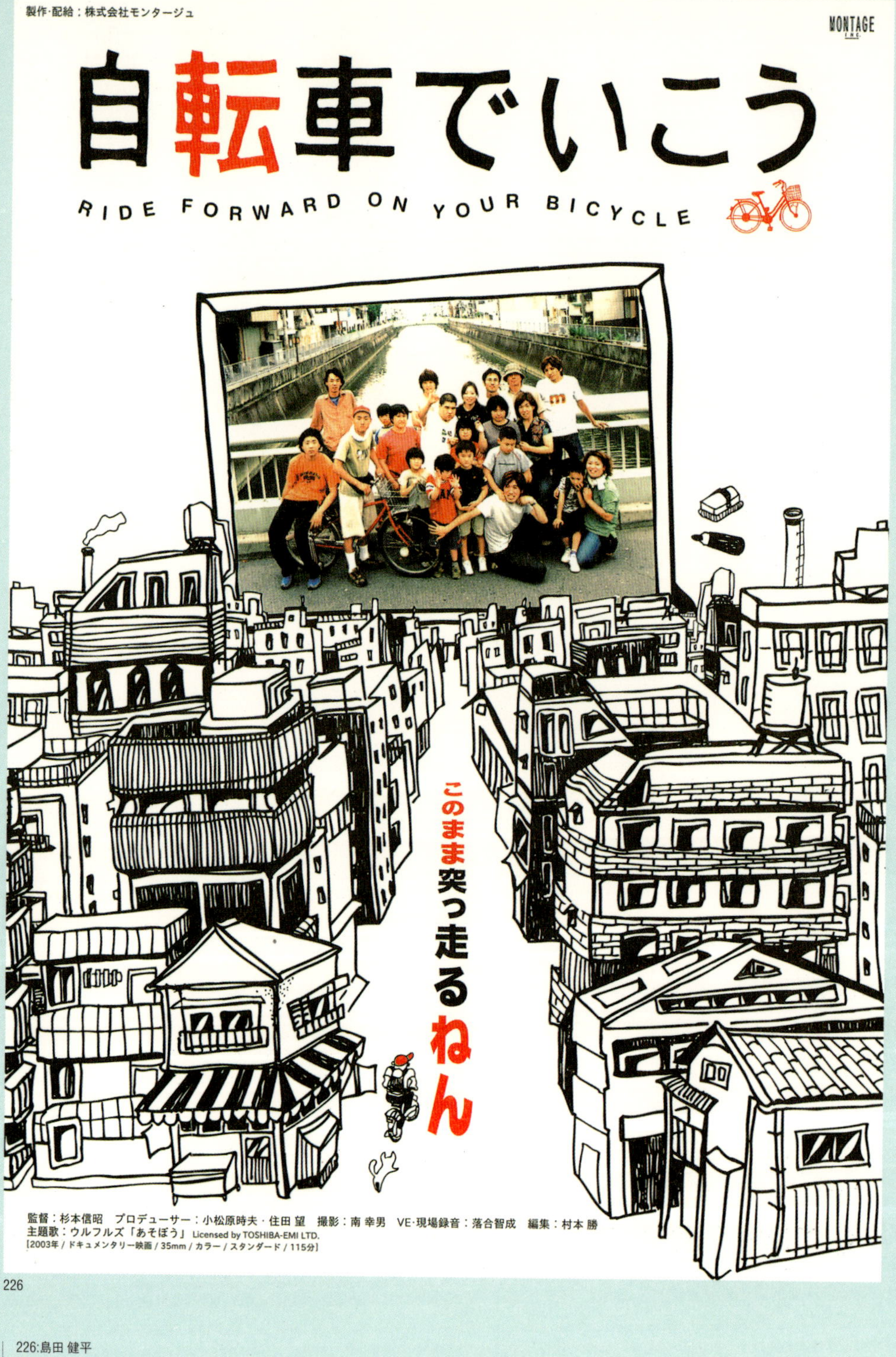
製作·配給：株式会社モンタージュ
MONTAGE INC.
自転車でいこう
RIDE FORWARD ON YOUR BICYCLE
このまま突っ走るねん
監督：杉本信昭　プロデューサー：小松原時夫 · 住田 望　撮影：南 幸男　VE·現場録音：落合智成　編集：村本 勝
主題歌：ウルフルズ「あそぼう」 Licensed by TOSHIBA-EMI LTD.
[2003年 / ドキュメンタリー映画 / 35mm / カラー / スタンダード / 115分]

226

226:島田 健平

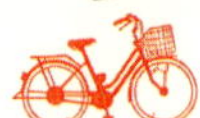

このまま突っ走るねん
西部工業
リ・プーミョン 20歳
仕事＝営業係
自転車でいこう
RIDE FORWARD ON YOUR BICYCLE

障害があろうが無かろうが、
キミはキミ以外の何者でもない
自転車は何処へいくのか
「家、ドコー？」
ポレポレ東中野にて12月6日(土)ロードショー！
特別鑑賞券1,300円発売中！

海の夢、都会の虚

海の夢、都会の虚

日本には
美しく、小さい島
「竹富島」
が存在する
島に戻ってきた女性
島で育った高校生
二人の女性の「東京」への思いが
美しく、小さい島で、原色に彩られた回想劇となった

http://www.toshiba.co.jp/webstreet/programs/drm03/index.html

海の夢、都会の虚　CAST　剣　幸／益子 梨恵
栗田 梨子／田口 トモロヲ

監督・プロデュース：秋原正俊　脚本：落合ユキエ　音楽：ルインズ波止場＋吉田達也　撮影：恒田嘉弘／助監督：金澤理奈絵／技術：丈束卓男／撮影助手：山口祐毅
アートディレクション：益子梨恵／ヘアメイク：高野ミチコ／スタイリスト：玉木奈央美／制作：松下和義／制作コーディネーター：中村健勇（CMC）
2004／日本／デジタル／5．1ch／34分　※会場では5.1ch音響の分野でも、今までに無い音響効果を体験することができます。

特別協賛 TOSHIBA　　製作／配給 KAERU CAEE

テアトル池袋
池袋駅東口　西武百貨店前
03-3987-4311

227:落合 雪恵

母の居る場所　台風一過

「母と子」
その当たり前な関係は
寄せては返す波の様に日常を流れていく

大型台風が猛威を振るう

非日常となり

その当たり前だった「母と子の関係」は
いつもと違う何かを感じる

そのとき見えたもの・・・

十人十色の母と子の関係

「たった一つ」

共通点がある

あなたの「お母さん」は、元気ですか？

Starring
Setsuko Karasuma　烏丸せつこ　　Arthur Kuroda　黒田アーサー
Maki Horikita　堀北真希　　Miki Murai　村井美樹　　　　　　　Kin Sugai　菅井きん

Produced,Edited,Sound edited and Directed by Masatoshi Akihara　製作総指揮：秋原正俊

脚本・デザイン：落合雪恵　Yukie Ochiai (KAERUCAFE)　／撮影：中村健勇　Kenyu Nakamura(CMC)　／音楽：KIRIJA　／ヘアメイク・スタイリスト：高橋恵美子　Emiko Takahashi

主題歌：「微笑みにして」　夏川りみ（ビクターエンタテインメント）

Engineering：Video engineered by Hiroaki Ono (SAT) / Location Recorded by Naoki Yonehara (CMC) / Studio recorded by Yukie Ochiai / Camera asissted by Tatsunori Sunagawa (CMC) / Off line edited by LoopX
On line edited bay Hironobu Yamanaka (Art Plaza) / Soundcorreccted by Shigeo Akamatsu (ArtPlaza) / Properties and Supervisor : Yoshihiro Nomura
Produciton managed by : Kazuyoshi Matsushita (Tagami production) / Soichi Takayama (CMC) / Takaya Yamakawa (HAKUHODO) / Cordinateted by : Ayano Nakamura (CMC) / Sanae Horikawa (KAERUCAFE)
Thanks to : From first production / Sweet Power / Natsuki Production / Shigoto / Pension Meabal / Fujiya / NahaKuko Building / G.G r i p / Miyagawa Reform / CMC / Okinawa celler

2004／日本／デジタル／5.1ch／37分　※会場では5.1ch音響の分野でも、今までに無い音響効果を体験することができます。

http://www.ajinomoto.co.jp/calvital/movie/

Special Thanks to　カルバイタル　　Thanks to  Fairlight Japan  株式会社 オールアクセス  製作/配給 KAERU CAEE 
Gisèle PARKER　BLOOM　ef el pe　Artplaza

228

229

229：大寿美トモエ

これぞ沖縄の
ブエナ・ビスタ・ソシアル・クラブ！
歌えよ歌え朗らかに
踊れよ踊れよ
軽やかに♪

白百合クラブ東京へ行く

監督:中江裕司 『ナビィの恋』『ホテル・ハイビスカス』

出演:白百合クラブ THE BOOM 平安隆 星野悠子 大竹研 今福健司

製作:白百合プロジェクト プロデューサー:新井真理子 中村芳正子 撮影:具志堅剛 編集:宮島竜治 技術:真喜屋力 東京公演プロデューサー:佐藤剛
特別協力:ファイブ・ディー ムーブメントクラブ 東京ビデオセンター オフィス・シロウズ 佐々木史朗
配給:バナリ本舗 オフィス・シロウズ
2003年/カラー/ステレオ/ビデオ/ワイド/90分
http://www.shirous.com/shirayuri/
©2003 白百合プロジェクト

あなたの痛みを私に見せて
小林明実　木崎大輔　大森 博　小市慢太郎／宇崎竜童／麻丘めぐみ
『鬼畜大宴会』『空の穴』
熊切和嘉監督×田口ランディ原作×加瀬 亮主演
第60回ベネチア国際映画祭コントロコレンテ部門正式出品作品　第28回トロント国際映画祭正式招待作品
アンテナ
R-15
15歳未満の方は、ご観になれません。

231

いつまでもおったらええやん。ずっと…
水の女
水の女と火の男、宿命の恋
UA、浅野忠信、HIKARU、YUKI、江原蘭、大浦龍宇一、塩見三省、柄本佑、杉浦隆人、石原良一、渡山文枝、ぼんちおさむ、小田茜仙美

232

サッカーは、大切なことを思いだした。
THE OTHER FINAL
［アザー・ファイナル］
BHUTAN V.S. MONTSERRAT
June 30, 2002, Thimphu, Bhutan
2002年6月30日 YOKOHAMA あの世界一を決めたブラジル対ドイツ戦
その6時間前、アジアの別の場所で「最下位を決める」もう一つの決勝戦」が行われていた。
www.theotherfinal.jp

233

Departure
www.departure-net.com
A Nakagawa Yosuke Film
Director: Nakagawa Yosuke   Executive Producer: Imafuku Eijiro   Producer: Otsuka Kaori   Line Producer: Murakoso Koji
Cinematographer: Yanagida Hiroo   Lighting Director: Abe Chikara   Sound Mixer: Okamoto Tatsuhiro
Production Designer: Yasuda Takashi   Composer & Arranger: Yamada Mayumi   Casting Director: Kasagi Masahiro
Styling Director: Kawano Riki, Takayama Izumi
Starring: Otsuka Tomoyuki, Henhiki Keigo, Kaneta Hirokazu, Kawano Haru, Fujita Kumi, Rumi, Shirai Takako
Production Copyright: i-cf Inc., Toeizo Tokyo Co.
Officially Selected by 2003 BERLIN INTERNATIONAL FORUM OF YOUNG FILMS

234

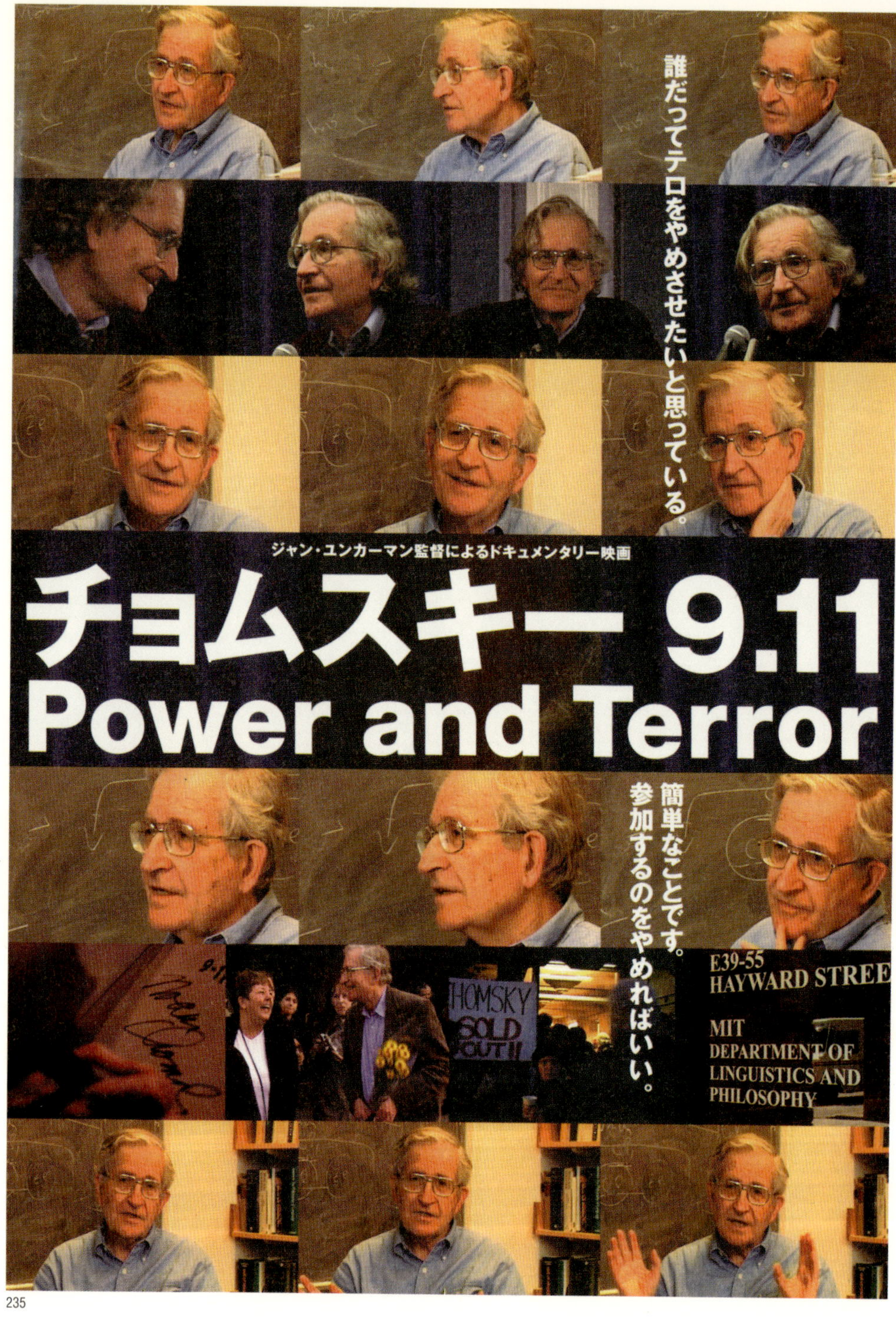
誰だってテロをやめさせたいと思っている。
ジャン・ユンカーマン監督によるドキュメンタリー映画
チョムスキー 9.11
Power and Terror
簡単なことです。参加するのをやめればいい。
E39-55
HAYWARD STREET
MIT
DEPARTMENT OF
LINGUISTICS AND
PHILOSOPHY

235:宮川 隆

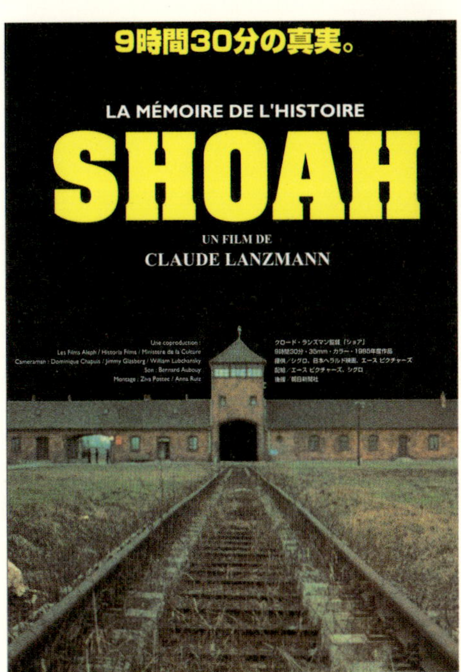

236

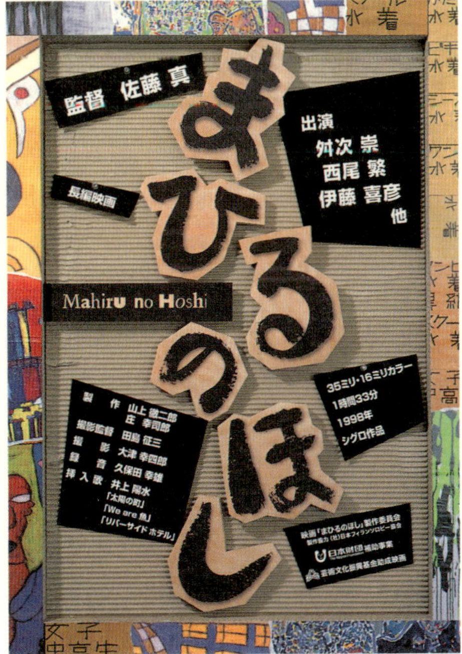

237

236:田邊 雅勇（スピリコ）　237:田邊 雅勇（スピリコ）

佐藤真監督作品

花　子

35mm／カラー／60分／2001年シグロ作品
山形国際ドキュメンタリー映画祭2001　特別上映作品

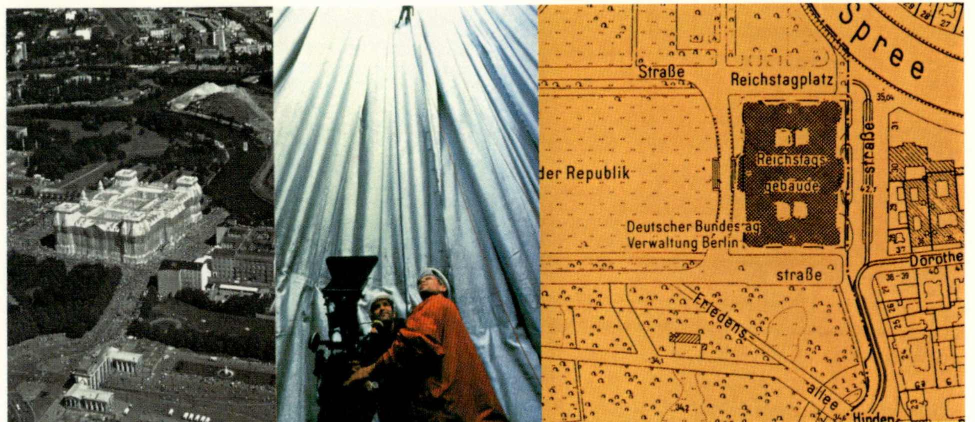

「WRAPPED REICHSTAG, BERLIN, 1971-95」の全貌に迫る公式記録映画

1996年／98分／35mm／カラー／フランス　監督・脚本：ヴォルフラム・ヒッセン＆ヨルク・ダニエル・ヒッセン　製作：エストヴェスト S.A.R.L.　提供：シグロ　配給：「議事堂を梱包する」上映委員会
a film by Wolfram Hissen and Jörg Daniel Hissen　Original Title: *Christo and Jeanne-Claude VERHÜLLTER REICHSTAG 1971-95 "Dem Deutschen Volke"*　© 1996 ESTWEST S.A.R.L.　Photo: Wolfgang Volz © 1995 Christo

所有することを許さない一瞬の芸術のために

24年間を費やした。

「私たちはただそれを見たいのです」

彼らが包んだのは20世紀だった。

ヴォルフラム・ヒッセン＆ヨルク・ダニエル・ヒッセン共同監督作品／クリスト＆ジャンヌ＝クロード　ラップト・ライヒスターク、ベルリン、1971-95

議事堂を梱包する

Photograph: NOGUCHI, Rika

行定勲監督作品

きょうのできごと

田中麗奈　妻夫木聡
伊藤歩　柏原収史
三浦誠己　苅野敦士
池脇千鶴　松尾敏伸

Photograph: MORIYAMA Daidō

Photograph: KURENADA Utsuoshi

Graphic Design: MATSUDA & Co.

241

242

243

241:眞島 和馬（Giraffe）　242:横須賀 拓　243:KOBI

244:野本 和也 (universo)

家がお終いになっちゃう前に、
お兄ちゃんに出てってもらおうよ。

蛇イチゴ
HEBI ICHIGO

平泉成　宮迫博之　絵沢萠子
大谷直子　雨上がり決死隊　寺島進
手塚とおる　つみきみほ　笑福亭松之助
監督・脚本　西川美和

プロデューサー：是枝裕和　撮影：山本英夫　美術：磯見俊裕　録音：鶴巻仁　音楽：中村俊／カリフラワーズ　編集：宮島竜治　制作：テレビマンユニオン
製作：「蛇イチゴ」製作委員会　配給・宣伝：ザナドゥー　http://www.kore-eda.com/misc/hebiichigo.htm

246

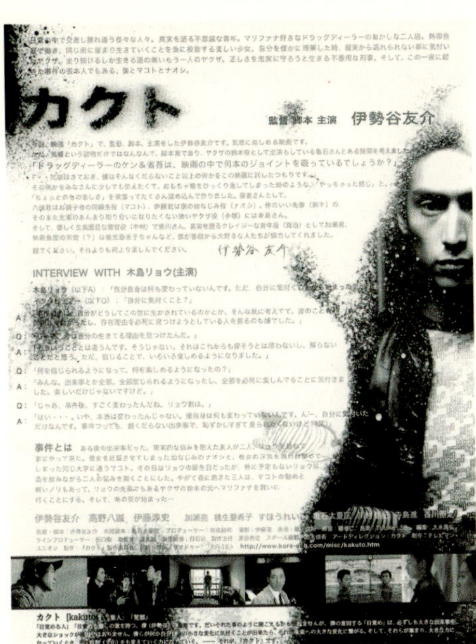

日常の中で交差し擦れ違う様々な人々。真実を語る不思議な青年。マリファナ好きなドラッグディーラーのおかしな二人組。納郎台屋で働き、同じ所に留まり生きていくことを急に投影する美しい少女。自分を僅かに理解した時、現実から逃れられない都に気付いたヤクザ。走り続けるしか生きる道の無いもう一人のヤクザ。正しさを忠実に守ろうと生きる不器用な刑事。そして、この一夜に認めた事件の張本人でもある、涼とマコトとナオシ。

カクト

監督 脚本 主演　伊勢谷友介

今回、映画「カクト」で、監督、脚本、主演をした伊勢谷友介です。気軽に楽しめる映画です。
でも、気軽という説明だけではなんなんで、脚本家でもあり、ヤクザの鈴木役として出演もしている亀石さんとある質問を考えました。
「ドラッグディーラーのケン&省吾は、映画の中で何本のジョイントを吸っているでしょうか?」
で…、先端はさておき、僕はそんなくだらないこと以上の何かをこの映画に託したつもりです…。
その何かをみなさんに少しでも伝えたくて、おもちゃ箱をひっくり返してしまった時のような「やっちゃった感じ」と、
「ちょっとのもの悲しさ」を欲張ってたくさん詰め込んで作りました。役者さんとして。
八嶋君はお調子者の同級生役(マコト)、伊藤君は僕の幼なじみ役(ナオシ)。仲のいい先輩(鈴木)の、
そのまた先輩のあんまり知り合いになりたくない怖いヤクザ役(手塚)には亀石さん。
そして、優しく生真面目な警官役(中村)で香川さん。真実を語るクレイジーな青年役(翼追)として加瀬君、
納郎魚屋の天使(?)は蜂生亜希子ちゃんなど、僕が普段から大好きな人たちが協力してくれました。
観てください。それよりも何より楽しんでください。
　　　　　伊勢谷友介

INTERVIEW WITH 木島リョウ(主演)

木島リョウ(以下A)：「自分自身は何も変わっていないんです。ただ、自分に気付く…」
インタビュアー(以下Q)：「自分に気付くこと?」
A：「自分がどうしてこの世に生かされているのかとか、そんな風に考えてて、涼のこと…だし、存在理由を必死に見つけようとしている人を見るのも嫌でした。」
Q：「リョウ君は自分の生きてる理由を見つけたんだ。」
A：「そういうこととは違うんです。そうじゃない、それはこれからも探そうとは思わないし、解らないことだと思う。ただ、信じることで、いろいろ楽しめるようになりました。」
Q：「何を信じられるようになって、何を楽しめるようになったの?」
A：「みんな、出来事とか全部、全部信じられるようになったし、全部を必死に楽しんでることに気付きました。楽しいだけじゃないですけど。」
Q：「じゃあ、事件後、すごく変わったんだね。リョウ君は。」
A：「はい・・・、いや、本当は変わったんじゃない。僕自身は何も変わっていないんです。んー、自分…だけなんです。事件つっても、超くだらない出来事で、恥ずかしすぎて見られたくないけど(笑)」

事件とは　ある夜の出来事だった。現実的な悩みを抱えた友人が二人、涼の…宅にやって来た。彼女を妊娠させてしまった幼なじみのナオシと、彼女の浮気を偶然目撃してしまった同じ大学に通うマコト。その日はリョウの誕生日だったが、特に予定もないリョウは、酒を飲みながら二人の悩みを聞くことにした。やがて酒に酔えた三人は、マコトの勧めと軽いノリもあって、リョウの先輩でもあるヤクザの鈴木の元へマリファナを買いに行くことにする。そして、あの夜が始まった…

伊勢谷友介　高野八蔵　伊藤淳史　加瀬亮　蜂生亜希子　すほうれいこ　亀石大寿堂　寺島進　香川照之

http://www.kore-eda.com/misc/kakuto.htm

カクト [kakuto] 「覚人」「覚都」
「目覚める人」「目覚めの都」の意を持つ、僕(伊勢谷)の監督です。だいそれた事のように聞こえるかも知れませんが、僕の提唱する「目覚め」は、必ずしも大きな出来事を…大きなショックが必要なわけではありません。僕ら一人一人が何か自分…の小さな変化に気付くことが出来たら、それが未来への大きな変化に繋がる。そして、それらが集まり、大きな力になっていくとき、この分野(文化)をも変えていく力になっていく。── それが、「カクト」です。

247

YEEOWWWLLP!
BANG!
逃げた男を追いかけて、N.Y.からメキシコへアメリカ縦断2000マイルの旅に出た!
思いこんだら命がけ。パワー全開で突っ走る!
ヘザー・グラハム主演キュートなロマンティック・コメディの決定版!
一生 あなたを 守ってあげる!
THOKK!
NONSTOP GIRL
ヘザー・グラハム
ノンストップ・ガール
COMMITTED
MIRAMAX INTERNATIONAL presents a DEAN SILVERS MARLEN HECHT PRODUCTION HEATHER GRAHAM CASEY AFFLECK LUKE WILSON "COMMITTED" GORAN VISNJIC ALFONSO ARAU Introducing
PATRICIA VELASQUEZ Casting by BILLY HOPKINS SUZANNE SMITH KERRY BARDEN Executive Music Producer RANDALL POSTER Music Supervisor STEPHEN E. SMITH Music by CALEXICO Production Designer
SHARON LOMOFSKY Costume Designer BETH PASTERNAK Editors CURTISS CLAYTO COLLEEN SHARP Director of Photography TOM KRUEGER Co-Producer GUY J. LOUTHAN Executive Producers BOB
WEINSTEIN HARVEY WEINSTEIN JONATHAN GORDON AMY SLOTNICK Produced by DEAN SILVERS MARLEN HECHT Written and Directed by LISA KRUEGER ©2000 Miramax Film Corp.All Rights Reserved
監督★リサ・クルーガー 出演★ヘザー・グラハム/ケイシー・アフレック/ゴラン・ヴィシュニック/ルーク・ウィルソン/アルフォンソ・アラウ/パトリシア・ヴェラスケス
2000年/アメリカ映画・ミラマックス フィルム提供 提供★アスミック・エース エンタテインメント/角川書店 配給★ザナドゥー ©2000 Miramax Film Corp.All Rights Reserved
www.nonstopgirl.com

248:市川 千鶴子

featuring
Ben Affleck
Joey Lauren Adams
Jason Lee

written and directed by
Kevin Smith

Bluntman

It's not who you love. It's how.

いっぱいHして何が悪いの?

visit THE MIRAMAX CAFE
on the web at: http://www.miramax.com and
visit VIEW ASKEWNIVERSE
on the web at: http://www.viewaskew.com
read THE MIRAMAX BOOK

Finally, a comedy that tells
it like it feels.

CHASING AMY

MIRAMAX INTERNATIONAL presents a VIEW ASKEW production "CHASING AMY" BEN AFFLECK, JOEY LAUREN ADAMS, JASON
LEE, DWIGHT EWELL and JASON MEWES music by DAVID PIRNER costume designer CHRISTOPHER DEL CORO line producer
DERRICK TSENG edited by KEVIN SMITH SCOTT MOSIER production designer ROBERT "RATFACE" HOLTZMAN director of
photography DAVID KLEIN executive producer JOHN PIERSON associate producer ROBERT HAWK produced by SCOTT MOSIER

The new film from
the director of
"Clerks"

Chronic

Refresh Yourself

ちょっと大胆な女の子と、不器用な男の子のラブストーリー。こんなにエロティックで繊細なアメリカ映画は初めて!

チェイシング・エイミー　　『グッド・ウィル・ハンティング 旅立ち』製作総指揮のケヴィン・スミス監督作品

『グッド・ウィル・ハンティング 旅立ち』の脚本でアカデミー賞!　ハリウッド映画期待の新星──ベン・アフレック
ゴールデングローブ賞主演女優賞/ミネート──ジョーイ・ローレン・アダムズ

1997年　アメリカ映画　ヴィスタサイズ　ドルビーシステム　コミック小説:青山出版社刊(コミック:安野モヨコ、小説:江口研一)　配給:エースピクチャーズ

Style is Everything. 彼らのスタイルが全ての始まりだった。

70年代、アメリカ西海岸、"DOGTOWN"。スケートボードで革命を起こし伝説となった"Z-BOYS"。ファッション、映像、音楽、アート…彼らのスタイルがユース・カルチャーの起源となった。

ALLIANCE ATLANTIS and VANS OFF THE WALL present an AOP PRODUCTION "DOGTOWN AND Z-BOYS" Narrated by SEAN PENN Editor PAUL CROWDER Producttion Designer C.R.STECYK
Director of Phottography PETER PILAFIAN Co-Producers GLEN E. FRIEDMAN STEPHEN NEMETH DANIEL OSTROFF Exective Producer JAY WILSON Produced By AGI ORSI Directed By STACY PERALTA

監督：ステイシー・ペラルタ　ナレーション：ショーン・ペン　出演：ゼファー・スケーティング・チーム(Z-BOYS) ヘンリー・ロリンズ、ジェフ・アメン(パールジャム)、トニー・ホーク他　音楽：ジミ・ヘンドリックス、T.レックス、ロッド・スチュアート、ニール・ヤング、レッド・ツェッペリン、イギー・ポップ他　提供：アスミック・エース エンタテインメント　配給：東北新社　宣伝協力：ミラクルヴォイス　オリジナル・サウンドトラック：ユニバーサル ミュージック　協力：ヴァンズ、エービーシーマート

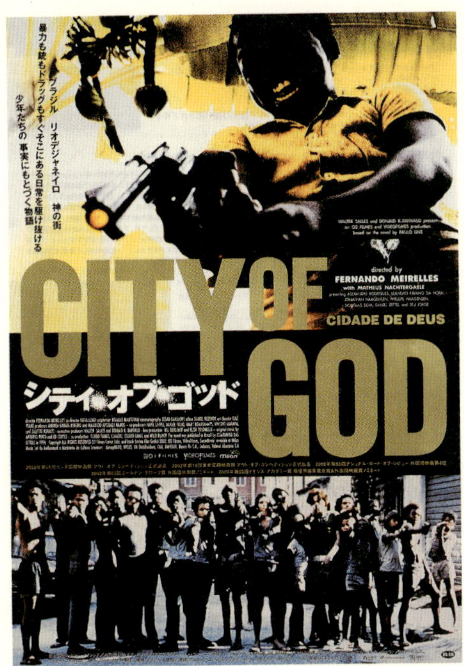

251

252

253

254

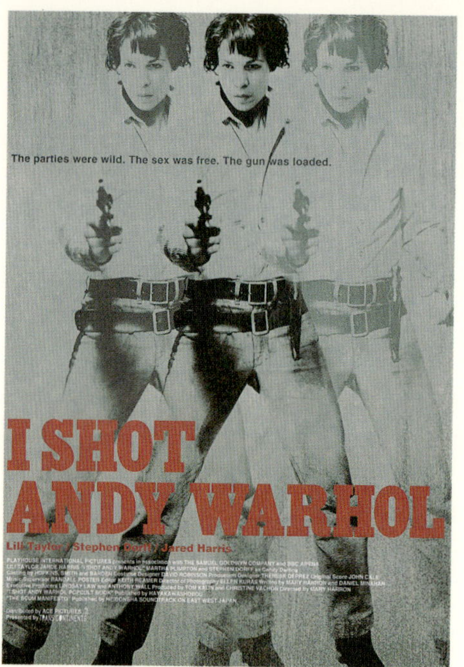

255

256

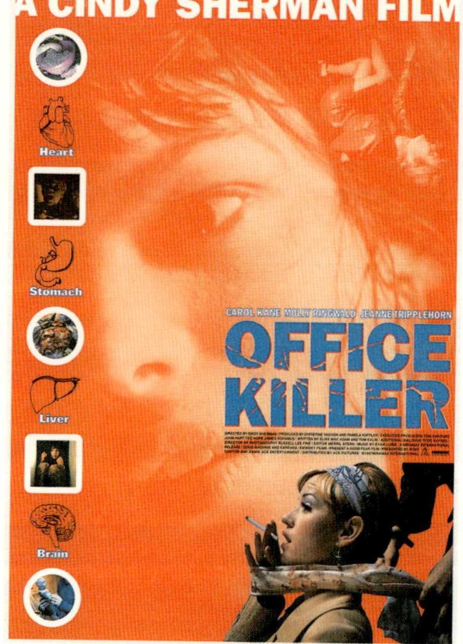

257

258

255:ヘッズ　256:大寿美 トモエ　257:スントーグラフィック　258:香取 久美子

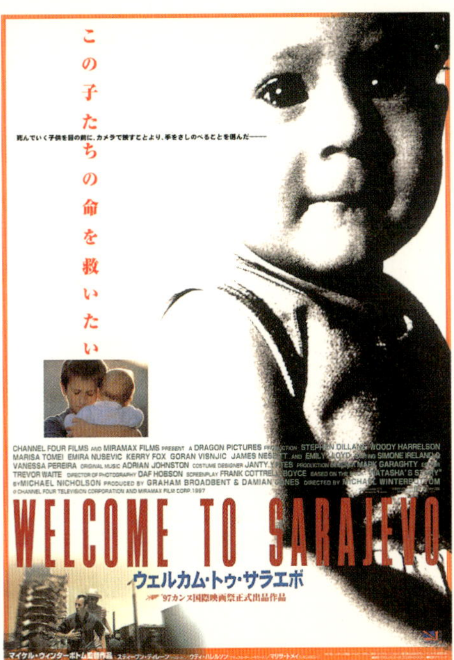

259

260

261

262

259:クリエイティブ・エース　260:ハームスワース　261:鈴木成一デザイン室　262:Akane Design

JIM JARMUSCH
NEIL YOUNG
AND CRAZY HORSE
魂をも揺さぶるロードムーヴィー
YEAR OF THE HORSE
イヤー・オブ・ザ・ホース　ジム・ジャームッシュ監督最新作／ニール・ヤング＆クレイジー・ホース

263

モハメド・アリ
かけがえのない日々

A POLYGRAM FILMED ENTERTAINMENT release A DAS FILMS presentation
a DAVID SONENBERG production a film by LEON GAST
and TAYLOR HACKFORD "WHEN WE WERE KINGS"
featuring MUHAMMAD ALI GEORGE FOREMAN SPIKE LEE THE CRUSADERS
B.B. KING NORMAN MAILER GEORGE PLIMPTON JAMES BROWN
THE SPINNERS executive producer DAVID SONENBERG
soundtrack available on mercury m.e. co-produced by KEITH ROBINSON
VIKRAM JAYANTI produced by LEON GAST DAVID SONENBERG &
TAYLOR HACKFORD directed by LEON GAST
PolyGram
©1996 POLYGRAM FILM PRODUCTIONS B.V.

MUHAMMAD ALI
"WHEN WE WERE
KINGS"

誰にでも一度は王者になる瞬間がある

1997年アカデミー賞長編ドキュメンタリー賞受賞
ジョージ・フォアマン、ドン・キング、ジェームズ・ブラウン、B.B.キング、モブツ・セセ・セコ、スパイク・リー、ノーマン・メイラー
監督:レオン・ギャスト/製作:デイヴィッド・ソネンバーグ、レオン・ギャスト、テイラー・ハックフォード
1996年アメリカ/ポリグラム・フィルムド・エンターテインメント=DASフィルム提供
デイヴィッド・ソネンバーグ・プロダクション作品/提供:アスミック、TBS/配給:アスミック
ASMIK TBS

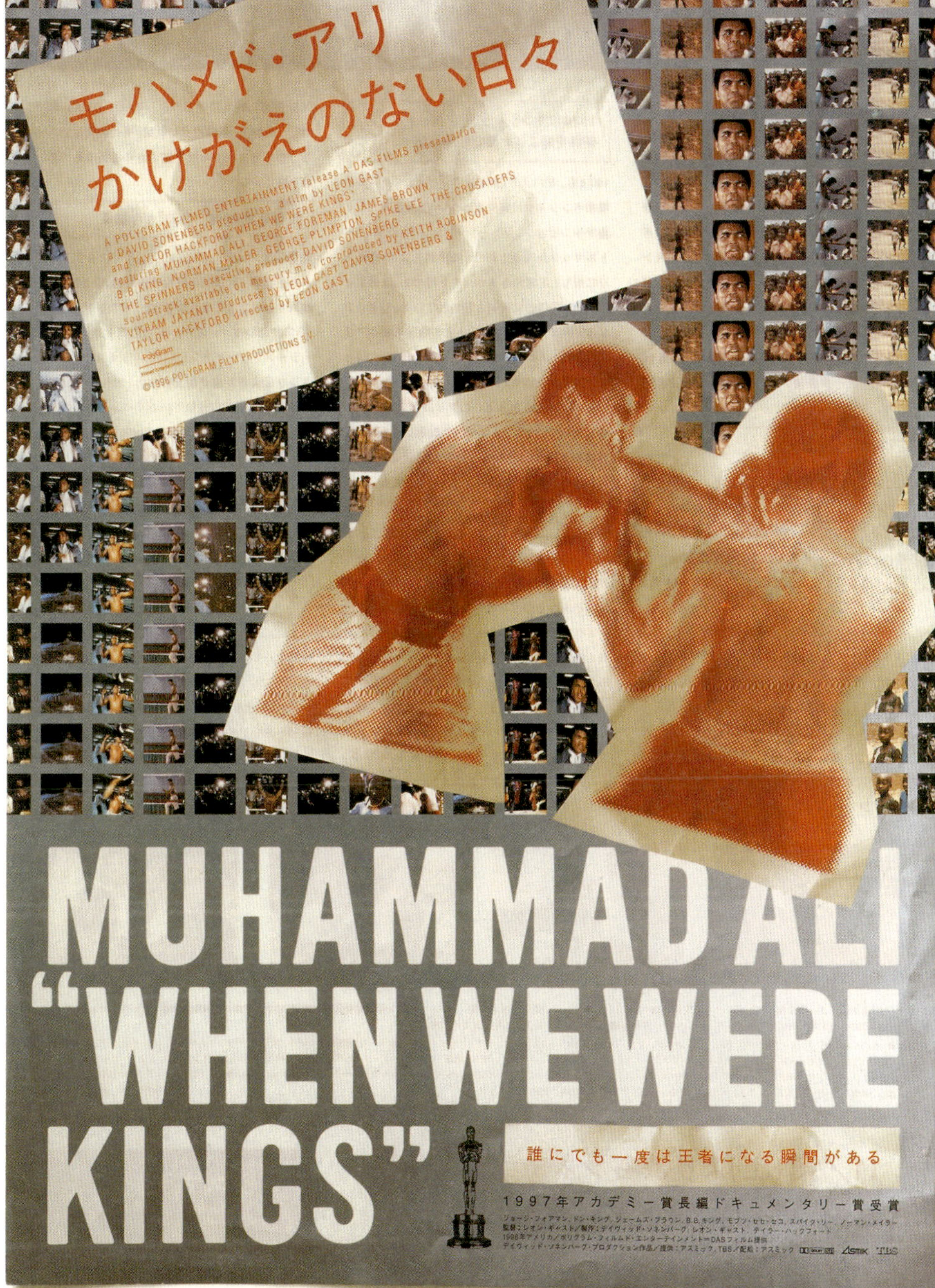

264

265

266

265:サイファ。　266:鈴木成一デザイン室

267

268

269

267：アフターアワーズ　268：アブソリュート・グラマー　269：アジールデザイン

人生はクソッ素晴らしい
バーバー
2001年第54回カンヌ国際映画祭 最優秀監督賞受賞
2002年第74回アカデミー賞 撮影賞ノミネート
The Man Who Wasn't There
監督・脚本:ジョエル・コーエン／製作・脚本:イーサン・コーエン

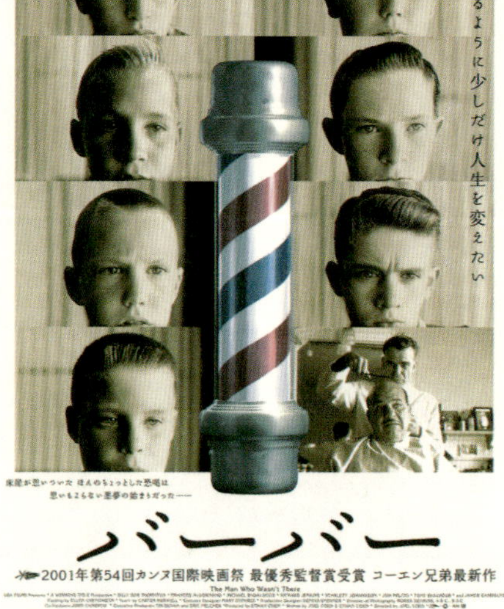
髪型を変えるように少しだけ人生を変えたい
バーバー
2001年第54回カンヌ国際映画祭 最優秀監督賞受賞 コーエン兄弟最新作
The Man Who Wasn't There
監督・脚本:ジョエル・コーエン／製作・脚本:イーサン・コーエン

270

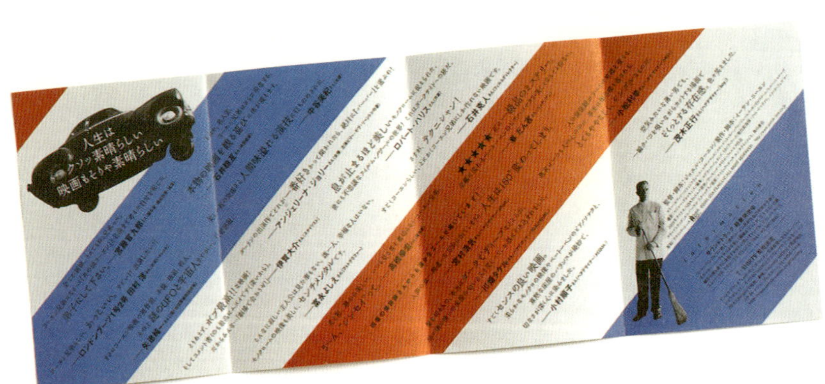
人生は
クソッ素晴らしい
映画もどうや素晴らしい

a film by
Joel & Ethan Coen
Fargo
a homespun murder story
ファーゴ
POLYGRAM FILMED ENTERTAINMENT PRESENTS IN ASSOCIATION WITH WORKING TITLE FILMS 'FARGO'
FRANCES McDORMAND WILLIAM H. MACY STEVE BUSCEMI HARVE PRESNELL PETER
STORMARE MUSIC BY CARTER BURWELL PRODUCTION DESIGNER RICK HEINRICHS DIRECTOR OF PHOTOGRAPHY
ROGER A. DEAKINS, ASC LINE PRODUCER JOHN CAMERON EXECUTIVE PRODUCERS TIM BEVAN, ERIC
FELLNER PRODUCED BY ETHAN COEN WRITTEN BY JOEL COEN AND ETHAN COEN DIRECTED BY JOEL COEN
1996年第49回カンヌ国際映画祭最優秀監督賞
監督/脚本ジョエル・コーエン 製作/脚本イーサン・コーエン フランシス・マクドーマンド/ウィリアム・H・メイシー/スティーヴ・ブシェーミ
提供：アスミック＝シネセゾン＝テレビ東京／配給：アスミック＝シネセゾン asmik CINE SAISON

271

THEREMIN
テルミン
AN ELECTRIC ODYSSEY
テルミン
THEREMIN
レオン・テルミン
クララ・ロックモア

272

LOVES LABOUR'S LOST
恋は人を馬鹿にする
恋の骨折り損
ハッピーミュージカル
2000年ベルリン国際映画祭・特別招待作品
2000年東京国際映画祭・特別招待作品

273

IT'S 23:59 ON NEW YEAR'S EVE.
DO YOU KNOW WHERE YOUR DATE IS?

新しい恋　見つけましょう
ニュー・イヤーズ・イヴ 23：59
夜明け前のラヴ・ストーリーズ

200 CIGARETTES

２００本のたばこ

ベン・アフレック／ケイシー・アフレック／デイヴ・チャペル／ジャニーン・ガラファロ／ギャビー・ホフマン
コートニー・ラヴ／ジェイ・モア／マーサ・プリンプトン／クリスティーナ・リッチ／ポール・ラッド in alphabetical order

リサ・ブラモン・ガルシア第一回監督作品　1998年アメリカ　パラマウント・ピクチャーズ＝レイクショア・エンタテインメント提供／MTVフィルムズ＝ドッグスター・フィルムズ共同提供／提供：アスミック・エース エンタテインメント／配給：アスミック

PARAMOUNT PICTURES and LAKESHORE ENTERTAINMENT present in association with MTV FILMS and DOGSTAR FILMS "200 CIGARETTES" performer credits in alphabetical order BEN AFFLECK CASEY AFFLECK DAVE CHAPPELLE ANGELA FEATHERSTONE COURTNEY LOVE JAY MOHR MARTHA PLUMPTON CHRISTINA RICCI PAUL RUDD co-producers CECILIA KATE ROQUE ANDRE LAMAL STEVEN L. BERNSTEIN music supervisor RANDALL POSTER music composed by BOB and MARK MOTHERSBAUGH costume designer SUSAN LYALL edited by LISA ZENO CHURGIN production designer INA MAYHEW director of photography FRANK PRINZI executive producers TOM ROSENBERG MIKE NEWELL ALAN GREENSPAN TED TANNEBAUM SIGURJON SIGHVATSSON produced by BETSY BEERS DAVID GALE VAN TOFFLER written by SHANA LARSEN directed by RISA BRAMON GARCIA

忘れたい、いとおしい、
忘れられない。

2003年 第27回モントリオール世界映画祭 Cinema of Asia 公式出品
2003年 第39回シカゴ国際映画祭 World Cinema 公式出品
2003年 第16回東京国際映画祭 ニッポン・シネマ・フォーラム公式出品

上野樹里　新井浩文　新屋英子　江口徳子
SABU　荒川良々　大倉孝二　真理アンヌ　西田シャトナー
原作：田辺聖子（角川文庫）　脚本：渡辺あや
音楽：くるり　主題歌『ハイウェイ』　サウンドトラック：ビクター スピードスター
イメージフォト：佐内正史　イメージイラスト：D［di:］　スタイリスト：伊賀大介

製作：『ジョゼと虎と魚たち』フィルムパートナーズ
　　　アスミック・エース エンタテインメント、IMJ エンタテインメント、関西テレビ放送、エス・エス・エム、博報堂
製作プロダクション：アスミック・エース エンタテインメント、IMJ エンタテインメント
配給：アスミック・エース

ジョゼと虎と，魚たち
妻夫木聡
池脇千鶴
犬童一心 監督作品

ジョゼと虎と魚たち
妻夫木聡
池脇千鶴
犬童一心 監督作品

1997年カンヌ国際映画祭正式出品作品　オーストラリア・アカデミー賞　主演女優賞、脚色賞、美術賞受賞　第7回ストックホルム映画祭主演女優優賞受賞

これは繊細で残酷なおとぎ話

サマンサ・ラング第一回監督作品
ミランダ・オットー「ラブ・セレナーデ」　パメラ・レイブ「泉のセイレーン」「ハーモニー」

深い井戸のある家に住む、ふたりの女。
悪夢のようなひき逃げ事件がふたりのささやかな日常を狂わせていく。
荒涼としたオーストラリアの原野に、繊細なディテールが冴え渡る
現代に生きる大人のための残酷童話の傑作！

1997年オーストラリア／サザンスター＝ザナドゥ・プロダクション作品／提供：アスミック・エース エンタテインメント、テレビ東京／配給：アスミック

The Well　directed by Samantha Lang　starring Pamela Rabe, Miranda Otto

女と女と井戸の中

276:岩淵 まどか

277

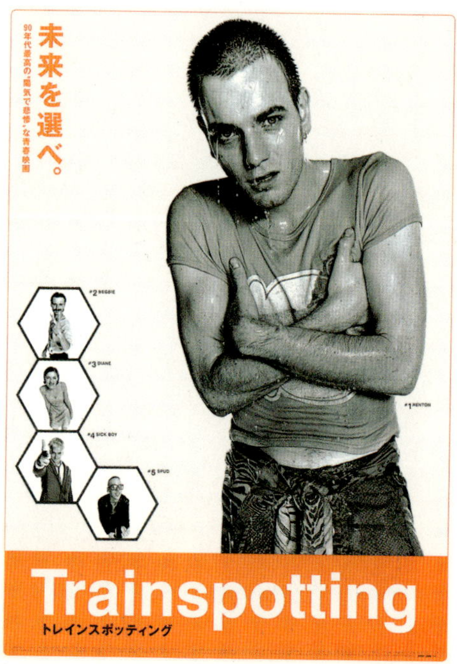

278

277:スントーグラフィック　278:中島デザイン

OFFICIAL SELECTION CANNES 1996
MIMI
LUCILE HADZIHALILOVIC
GASPAR NOE
MIMI 52 minutes
SANDRA SAMMARTINO
MICHEL TRILLOT
DENISE SCHROPFER
LES CINEMAS DE LA ZONE.
DOMINIQUE COLIN
WILLIAM ABELLO
FABIEN KRYZANOWSKI
OLIVIER DO HUU
LA BOUCHE DE JEAN-PIERRE
35mm CINEMASCOPE
LE CINEMA AIME agnès b.
パリの裏側におびえる12歳の少女ミミ。

279

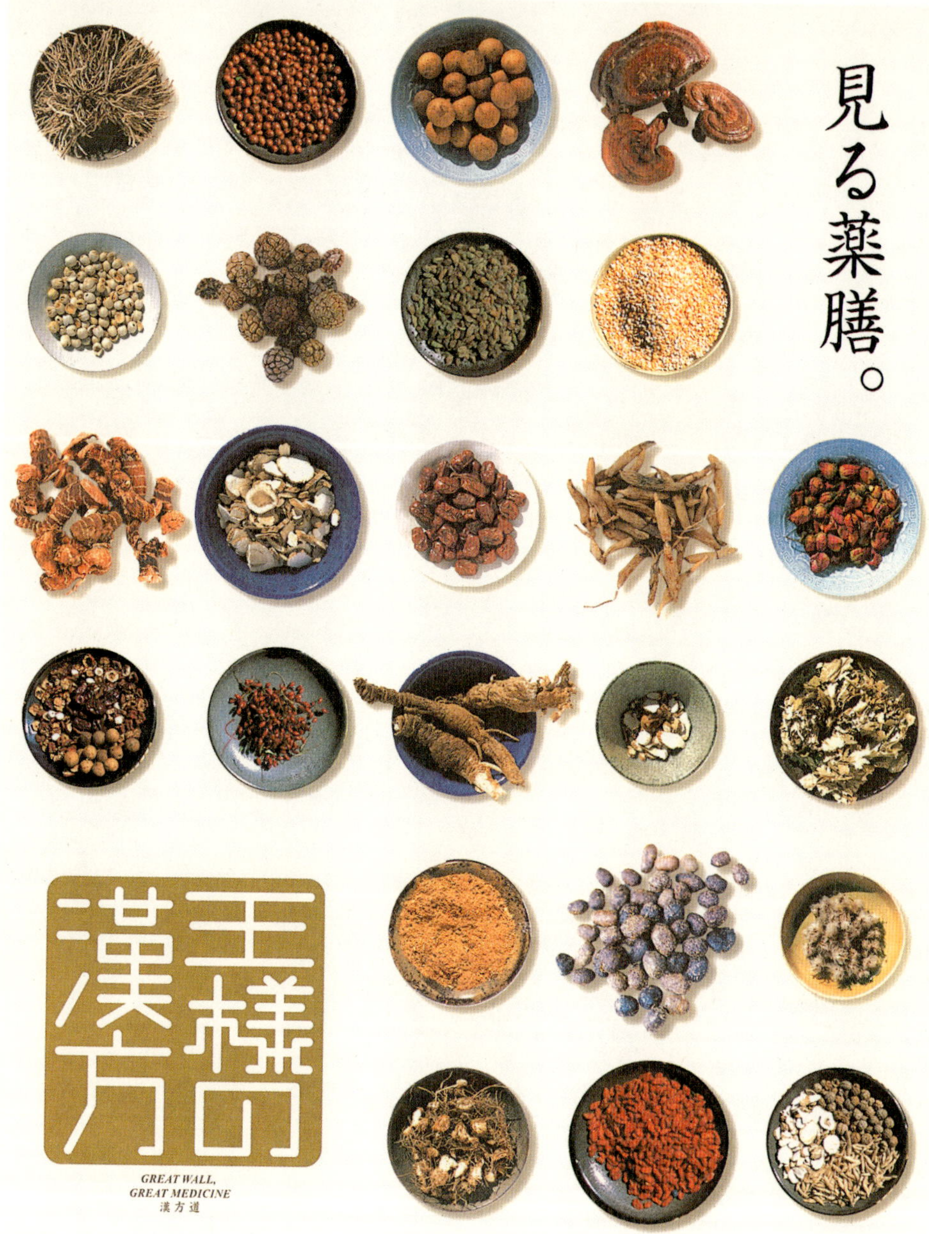

見る薬膳。
王様の漢方
GREAT WALL, GREAT MEDICINE
漢方道
日中国交正常化三十周年記念作品　現代アート界の鬼才ニュウ・ボ第一回監督作品
チュウ・シュイ（『大地の子』『こころの湯』）｜渡辺篤史（『建もの探訪』『ビルマの竪琴』）｜ノーマン・リーダス（『処刑人』『ブレイド2』）
天川紗織｜中山一朗｜中村正志｜藤田佳子｜ゾン・ビン｜ハースカオワ｜ソン・ホワユー｜沢本忠雄
原作・脚本・監督：ニュウ・ボ　プロデューサー・共同脚本：江戸木純　撮影監督：津田豊滋　音楽：シー・チーヨウ
2002年日中合作映画／製作：「王様の漢方」製作委員会　製作プロダクション：エデン、中国内モンゴル映画製作所、北京牛波文化発展有限責任公司　製作協力：中国映画合作製片公司、ヤン・エンタープライズ
提供：アスミック・エース エンタテインメント、東芝デジタルフロンティア、エデン　　配給：アスミック・エース、エデン　©2002 GWGM partners

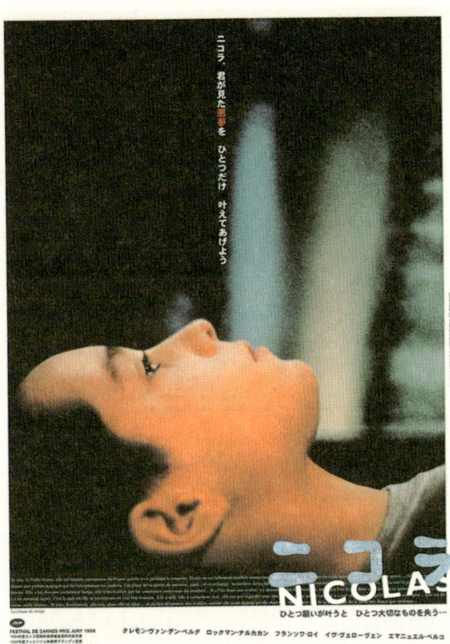

281

282

283

284

281:岡野 登（サイファ。）　282:秋山 京子　283:秋山 京子　284:秋山 京子

supported by
JOURNAL STANDARD
ぼくたちの、
夢のかけら。
チェルシーホテル
イーサン・ホーク初監督作品
ユマ・サーマン主演
2001年カンヌ国際映画祭《監督週間》正式上映作品
ロバート・ショーン・レナード　スティーヴ・ザーン　クリス・クリストファーソン　ヴィンセント・ドノフリオ　ナターシャ・リチャードソン　チューズデイ・ウェルド　ロザリオ・ドーソン
マーク・ウェバー　ジミー・スコット　原作戯曲・脚本:ニコール・バーデッツ　撮影:トム・リッチモンド／リチャード・ルトコウスキー　衣裳:キャサリン・トーマス
音楽:ジェフ・トゥイーディー　挿入歌:ロバート・ショーン・レナード　スティーヴ・ザーン「ジ・ロンリー・ワン」　ジミー・スコット「ジェラス・ガイ」〈サントラ盤:ビデオアーツ・ミュージック〉
製作:ジョナサン・シーリング／キャロライン・キャプラン／ジョン・スロス
配給:シネマパリジャン＋メディア・スーツ　協力:メディアファクトリー　協賛:ジャーナル・スタンダード
http://www.cinemaparisien.com　http://www.mediasuits.co.jp
©2000CHELSEA WALLS INC.
CHELSEA WALLS
ニューヨーク、伝説のホテル。ボヘミアンたちの嘆息が、哀切の旋律を奏でる場所。

285:岡野 登（サイファ。）

Vanessa paradis ★ jean reno

愛の魔法で、あなたを守ってあげたい。

illustration inspirée du film ©1999 HISASHI EGUCHI / conception graphique du matériel publicitaire CHISAKO SUZUKI

ヴァネッサ・パラディの
奥サマは魔女

ヴァネッサ・パラディ　ジャン・レノ　ギル・ベロウズ　ジャンヌ・モロー

Un Amour de Sorcière

ルネ・マンゾール監督作品　脚本・台詞 ルネ・マンゾール　撮影 パル・ジュレ　編集 クリスティーヌ・カプサンベリス・バンシュ　音楽 ジャン＝フェリックス・ラランヌ（サウンドトラックCD ポリドール）　美術 ティエリー・フラマン
衣装 アニー・ベリエ＝フロン　録音 パトリック・ルソー／ロラン・クアリオ／ジャン＝ポール・ルービエ　SFX ジョルジュ・ブロース　特撮監修 デヴィッド・カッパーフィールド
ラインプロデューサー アンリ・ブリチェッティ　製作代表 クリスチャン・フェシュネール　製作総指揮 エルヴェ・トリュフォー／ディディエ・バン
une coproduction FILM CHRISTAIN FECHNER・TF1 FILMS PRODUCTION avec la paritipation de CANAL+
提供 日活株式会社／株式会社ギャガ・コミュニケーションズ　配給 シネマパリジャン

TF1 INTERNATIONAL　GAGA communications inc.

286:秋山 京子

287

288

289

287:相場 将司（ダイアモンド・ヘッズ）　288:駿 東（SG）　289:岡野 登（サイファ。）

MONEY   SUCCESS   FAME   GLAMOUR
Party
monster
パーティ★モンスター
ファビュラスなクラブ★キッズたちに捧げる
伝説のクラブ★キッズ、マイケル・アリグ 衝撃の日々
マコーレー・カルキン「ホーム・アローン」 クロエ・セヴィニー「ブラウン・バニー」 セス・グリーン「オースティン・パワーズ」 マリリン・マンソン

290

avec le sputied d' ADIEU TRIS

un Film de Yvan Attal

みんなの君、
そして僕だけの君。

ma femme est une
Actrice

avec Charlotte Gainsbourg

ぼくの妻は
シャルロット♥
ゲンズブール

シャルロット・ゲンズブール　イヴァン・アタル　テレンス・スタンプ
監督・脚本：イヴァン・アタル　撮影：レミ・シュヴラン　美術：カーチャ・ヴィショップ　衣装：ジャクリーヌ・ブシャール　編集：ジェニファー・オジェ
主題歌：エラ・フィッツジェラルド［バードランドの子守唄］　音楽：ブラッド・メルドー（オリジナル・サウンドトラック盤／ワーナーミュージック・ジャパン）　製作：クロード・ベリ
Une Coproduction Katherina/Renn Productions/TF1 Films/Production avec la Participation de Canal + et du Centre National de la Cinematographie
配給：アルシネテラン＋シネマパリジャン　特別協賛：ADIEU TRISTESSE　特別協力：キングレコード　協力：shu uemura
KING RECORDS　WARNER MUSIC JAPAN　R-15

Conception graphique du matériel pub
PAik DEsign off

291

ぼくの妻はシャルロット・ゲンズブール

僕の名前はイヴァン。35歳のスポーツ記者。
日々取材に忙殺されている僕だけど、
決して家庭を顧みない仕事人間なんかじゃない。
パリでの生活もそれなりに楽しんでいる。
そう、僕はどこにでもいるような平凡な男なのさ。
妻がシャルロット・ゲンズブールだってことを
のぞけばね……。

　パリの女優たちはみんなイカれてる。僕のような男が、女優と出逢う確率なんて、ほんの 1/120 に過ぎない。1/120 の確立。そう、一生の強運をここで使い果たしてしまったか、僕はシャルロットと出逢ってたちまち恋におちた。だけど、結婚して初めて、女優と一緒に暮らすのがどれだけ大変なことかを実感することになったんだ。

夫イヴァンの不満、爆発寸前！？

僕たちにプライバシーはない！
食事中にサイン、散歩中にサイン、挙げ句の果てには記念写真！しかもシャッターを押すのはこの僕だぜ。たまったもんじゃない！

社会的知名度、妻の方がダントツ上！
超人気レストランの予約も NG、クラブの入店も NG、僕じゃどこでも門前払い。それがシャルロットの電話1本で即 OK！ころっと態度を変えやがる！！所詮、彼女にはかなわないってこと。やってらんないよ！

僕以外の男とのラブシーンも我慢しなきゃいけない！
夫以外の見知らぬ男とベッド・シーン！？全裸で演技！？しかも、今度の共演者はあの名うてのプレイボーイ、テレンス・スタンプ様だって！？公衆の面前で妻のラブ・シーンを観なくちゃならない夫の気持ち、君ならわかってくれるだろ？

結婚してたって、別居同然の生活！？
撮影中の長い別居生活。悩みは尽きない！寂しさは募るいっぽう！何もシャルロットのことを疑っているわけじゃないけど、思いあまって、スタジオまで一目散、扉を開けた僕は、もう気絶寸前！！

Studio
Jean-Pierre Lavoignat
★★★★

エネルギーに満ち、輝かしく、軽快で、
大きな愛情を持って撮られたシャルロット・ゲンズブールの
驚くべき真実を確認することができる。
ここには確かな幸福がある。

Nouvel Observateur
Elodie Lepage
★★★★

名声、カップル、フィクション、現実。
これらすべてのテーマと
そのほかの多くの要素が、
楽しい高揚の中にかき混ぜられている。

Première
Stéphanie Lamome
★★★★

不安定な弱々しさというこれまでのイメージから、
かつて見たことがないほどに解放されている。

シャルロット・ゲンズブールは
初めて笑い、大きな声で話している。

理想のカップル、シャルロット・ゲンズブール＆イヴァン・アタル
憧れのふたりの実生活が垣間見れるちょっと大人のラブコメディー

　『愛を止めないで』でシャルロットと初共演して以来、私生活でも彼女の良きパートナーであるイヴァン・アタル。人気女優を妻に持ってしまった一般ピープル男が遭遇する数々の困難を、自虐的パロディとも思える軽妙洒脱さで描いた監督デビュー作。まるで彼らのプライベート生活を垣間見せるかのように、ふたりは実名で登場し、セレブの日常を想像させるおかしいエピソードをふんだんに盛り込んでいる。そのコミカルな味わいとスタイリッシュな映像センスが絶妙にブレンドされ、ウディ・アレン作品を彷佛させると大絶賛を博し、セザール賞第1回監督作品賞候補となる好評で迎えられ、フランスの BOX OFFICE 初登場第1位となる大ヒットを獲得した。そして必見すべきは、誰もが抱く内気で無口なシャルロットのイメージとは一転、かつてないほどに元気に笑い、活き活きとしたチャーミングな彼女の姿だ。夫イヴァンによって引き出されたシャルロットの新しい魅力がスクリーン全体に溢れている。またイヴァンの嫉妬の炎をかき立てるイギリス人俳優でプレイボーイのジョンを演じるのは、『コレクター』『テオレマ』から『プリシラ』『イギリスから来た男』と長年に渡り多才な活躍を見せるテレンス・スタンプ。そして音楽を新進のジャズ・ピアニスト、ブラッド・メルドーが担当。オリジナル曲の魅力さながら、アップテンポなロックやジャズのスタンダードナンバーまで、様々なジャンルの楽曲を、自由自在に映像に合わせて取り込んでいる。

シャルロット・ゲンズブール / イヴァン・アタル / テレンス・スタンプ / 監督・脚本 イヴァン・アタル / 撮影 レミ・シュヴラン / 美術 カーチャ・ヴィショップ / 衣裳 ジャクリーヌ・ブシャール / 編集 ジェニファー・オジェ / 主題歌 エラ・フィッツジェラルド［バードランドの子守唄］/ 音楽 ブラッド・メルドー（オリジナル・サウンドトラック盤／ワーナーミュージック・ジャパン）/ 製作 クロード・ベリ［2001年フランス / 35mm / カラー / 1:1.85 / ドルビーSR / SRD / DTS／95分 / 日本語字幕 古田由紀子 / 配給 アルシネテラン＋シネマパリジャン / 特別協賛 ADIEU TRISTESSE / 特別協力 キングレコード / 協力 shu uemura

初夏 ロードショー

特別鑑賞券 ¥1,500（税込）絶賛発売中！
劇場窓口にてお買い求めのお客様に限りオリジナルポストカードプレゼント。

★エールフランス　フリークエンスプラス・メンバーズのお客様への特典★
フリークエンスプラスの会員の方には、メンバーズカードを劇場窓口にてご提示いただければ、お一人様につき当日一般料金より¥200引きでご覧いただけます。
各回入替／整理券制
※上映開始20分後のご入場はできません。　※館内でのご飲食はご遠慮ください。

292

293

292:横須賀 拓　293:吉田 康一

294:グラフィック・マニピュレーター

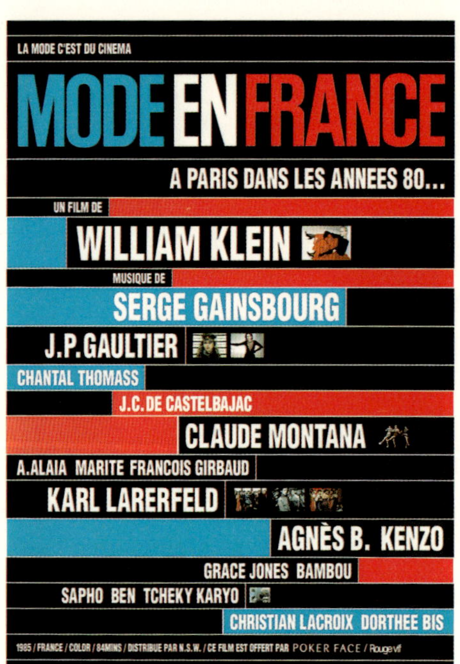

295

296

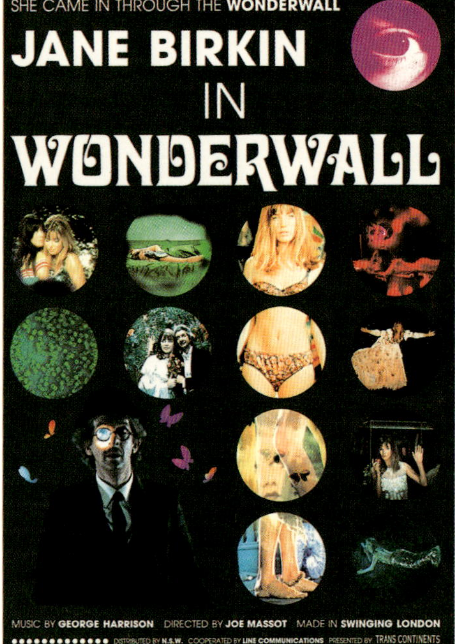

297

298

295:横須賀 拓 296:横須賀 拓 297:グラフィック・マニピュレーター 298:グラフィック・マニピュレーター

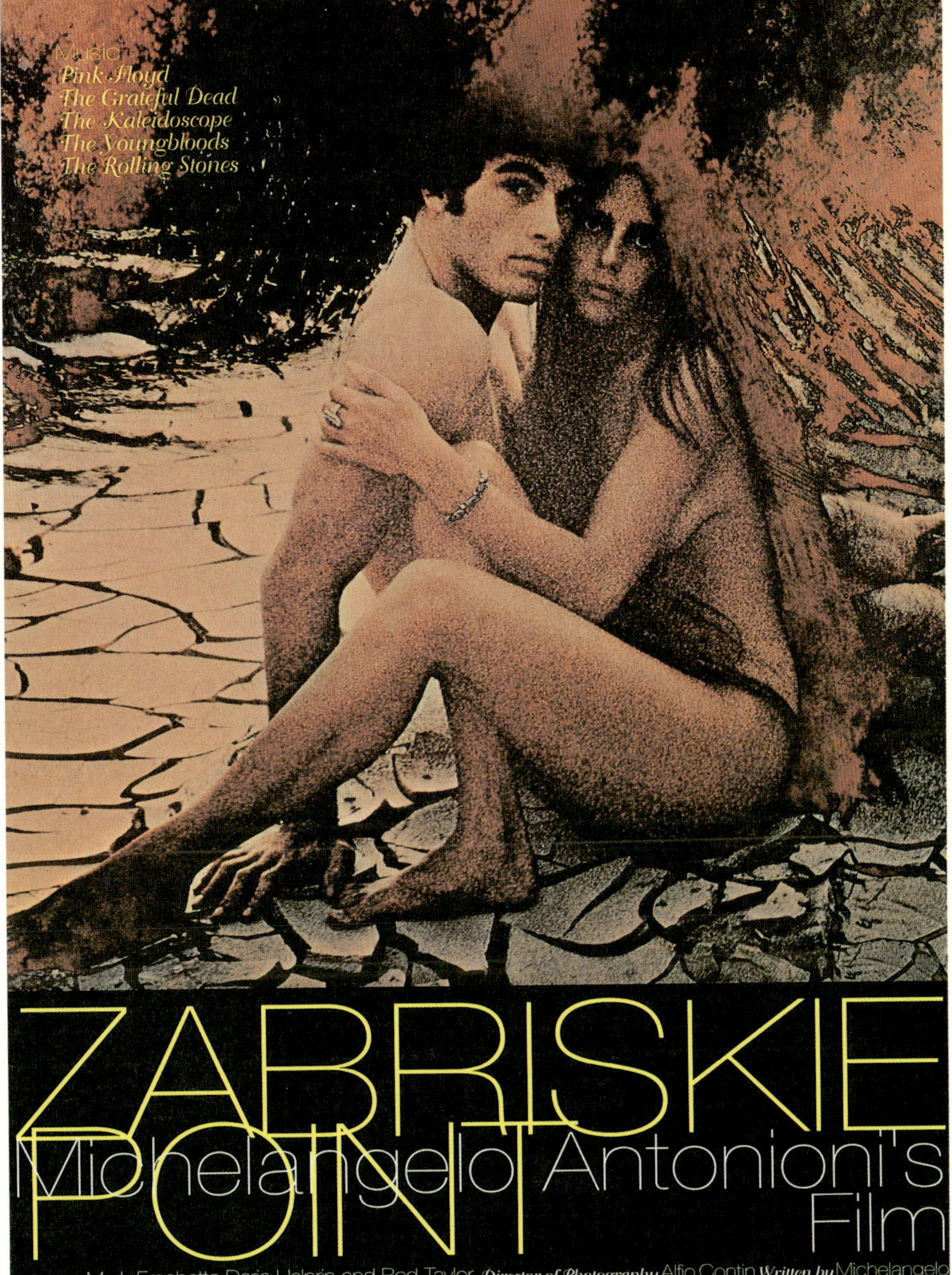
Music
Pink Floyd
The Grateful Dead
The Kaleidoscope
The Youngbloods
The Rolling Stones
ZABRISKIE POINT
Michelangelo Antonioni's Film
Stalling Mark Frechette.Daria Halprin and Rod Taylor Director of Photography Alfio Contin Written by Michelangelo
Antonioni. Sam Shepard. Fred Gardner. Produced by Carlo Ponti Directed by Michelangelo Antonioni
Cooperated by Rom Tech Japan Co., ltd. Line Communications Distributed by N.S.W 1970/U.S.A./color/110min/M-G-M

KIRIKOU
キリクと魔女 ET LA SORCIÈRE
小さな男の子の大きな好奇心が世界を変えた
なぜ？どうして？

KIRIKOU
キリクと魔女 ET LA SORCIÈRE
悪者退治をしない英雄　河合隼雄（文化庁長官・臨床心理学者）

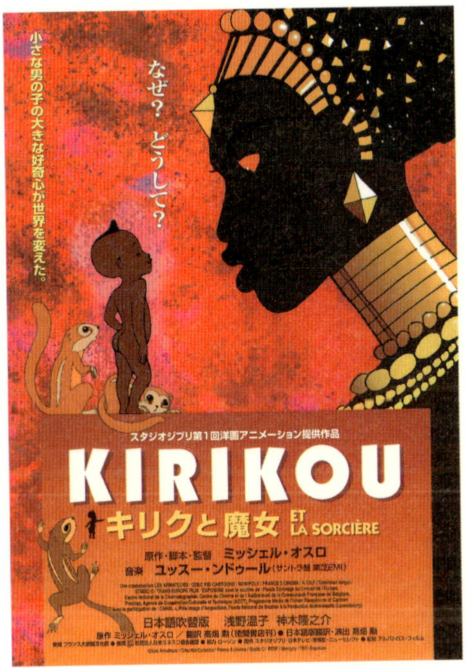
なぜ？どうして？
小さな男の子の大きな好奇心が世界を変えた。
スタジオジブリ第1回洋画アニメーション提供作品
KIRIKOU
キリクと魔女 ET LA SORCIÈRE
原作・脚本・監督 ミッシェル・オスロ
音楽 ユッスー・ンドゥール（サントラ盤 東芝EMI）
日本語吹替版 浅野温子 神木隆之介
原作 ミッシェル・オスロ ／ 翻訳 高畑 勲（徳間書店刊）● 日本語原翻訳・演出 高畑 勲

なぜ？どうして？
人類誕生の
アフリカの大地だけが
生み出し得た
全く新しい世界神話
小さなキリクの大きな好奇心が
世界を変える
愛と赦しと
よろこびの物語
KIRIKOU
キリクと魔女 ET LA SORCIÈRE
愛と赦しと人間解放の寓話
日本語版翻訳・演出 高畑 勲

301

302

303

その夏、少年は大人への扉を開けた
ぼくは怖くない
IO NON HO PAURA
アカデミー賞受賞監督ガブリエーレ・サルヴァトーレスがイタリア文学界最高峰小説を完全映画化！

304

P.O. BOX TINTO BRASS
イタリアン・エロス界が放つ、
極上の愛欲巨編、
遂に日本解禁！
届けられた背徳の告白
郵便屋
「カリギュラ」
巨匠ティント・ブラス
監督作品

305

X Secretary Wanted
秘書求ム!
従順なタイピスト
大歓迎

セクレタリー
Secretary

サンダンス国際映画祭〈特別審査員賞〉受賞
全米ナショナル・ボード・オブ・レビュー〈最優秀ブレイクスルー賞〉受賞
ゴールデン・グローブ賞〈最優秀主演女優賞〉ノミネート
ボストン映画批評家協会賞〈最優秀主演女優賞〉受賞
シカゴ映画批評家協会賞〈新人演技賞〉受賞
インディペンデント・スピリッツ・アワード〈最優秀新人脚本賞〉受賞

A Lions Gate Films Release The Slough Pond Company Presents A Double A Films Production In Association With Twopoundbag Productions A Film by Steven Shainberg James Spader Maggie Gyllenhaal "Secretary"
Jeremy Davies Patrick Bauchau Stephen McHattle And Lesley Ann Warren Casting by Ellen Parks,C.S.A. Costume Designer Marjorie Bowers Music Supervisor Beth Amy Rosenblatt Music by Angelo Badalamenti
Edited By Pam Wise,A.C.E. Production Designer Amy Danger Director of Photography Steven Fierberg Executive Producers Michael Roban Jamie Beardsley PJ Posner Joel Posner Based On The Story
"Secretary by Mary Gaitskill Story Adapted by Steven Shainberg Erin Cressida Wilson Screenplay by Erin Cressida Wilson Produced by Steven Shainberg Andrew Fierberg Amy Hobby Directed by Steven Shainberg
©2002 SECRETARY PRODUCTIONS, LLC. ALL RIGHTS RESERVED.

〈キャスト〉マギー・ギレンホール「ドニー・ダーコ」/ジェームズ・スペイダー「セックスと嘘とビデオテープ」/ジェレミー・デイヴィス「CQ」
〈監督〉スティーブン・シャインバーグ〈脚本〉エリン・クレシダ・ウィルソン〈原作〉メアリー・ゲイツキル〈音楽〉アンジェロ・バダラメンティ「マルホランド・ドライブ」
提供・配給：ギャガ・コミュニケーションズ Gシネマグループ　宣伝：ギャガGシネマ風　協力：ハピネット・ピクチャーズ　2002年／アメリカ／111分／ビスタサイズ／ドルビーデジタル　www.gaga.ne.jp
GAGA

306:大寿美 トモエ

アメリカ女性もとりこになった ちょっとエッチでクセになるラブストーリー

© 2003 Eguchi Hisashi

月までとどけ。
Sweet and Lowdown
ギター弾き
の恋
＊ウディ・アレンが十年
＊2000年アカデミー賞主演男優賞／助演女優賞ノミネート
監督・脚本：ウディ・アレン 出演：ショーン・ペン／サマンサ・モートン／ユマ・サーマ
307
憎めない、最後の女になりたい。
イラスト：リリー・フランキー
「週刊SPA!」3/21号より
Sweet and Lowdown

307:大寿美 トモエ

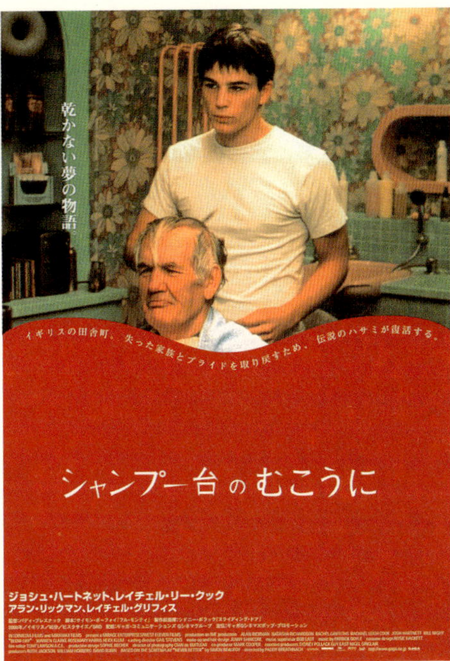

308

309

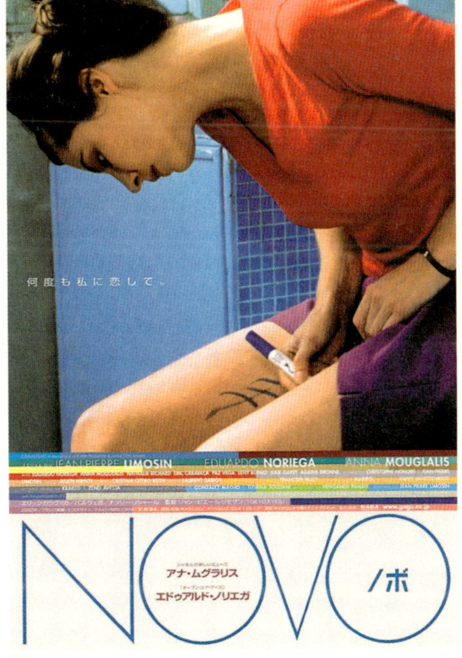

310

308:大寿美 トモエ 309:大寿美 トモエ 310:岡野 登（サイファ。）

311

312

313

314

311:岩波 眞里（ゼノン）　312:大寿美 トモエ　313:岩波 眞里（ゼノン）　314:野田 凪（宇宙カントリー）

SÉLECTION OFFICIELLE FESTIVAL DE CANNES
Un film de FRANÇOIS OZON
Swimming Pool
スイミング・プール
CHARLOTTE RAMPLING et LUDIVINE SAGNIER
2004 G.W. シネマライズ、シャンテ シネにて 謎の波紋が広がる…
www.gaga.ne.jp
GAGA

SÉLECTION OFFICIELLE FESTIVAL DE CANNES
Un film de FRANÇOIS OZON
Swimming Pool
2004 G.W. Roadshow
GAGA

SÉLECTION OFFICIELLE FESTIVAL DE CANNES
Un film de FRANÇOIS OZON
Swimming Pool
スイミング・プール
2004 G.W. シネマライズ、シャンテシネにて 謎の波紋が広がる…

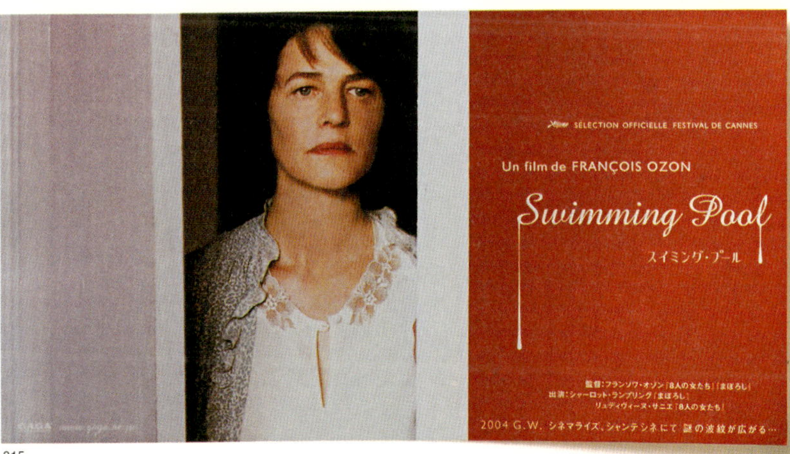

315

DOGVILLE

ラース・フォン・トリアー×ニコール・キッドマン

ドッグヴィル

LARS VON TRIER   NICOLE KIDMAN

監督：ラース・フォン・トリアー［ダンサー・イン・ザ・ダーク］
出演：ニコール・キッドマン／ポール・ベタニー／クロエ・セヴィニー／ローレン・バコール／
パトリシア・クラークソン
提供：ギャガ・コミュニケーションズ×フジテレビジョン　配給：ギャガ・コミュニケーションズ
Gシネマグループ　宣伝：ギャガGシネマ海　協力：アーティストフィルム
2003年／デンマーク／177分／シネマスコープ／SRD　GAGA　R-15

美しき逃亡者があらわれ、一つの村が消えた。

316

316：岡野 登（サイファ。）

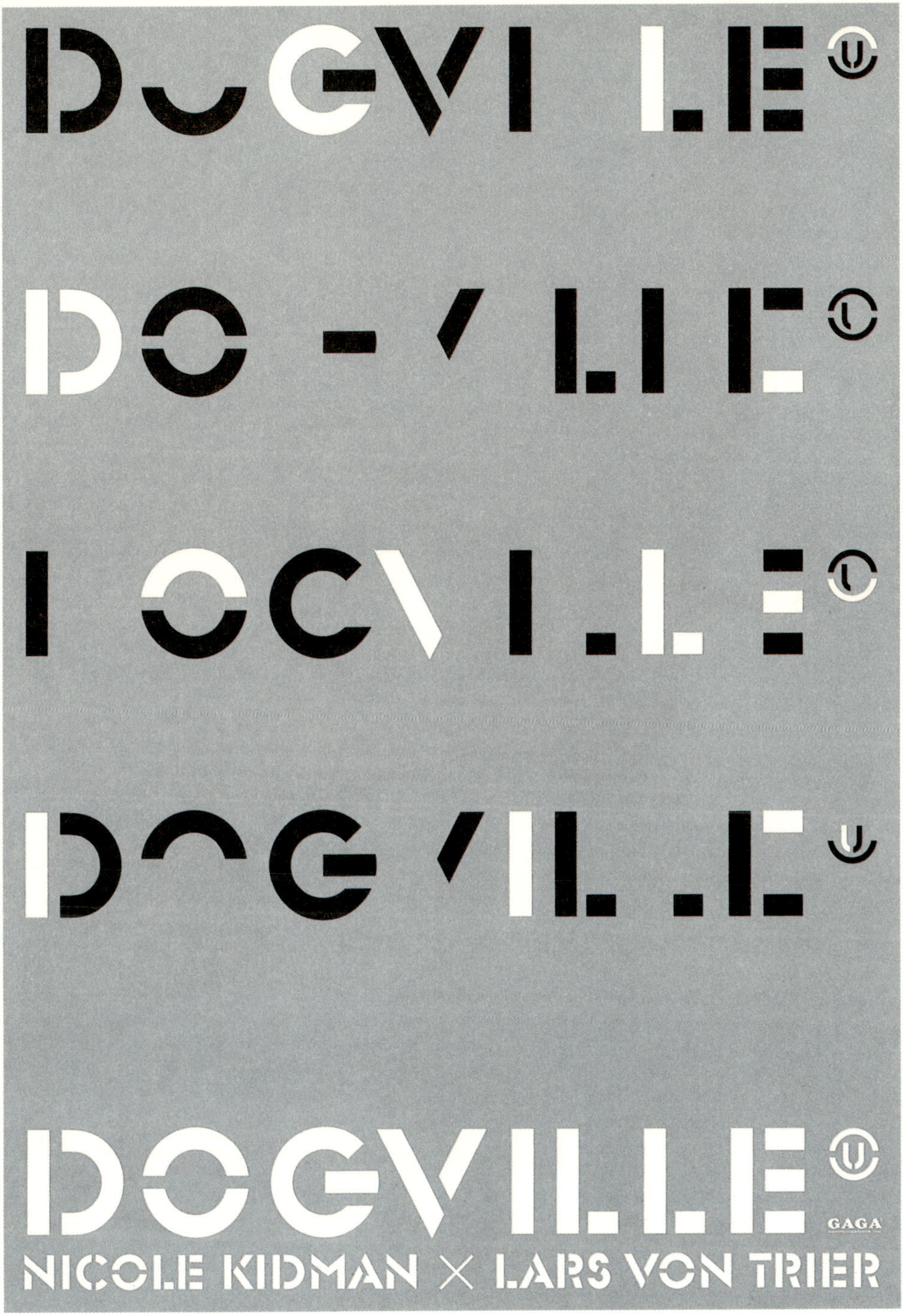

DOGVILLE
DOGVILLE
DOGVILLE
DOGVILLE
DOGVILLE
NICOLE KIDMAN × LARS VON TRIER
GAGA

317

317:川村 哲司（atomosphere,Ltd)

318

319

320

321

322

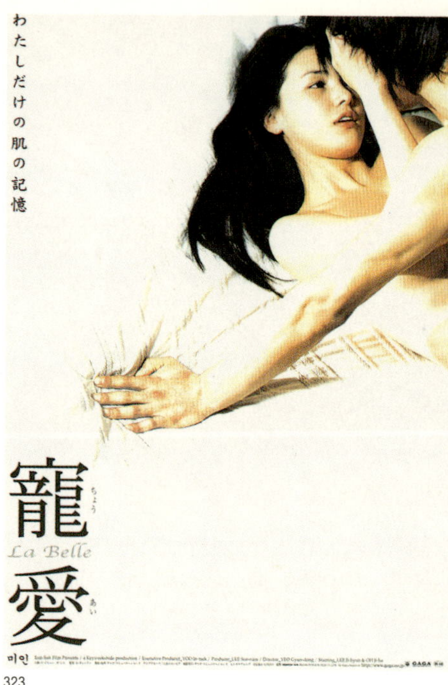

323

324

322:片山 正彦（アドバタイズ）　323:吉田 絵美　324:若林 伸重（Akane Design）

FINAL
CUT
Have you ever wondered about your friends?
Have you ever wondered about your wife?
Jude did. So he decided to find out and now Jude is dead.
ジュード・ロウ、死亡。
A FUGITIVE production of A DOMINIC ANCIANO and RAY BURDIS FILM 'FINAL CUT' JUDE LAW RAY WINSTONE SADIE FROST
photography by JOHN WARD sound JON BIRD costume designer ALI BROWN music by FEELYBOOTH and THIERRY LANG executive producer JIM BEACH
associate producer MARK SLOPER written produced and directed by DOMINIC ANCIANO and RAY BURDIS ©1998 SEGMA LIMITED
distributed by GAGA

325

この夏、史上最強のサーファーガールになる!!
BLUE CRUSH
ブルークラッシュ
GET RIDE!
UNIVERSAL PICTURES AND IMAGINE ENTERTAINMENT PRESENT A BRIAN GRAZER PRODUCTION "BLUE CRUSH" KATE BOSWORTH MICHELLE RODRIGUEZ MATTHEW DAVIS SANOE LAKE MIKA BOOREM MUSIC BY PAUL HASLINGER MUSIC SUPERVISOR DANA SANO COSTUME DESIGNER SUSAN MATHESON
FILM EDITOR EMMAE HICKOX PRODUCTION DESIGNER TOM MEYER DIRECTOR OF PHOTOGRAPHY DAVID HENNINGS CO-PRODUCER RICK DALLAGO EXECUTIVE PRODUCERS BUFFY SHUTT KATHY JONES LOUIS G. FRIEDMAN PRODUCED BY BRIAN GRAZER KAREN KEHELA STORY BY LIZZY WEISS
SCREENPLAY BY LIZZY WEISS & JOHN STOCKWELL DIRECTED BY JOHN STOCKWELL   A UNIVERSAL PICTURE ©2002 UNIVERSAL STUDIOS   GAGA www.gaga.ne.jp

326

327

328

329

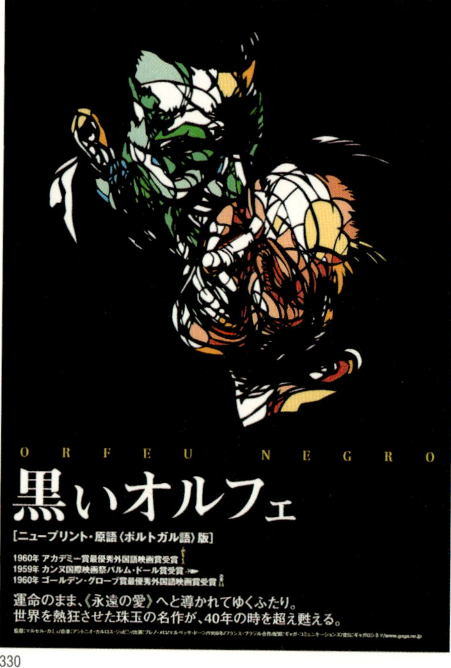

330

327:岡野 登（サイファ。）　328:島田 寛（東映アドクリエイティブ）　329:岩波 眞里（ゼノン）　330:杉山 圭（ユナイテッドデザイン）

331

331:若林 伸重（Akane Design）

332-1

332-2

332-1:福地 学（サン・アド）　332-2:潟見 陽

"ストロボラッシュ" それは、ここから飛びたつためにぼくらが背中につけた羽だった。
Rock'n Roll mishin
ロックンロールミシン
『GO』（主演：窪塚洋介）行定勲監督、待望の最新作
行定勲監督作品　原作：鈴木清剛『ロックンロールミシン』（河出書房新社／新潮文庫）　第12回三島由紀夫賞受賞作
池内博之　りょう　加瀬亮　水橋研二　粟田麗　川合千春　永田めぐみ　津田寛治　戸田昌宏　つぐみ　三輪明日美　松重豊　SUGIZO　宮藤官九郎
製作：家納俊昭／馬上伸一／黒澤満　プロデューサー：長谷川真澄／鈴木裕光／松井俊之　アソシエイトプロデューサー：坂本公孝／水上繁雄　企画協力：佐谷秀美／石田幸一　脚本：佐藤信介／行定勲　撮影：福本淳　美術：林田裕至　編集：今井剛　音楽：めいなCo.
照明：市川徳充　録音：伊藤裕規　ストロボラッシュ衣装デザイン：Future eyes　柘植衣装デザイン：ルル カンパニー　音楽プロデューサー：津島玄一　エンディングテーマ："Rock'n roll missing" Scudelia Electro（イーストウエスト・ジャパン）
special thanks to:おちまさと　制作協力：SEP.INC.　特別協力：バンタン芸術学院　配給：GAGA　制作：SUPLEX INC.　製作：SPACE SHOWER NETWORKS INC. / GAGA Communications, Inc. / 東映ビデオ株式会社
©2002 SPACE SHOWER NETWORKS INC. / GAGA Communications, Inc. / 東映ビデオ株式会社

333

Based on a True Story in 1924
ハリウッド史上、最高にゴージャスな怪事件。
今宵、船上で殺人を。
The Cat's Meow
ブロンドと柩の謎
Lions Gate Films & CP Medien & Dan Films present A Bieber + Lewis production Kirsten Dunst Cary Elwes Edward Herrmann Eddie Izzard Joanna Lumley Jennifer Tilly
A Peter Bogdanovich picture "The Cat's Meow" casting by Sarah Beardsall, clip costume designer Caroline De Vivaise production designer Jean-Vincent Puzos editor Edward Norris director of photography Bruno Delbonnel co-producer Ernie Barbarash
executive producer Wieland Schulz-Keil Michael Pascornek producers Kim Bieber Carol Lewis Dieter Meyer Julie Baines screenplay by Steven Peros from his play directed by Peter Bogdanovich
女優マリオン：キルスティン・ダンスト「スパイダーマン」 喜劇王チャップリン：エディ・イザード「ベルベット・ゴールドマイン」 新聞王ハースト：エドワード・ハーマン「カイロの紫のバラ」
監督：ピーター・ボグダノヴィッチ「ラスト・ショー」 撮影：ブリュノ・デルボネル「アメリ」
GAGA

334:岩波 眞里（ゼノン）

335

336

337

338

336:川村 哲司（atomosphere,Ltd） 337:河北 秀也（日本ベリエールアートセンター）

SLAM
TRIMARK PICTURES OFFLINE ENTERTAINMENT GROUP A SLAM PICTURES PRESENT A MARC LEVIN FILM "SLAM" STARRING
SAUL WILLIAMS SONJA SOHN BONZ MALONE BEAU SIA LAWRENCE WILSON EDITED BY EMIR LEWIS MUSIC BY DJ SPOOKY
DIRECTOR OF PHOTOGRAPHY MARK BENJAMIN STORY BY MARC LEVIN RICHARD STRATTON WRITTEN BY MARC LEVIN
BONZ MALONE SONJA SOHN RICHARD STRATTON SAUL WILLIAMS EXECUTIVE PRODUCERS DAVID PEIPERS HENRI M. KESSLER
PRODUCED BY HENRI M. KESSLER MARC LEVIN RICHARD STRATTON DIRECTED BY MARC LEVIN
世界を変える、言葉がある
1998 カンヌ映画祭新人賞・観客賞／1998 サンダンス映画祭審査員大賞／1998 IFPゴッサム・アワード ベリー・エリス新人賞

339

MIFUNE
トシロー・ミフネは
強くて絶対あきらめない七人目のサムライだった
DOGME III
ミフネ
99年ベルリン映画祭銀熊賞受賞

340

97カンヌ映画祭グランプリ受賞 ＋ 97アカデミー賞ノミネート(監督賞/脚色賞)
THE SWEET HEREAFTER
A FILM BY ATOM EGOYAN
ALLIANCE COMMUNICATIONS PRESENTS AN EGO FILM ARTS PRODUCTION IAN HOLM IN THE SWEET HEREAFTER A FILM BY ATOM EGOYAN

スウィート ヒアアフター
スクールバスは湖に沈み、小さな町は悲しみに包まれた 喪失の日々を乗り越えてたどりつく、穏やかなその後

341

342:斉藤 壽大（デコード）

Movie data

001 (P014)

CQ

- 2001年／アメリカ／東北新社（配給）
- ローマン・コッポラ
- ジェレミー・デイヴィス、アンジェラ・リンドヴァル

1969年パリ、日常生活を撮った自主映画を製作をしながら、2001年を舞台にしたSF映画「ドラゴンフライ」の編集を生業とする青年。ところが「ドラゴンフライ」の監督の相次ぐ降板劇で突如彼に白羽の矢が立つ。

002 (P016)

11'09"01/セプテンバー11

- 2002年／フランス／東北新社（配給）
- 今村昌平、ショーン・ペン

2001年9月11日の同時多発テロ事件をテーマに、サミラ・マフマルバフをはじめ世界11ヶ国から11人の監督が集った、11編の作品集。

003 (P017)

Stereo Future（ステレオ・フューチャー）

- 2000年／日本／東北新社（配給）
- 中野裕之
- 永瀬正敏、桃生亜希子

エリの姉は環境問題の番組作りに取り組むが、テレビという枠組みでの軋轢にぶち当たっていた。また、エリの元恋人も役者という仕事の中で、理想と現実のギャップにもがいていた。彼らに'明るい未来'は訪れるのか。

004 (P017)

ナイン・ソウルズ

- 2003年／日本／東北新社、リトル・モア（配給）
- 豊田利晃
- 原田芳雄、松田龍平

隔離された刑務所から脱獄に成功した9人の男たち。大金目当ての旅だったが、次第に彼らは生まれて初めて味わう連帯感や充足感、生きる希望に目覚めていく。

005 (P017)

歌え！フィッシャーマン

- 2001年／ノルウェー／東北新社（配給）
- クヌート・エーリク・イェンセン
- ベルレヴォーグ男声合唱団

ノルウェーの小さな漁港町ベルレヴォーグで90年の歴史を持つ、実在の男性合唱団が出演。メンバー個々の人生の歓び、歌への想いを綴ったドキュメンタリー・ミュージカル。

006 (P018)

アイデン＆ティティ

- 2003年／日本／東北新社（配給）
- 田口トモロヲ
- 峯田和伸、中村獅童

日本中に巻き起こった一大バンドブームも終焉を迎え、中島が率いるバンド、SPEED WAYも理想と現実の挟間で揺れ動いていた。不安が募る中島は、唯一の理解者である彼女をも裏切る日々を過ごす。

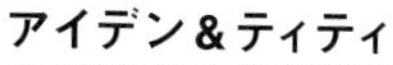

007 (P020)

PARTY 7（パーティ7）

- 2000年／日本／東北新社（配給）
- 石井克人
- 永瀬正敏、浅野忠信

訳ありの金を持ったチンピラが逃走の末、ある郊外のホテルに辿り着く。その1室に次々と現れる、謎の女、その女の婚約者、チンピラの兄貴分、組の若頭。そして、その一部始終を隣室から2人の男が覗いていた。

008 (P022)

ヴァージン・スーサイズ

- 1999年／アメリカ／東北新社（配給）
- ソフィア・コッポラ
- ジェームズ・ウッズ、キャスリーン・ターナー

美しい年子の5人姉妹と彼女たちに神秘的な憧れを抱く少年たちの物語。13歳の末娘の自殺、四女が引き起こした事件を機に、母親は姉妹を自宅に軟禁する。少年たちは彼女たちを救い出そうを試みる。

009 (P023)

幸福の鐘

- 2002年／日本／東北新社（配給）
- SABU
- 寺島進、西田尚美

工場の閉鎖で職を失った男。彼があてもなく彷徨う道程で出会う様々な人生の断片を通して、小さいが確かな幸せを見出す。

010 (P023)

ワイルド・スモーカーズ

- 1998年／アメリカ／東北新社（配給）
- スティーブン・ギレンホール
- ビリー・ボブ・ソーントン、ライアン・フィリップ

北カリフォルニアのマリファナ畑でクサ泥棒を見張る3人組は、目の前でボスが殺されたのを機に、危険な自家栽培に乗り出す。

011 (P024)

EUREKA/ユリイカ

- 2000年／日本／電通、IMAGICA、WOWOW（製作）
- 青山真治
- 役所広司、宮崎あおい

ある九州の田舎町で発生したバスハイジャック事件で生き残った運転手とある兄弟。心に大きな傷を負った彼らは、やがて生きる意味を求めてあてもない旅に出る。

012 (P025)

クロエ

- 2001年／日本／電通、IMAGICA、WOWOW、東京テアトル（製作）
- 利重剛
- 永瀬正敏、ともさかりえ

ボリス・ヴィアン「日々の泡（うたかたの日々）」をモチーフに、現在の架空の大都市に舞台を移し、普遍的な愛の世界を描く。

013 (P026)

ぼくの好きな先生

- 2002年／フランス／ミラクルヴォイス（配給）、東京テアトル（地方配給）
- ニコラ・フィリベール
- ロペス先生と13人のクラスメイトたち

3歳から11歳までの子供たちが1つの教室で学ぶフランス中部・オーベルニュ地方の小学校。あと半年で35年にわたる教師生活を終えようとするロペス先生と子供たちの対話を綴ったドキュメンタリー。

014 (P028)

涙女

- 2002年／カナダ、フランス、韓国／ミラクルヴォイス（配給）、ビターズ・エンド（地方配給）
- リュウ・ビンジェン
- リャオ・チン、ウェイ・シンクン

夫の借金返済を迫られ、その場凌ぎの嘘泣きで難を逃れた女。それを見た葬具屋である元彼は、彼女の '泣き' の才能をみそめ、葬式で泣き踊る '哭き女' 商売を始めようと持ちかける。

015 (P030)

ほえる犬は噛まない

- 2000年／韓国／ファイヤークラッカー（配給）
- ポン・ジュノ
- ペ・ドゥナ、イ・ソンジェ

団地の管理事務所で働く若い女と、その団地に住む非常勤講師の男を軸に、団地内で起こった犬の失踪事件によって交錯する人間模様をシュールに描いたエンタテインメントムービー。

016 (P032)

キャンディ

- 1969年／イタリア、フランス／プチグラパブリッシング（配給）
- クリスチャン・マルカン
- エヴァ・オーリン、マーロン・ブランド

キュートでスイートな女子高生、キャンディ。彼女は次々と現れる奇妙な男たち— 教師、庭師、空軍大将、天才医師など— を救済すべく、そのナイスバディを惜しげもなく彼らに捧げる。

017 (P034)

ムーミン パペット・アニメーション

🎬 1979年／ポーランド、オーストリア／プチグラパブリッシング（配給）

🎥 ルツィアン・デンビンスキ

ムーミンの原作者トーヴェ・ヤンソン自身が企画から参加し、監修も手掛けたパペット・アニメーション。原作を忠実に映像化し、全てのキャラクターの声は岸田今日子が担当。

018 (P035)

ミトン

🎬 1967年／ソ連／MOVEJP（配給）、ユーロスペース（配給協力・宣伝）

🎥 ロマン・カチャーノフ

ある冬の日、子供たちが犬と遊ぶ姿を羨ましそうに見つめる女の子。犬が欲しくても母親に言い出せない女の子が、手編みの赤いミトンを子犬に見立てて遊んでいると、そのミトンが赤い子犬に変身する。

019 (P036)

バーバー吉野

🎬 2003年／日本／ユーロスペース（配給）

🎥 荻上直子

👤 もたいまさこ、米田良

小さな田舎町で100年以上続く伝統は、男の子は皆、床屋「バーバー吉野」で‘吉野ガリ’に刈ってもらうこと。この奇妙な髪型を誰一人疑問に思っていなかったが、東京から転校生がやって来たことで事態は一変する。

020 (P038)

過去のない男

🎬 2002年／フィンランド／ユーロスペース（配給）

🎥 アキ・カウリスマキ

👤 マルック・ペルトラ、カティ・オウティネン

ヘルシンキに流れ着いた男は、過去のすべての記憶を失っていた。絶望の淵で彼はひとりの女性と出会う。

021 (P039)

アンナ・マグダレーナ・バッハの日記

🎬 1967年／ドイツ、イタリア／ユーロスペース（配給）

🎥 ジャン＝マリー・ストローブ、ダニエル・ユイレ

👤 グスタフ・レオンハルト、クリスティアーネ・ラング＝トレヴァンツ

バッハの2番目の妻、アンナ・マグダレーナ・バッハが綴るヨハン・セバスチャン・バッハの生涯を、20曲以上のバッハの音楽演奏とアンナのナレーションで構成。

022 (P040)

罪と罰／カラマリ・ユニオン

🎬 フィンランド／ユーロスペース（配給）

🎥 アキ・カウリスマキ

カウリスマキ監督の未公開2作品。ドストエフスキーの原作を基にした『罪と罰（1983年）』、シニカルな笑いたっぷりに描くロード・ムービー『カラマリ・ユニオン（1985年）』。

023 (P041)

ポーラ X

🎬 1999年／フランス、ドイツ、スイス、日本／ユーロスペース（配給）

🎥 レオス・カラックス

👤 ギョーム・ドパルデュー、カテリーナ・ゴルベワ

名誉も財産も美しい婚約者も手中に収め、すべてに満ち足りた男の唯一気がかりは夢に出てくる長い黒髪の女だった。ある日突然、その女が彼の前に現れ、あなたの姉だと告白する。

024 (P041)

ABCアフリカ

🎬 2001年／イラン／ユーロスペース（配給）

🎥 アッバス・キアロスタミ

アフリカのウガンダにカメラが入り、エイズ孤児や内戦で親を亡くした160万人もの子供たちの実態と「ウガンダ孤児救済のための女性運動」の活動を収めたドキュメント。

025 (P041)

ふたつの時、ふたりの時間

- 2001年／フランス、台湾／ユーロスペース、サンセントシネマワークス（配給）
- ツァイ・ミンリャン
- リー・カンション、チェン・シアンチー

台北の路上で腕時計を売る男は、パリへ旅立つ女と偶然出会う。遠く離れた彼女との繋がりを得ようと、男は台北中の時計をパリ時間に合わせる。

026 (P041)

まぼろし

- 2001年／フランス／ユーロスペース（配給）
- フランソワ・オゾン
- シャーロット・ランプリング、ブリュノ・クレメール

連れ添って25年になる50代の幸せな夫婦は、毎年夏になると出かけるフランス南西部に今年もヴァカンスにやって来た。浜辺で妻が午睡する間、海に入った夫は手がかりひとつ残さず忽然と消えてしまう。

027 (P042)

フラウン・バニー

- 2003年／アメリカ／キネティック（配給）
- ヴィンセント・ギャロ
- ヴィンセント・ギャロ、クロエ・セヴィニー

東海岸でのレースを終え、次のレース地であるカリフォルニアへ向かうバイクレーサーの男は、かつての恋人への思いを断ち切れずにいた。やがてアメリカ横断の旅が終わりに近づき、彼女と再会するが…。

028 (P044)

バッファロー'66

- 1998年／アメリカ／キネティック（配給）
- ヴィンセント・ギャロ
- ヴィンセント・ギャロ、クリスティーナ・リッチ

5年振りに出所し、故郷バッファローに帰ることになった男。だが彼は故郷の両親に服役していたことも隠したうえ、政府の仕事に就き、妻と豊かな暮らしをしているという夢物語をでっち上げていた。

029 (P045)

ダウンタウン81

- 2000年／アメリカ／キネティック（配給）
- エド・ベルトグリオ
- ジャン＝ミシェル・バスキア、デボラ・ハリー

アーティスト、バスキアを主人公に、1981年の自由で創造的なニューヨーク・ダウンタウンの空気と、彼とミュージシャンたちとの交流を描く。

030 (P046)

ロマン・ポランスキー 狂気、ブロンド、ナイフ。

- キネティック（配給）
- ロマン・ポランスキー

ポランスキー監督の初期作品3本、『REPULSION 反撥（1965年イギリス）』、『袋小路（1966年イギリス）』、『水の中のナイフ（1961年ポーランド）』。

031 (P048)

ハイ・アート

- 1998年／アメリカ／キネティック（配給）
- リサ・チョロデンコ
- ラダ・ミッチェル、アリー・シーディ

憧れの編集の仕事に就いた女性と、かつて輝かしい成功を収めながら突然姿を消した女性写真家。ニューヨークのアートビジネス界'ハイ・アート'に異なる立場から関わる2人の女性を描く。

032 (P049)

しあわせの法則

- 2002年／アメリカ／キネティック（配給）
- リサ・チョロデンコ
- ケイト・ベッキンセール、クリスチャン・ベール

ハーバード大卒の女と研修医として働く真面目な男。婚約中の彼らは新しい生活をスタートさせようと男の実家に居を移すが、空家のはずのそこには音楽プロデューサーである彼の母親とミュージシャンたちが居て…。

033 (P050)

ネネットとボニ

- 1996年／フランス／キネティック（配給）
- クレール・ドゥニ
- グレゴワール・コラン、アリス・ウーリ

両親の離婚によって幼い頃引き離された兄と妹。その後、母の死によって1人で生きることを余儀なくされた兄の元へ、ある日突然、妹が転がり込んでくる。

034 (P050)

ブラッドシンプル／ザ・スリラー

- 1999年／アメリカ／キネティック、アーティストフィルム（配給）
- ジョエル・コーエン、イーサン・コーエン
- フランシス・マクドーマンド、ジョン・ゲッツ

妻の浮気を疑う夫は、その調査を依頼した悪徳私立探偵に殺されてしまう。死体を発見した妻の浮気相手は、彼女が夫を殺害したと思い込む。

035 (P050)

エトワール

- 2000年／フランス／キネティック（配給）
- ニルス・タヴェルニエ
- マニュエル・ルグリ、ニコラ・リッシュ

300年以上の歴史を持つパリ・オペラ座を舞台に、完璧な階級社会の頂点である‘エトワール’に魅せられたダンサーたちの姿に迫る。

036 (P051)

フリッツ・ラング2000

- ケイブルホーグ（配給）
- フリッツ・ラング

フリッツ・ラング生誕110周年を期して上映された、日本初公開となる『条理ある疑いの彼方に（1956年）』をメインにアメリカ時代の5作品と、ラング＆バルボウのドイツ表現主義時代の5作品。

037 (P052)

白夜

- 1957年／イタリア、フランス／ケイブルホーグ（配給）
- ルキーノ・ヴィスコンティ
- マルチェッロ・マストロヤンニ、マリア・シェル

毎夜、橋の上で恋人を待ち続ける娘に恋をした孤独な青年。次第に娘も青年に惹かれ、愛し始めるようになった時、娘の恋人がふたりの前に現れる。

038 (P052)

ガラスの墓標

- 1969年／フランス、イタリア、西ドイツ／ケイブルホーグ（配給）
- ピエール・コラルニック
- セルジュ・ゲンズブール、ジェーン・バーキン

フランスの麻薬組織を支配する大家の破滅を命じられた殺し屋、セルジュ。一家との抗争で深手を負った彼はジェーンの部屋に匿われる。

039 (P052)

「殺し」

- 1962年／イタリア／ケイブルホーグ（配給）
- ベルナルド・ベルトルッチ
- フランチェスコ・ルイウ、ジャンカルロ・デ・ローザ

ローマのテーヴェレ川の土手で娼婦の死体が発見される。数人の容疑者たちが浮かび上がるが、誰ひとりとして真実を語る者はいなかった。

040 (P053)

ブラック・ムーン

- 1975年／フランス、西ドイツ／ケイブルホーグ（配給）
- ルイ・マル
- キャスリン・ハリソン、アレキサンドラ・ステュワルト

近未来の非現実世界を彷徨い歩き、一軒の大きな館に辿り着いた少女は、夢とも現実ともつかない奇妙な人々や不思議な出来事に遭遇する。

041 (P054)

マドモアゼル・ア・ゴー・ゴー

- 1972年／フランス／ケイブルホーグ（配給）
- リシャール・バルドゥッチ
- ジェーン・バーキン、セルジュ・ゲンズブール

銀行強盗に成功したホモカップルを望遠鏡で覗き見たことから、その大金を横取りしようと企む女の子4人組の軽快コメディ。

042 (P054)

ハネムーン・キラーズ

- 1970年／アメリカ／ケイブルホーグ（配給）
- レナード・カッスル
- シャーリー・ストラー、トニー・ロー・ビアンコ

実際に起こった事件をモデルに、新聞の恋人募集欄に応じてきたオールドミスを殺害しては金を奪った非道な男女の姿を描く。

043 (P054)

フィルモア・ラストコンサート

- 1972年／アメリカ／ケイブルホーグ（配給）
- リチャード・T.ヘフロン
- グレイトフル・デッド、ジェファーソン・エアプレイン

1971年に幕を閉じたライブハウスの先駆け'フィルモア・ウエスト'で行われたラストコンサートの模様と、同館のオーナーであり、ロック・プロデューサーの第一人者であるビル・グレアムの軌跡を収めた記録映画。

044 (P054)

ワイト島 1970

- 1995年／イギリス／ケイブルホーグ（配給）
- マレー・ラーナー
- ジミ・ヘンドリックス、ザ・ドアーズ

1970年、英国南部のワイト島で5日間にわたって行われた一大ロック・フェスティバスの模様を収めた記録映像。生前最後の映像となったジミ・ヘンドリックスをはじめ、EL&P、ザ・フーなどが出演。

045 (P055)

フリークス

- 1932年／アメリカ／ケイブルホーグ（配給）
- トッド・ブラウニング
- ハリー・アールズ、オルガ・バラクノヴァ

見世物興行の一座で、小人男の財産を狙う花形軽業師クレオパトラは、彼を誘惑して結婚した後、毒殺しようとする。その陰謀を知った小人男は、仲間のフリークスと共に残虐な復讐に出る。

046 (P056)

ロック・ムーヴィー・スペシャル

- ケイブルホーグ（配給）

レゲエの魅力満載の『ハーダー・ゼイ・カム（1973年ジャマイカ）』、60年代のボブ・ディランを追った『ドント・ルック・バック（1967年アメリカ）』など、ロック映画7本。

047 (P057)

ヘルツォークに狂う

- ドイツ／ケイブルホーグ（配給）
- ヴェルナー・ヘルツォーク

伝説の黄金郷を探すスペインの征服者を描いた『アギーレ・神の怒り（1972年）』、途方もない夢を抱くオペラ狂を描いた『フィツカラルド（1982年）』のヘルツォークの代表作2本。

048 (P058)

エル・マリアッチ

- 1992年／アメリカ／ケイブルホーグ（配給）
- ロバート・ロドリゲス
- カルロス・ガラルド、コンスエロ・ゴメス

とあるメキシコの田舎町に辿り着いた流しのマリアッチ（ミュージシャン）。同じ頃、同じ町に彼と同じ服装の殺し屋がやって来たことから、理不尽な事件に巻き込まれていく。

049 (P059)

エド・ウッド コレクション
- アメリカ／ケイブルホーグ（配給）
- エド・ウッド

エド・ウッド監督の初期代表作3本『グレンとグレダ（1953年）』、『怪物の花嫁（1955年）』、『プラン9・フロム・アウタースペース（1956年）』。

---

050 (P060)

D.O.A.
- 1981年／アメリカ／ケイブルホーグ（配給）
- レック・コワルスキー
- セックス・ピストルズ、X-レイ・スペックス

'70年代後半、不況下に喘ぐイギリスで若者たちの代弁者だったパンクバンド（セックス・ピストルズ、X-レイ・スペックス、ジェネレーションX、シャム69など）のライブ映像をまとめた作品。

---

051 (P061)

深紅の愛　ディープ・クリムゾン
- 1996年／フランス、メキシコ、スペイン／ケイブルホーグ（配給）
- アルトゥーロ・リプステイン
- ダニエル・ヒメネス・カチョ、レヒナ・オロスコ

結婚詐欺師と知りながらも、その男を真剣に愛する子持ちの看護婦。やがてふたりの愛は、愚かな行為を誘発させる。

---

052 (P062)

ウィッカーマン
- 1973年／イギリス／ケイブルホーグ（配給）
- ロビン・ハーディー
- エドワード・ウッドワード、クリストファー・リー

行方不明の少女を追って、原始宗教が信仰されるスコットランドの孤島にやって来た警部。捜査を進めるうちに彼は、島民による豊作祈願祭で、彼女が生贄にされるのではないかと推測する。

---

053 (P062)

リベンジャーズ・トラジディ
- 2002年／イギリス／ケイブルホーグ（配給）
- アレックス・コックス
- クリストファー・エクルストン、エディ・イザード

2011年リヴァプール、街の独裁者に婚約者を毒殺された男が復讐を誓い、ヴァイオレンスと恐怖が渦巻く街に戻ってくる。

---

054 (P063)

10ミニッツ・オールダー 人生のメビウス
10ミニッツ・オールダー イデアの森
- 2002年／ドイツ、イギリス／日活（配給）

巨匠15人（ベルナルド・ベルトルッチ、ジャン＝リュック・ゴダール、アキ・カウリスマキ等）が'時'をテーマに製作した短編を『人生のメビウス』、『イデアの森』の2本で構成したコンピレーションフィルム。

---

055 (P064)

ブエナ・ビスタ・ソシアル・クラブ
- 1999年／ドイツ、アメリカ、フランス、キューバ／日活（配給）
- ヴィム・ヴェンダース

アルバム「ブエナ・ビスタ・ソシアル・クラブ」に参加したキューバ・ミュージシャンたちの音楽と彼らの人生の哀歓を、ハバナの街並みやアムステルダムでのコンサート、カーネギーホールでステージの映像と共に綴る。

---

056 (P064)

私は好奇心の強い女
- 1967年／スウェーデン／日活（配給）
- ヴィルゴット・シェーマン
- レナ・ニーマン、ヴィルゴット・シェーマン

セックス大好き主義と言って憚らない掟破りの演劇学生レナが、ある映画監督に導かれ、政治に目覚めていく。

057 (P064)

中平康レトロスペクティヴ

📽 日本／日活（配給）
🎬 中平康

'50〜'60年代の日本映画に独自のスタイルで切り込み、当時は異端とも言われた中平監督の作品を一挙公開した映画祭。『狙われた男（1956年）』、『狂った果実（1956年）』、『密会（1959年）』など。

058 (P065)

猫は、なんでも知っている

📽 2002年／ニュージーランド／巴里映画（配給）
🎬 ハリー・シンクレア
👤 ディーン・オゴーマン、ケイト・エリオット

謎めく女、クローは「モテない男とは付き合わない」主義。そんな彼女の言うままに本物の愛を見失うベン。恋愛ゲームの行方は、'愛猫'のフランクだけが知っている。

059 (P065)

躍るのよ、フランチェスカ！

📽 1997年／アメリカ／巴里映画（配給）
🎬 ケリー・セイン
👤 ヴァーラ・ジーン・マーマン、ロジー・デ・パロマ

かつてショーガールだった母親は、娘のフランチェスカをオフブロードウェイのスターにしようと大奮闘中。女装の男優たちが繰り広げるブロードウェイお受験ムービー。

060 (P066)

ギャルソン

📽 1983年／フランス／巴里映画（配給）
🎬 クロード・ソーテ
👤 イヴ・モンタン、ニコル・ガルシア

20年前に妻と別れ、父が遺した土地に遊園地を造ることを夢見る男は、華もあり、恋もするパリのギャルソン。そんな彼の普通で素敵な人生を描く。

061 (P066)

ガーターベルトの夜

📽 1984年／フランス／巴里映画（配給）
🎬 ヴィルジニ・テヴネ
👤 ジュザベル・カルピ、アリエル・ジュネ

夜、街に繰り出してはボーイハントを楽しむ奔放な女の子は、あるパーティで出会った年下の男の子を誘惑する。パリを舞台にした小粋なナイトクルージング・ストーリー。

062 (P066)

バロック

📽 1989年／スペイン、キューバ／巴里映画（配給）
🎬 ポール・ルデュク
👤 フランシスコ・ラバル、アンヘラ・モリーナ

カルペンティエールの原作を台詞なしの協奏曲で綴り、世界中の音楽のルーツはラテンアメリカにあることを浮かび上がらせる。

063 (P067)

巴里ホテルの人々

📽 1987年／イギリス、フランス／巴里映画（配給）
🎬 ヤナ・ボコーワ
👤 フェルナンド・レイ、ファブリス・ルシーニ

パリの2つ星ホテルを舞台に、もう一花咲かせたいと願うロシア系ユダヤ人の老俳優を中心に、彼に仕事を持ちかけるプロデューサーやホテルに入り浸る映画監督志望の青年、女流フォトグラファーらとの人間模様を描く。

064 (P067)

月の子ども

📽 1989年／スペイン／巴里映画（配給）
🎬 アウグスティン・ビラロンガ
👤 マルベル・マルタン、リサ・ジェラール

月から授けられた超能力を持つ孤児ダヴィー。その神秘的な能力に目を付けた'月の子ども'のクローン生産を企む秘密組織は、ダヴィーを執拗に追う。

065 (P067)

パリの天使たち

- 1991年／フランス／巴里映画（配給）
- ジェラール・ジュニョ
- ジェラール・ジュニョ、リシャール・ボーランジェ

会社を解雇され、妻子からも愛想を尽かされた男は、夜の公園でホームレスたちに出会い、彼らと行動を共にするようになる。社会に束縛されることなく自由に生きるホームレスたちに教えられる本当の人生とは…。

066 (P067)

ふくろうの叫び

- 1987年／フランス、イタリア／巴里映画（配給）
- クロード・シャブロル
- クリストフ・マラヴォワ、マチルダ・メイ

郊外の屋敷で婚約者と暮らす女を毎晩覗き見る男。やがて互いに惹かれあい、彼女は婚約を破棄してしまう。嫉妬と憎悪に狂った元婚約者は、男を陥れようとするが…。ミステリー作家、パトリシア・ハイスミスの原作。

067 (P068)

ラ・ジュテ

- 1962年／フランス／ザジ フィルムズ（配給）
- クリス・マルケル
- エレーヌ・シャトラン、ダヴォス・ハニッヒ

第3次世界大戦後、生き延びた科学者達が、過去と未来に救済を求めようと捕虜を使って時間旅行の実験を試みていた。実験台に選ばれた男は、過去のオルリー空港で運命の女と出会う。

068 (P069)

女は女である

- 1961年／フランス、イタリア／ザジ フィルムズ（配給）
- ジャン＝リュック・ゴダール
- アンナ・カリーナ、ジャン＝ポール・ベルモンド

すぐにでも子供がほしいと駄々をこねる女、結婚して経済的に余裕ができたら作ればいいと言う同棲中の男、そして彼女に恋する男の親友。彼らの三角関係をコミカルに描く。

069 (P069)

ア・ラ・モード

- 1993年／フランス／ザジ フィルムズ（配給）
- レミ・デュシュマン
- ケン・イジュラン、ジャン・ヤンヌ

17歳で突然両親を失った少年が、希望を失わず夢に向かって生きていく姿を描いた青春サクセスストーリー。

070 (P069)

ゴダールのマリア

- 1984年／フランス、スイス／ザジ フィルムズ（配給）
- ジャン＝リュック・ゴダール、アンヌ＝マリー・ミエヴィル
- ミリエム・ルーセル、レベッカ・ハンプトン

聖母マリアの処女懐胎とキリストの誕生を主題にしたゴダールの長編『こんにちは、マリア（1985年）』と、11歳の少女の思春期の始まりを描いたミエヴィルの短編『マリアの本』の2本で構成された作品。

071 (P069)

パッション

- 1982年／スイス、フランス／ザジ フィルムズ（配給）
- ジャン＝リュック・ゴダール
- イザベル・ユペール、ハンナ・シグラ

ハンガリー出身のプロデューサーと組み、名画を活人画として再現する美術映画「パッション」を撮影するポーランド人監督。必要な'光'を発見できぬまま予算を使い果たし、製作中止の危機が迫る。

072 (P070)

ジャック・タチ フィルムフェスティバル

- フランス／ザジ フィルムズ（配給）
- ジャック・タチ
- ジャック・タチ

監督・脚本家・俳優をこなすジャック・タチの作品、『ぼくの伯父さん（1958年）』、『のんき大将～カラー版（1994年）』、『プレイタイム＜新世紀修復版＞（1967年）』など。

073 (P072)

小さな赤いビー玉

- 1975年／フランス／ザジ フィルムズ（配給）
- ジャック・ドワイヨン
- リシャール・コンスタンティーニ、ポール＝エリック・シュルマン

ナチス・ドイツ占領下のパリ、ユダヤ人の烙印を押された一家の幼い兄弟は、非占領地域の南仏へ脱出の旅を志す。

074 (P072)

幸せになるためのイタリア語講座

- 2000年／デンマーク／ザジ フィルムズ（配給）
- ロネ・シェルフィグ
- アンダース・W・ベアテルセン、アネッテ・ストゥーベルベック

コペンハーゲンのとある街、週に1度のイタリア語初級講座でたまたま顔を合わせた男女6人。仕事、恋愛、家族とそれぞれに人生のトラブルを抱えた彼らが繰り広げる大人のラブストーリー。

075 (P072)

ビートニク

- 1999年／アメリカ／ザジ フィルムズ（配給）
- チャック・ワークマン
- ジョニー・デップ、ジョン・タトゥーロ

アレン・ギンズバーグ、ウィリアム・バロウズを始めとする50年代以降のビート・ジェネレーションを膨大な映像資料で蘇らせ、さらに未来へと続くビート・スピリットを綴ったドキュメンタリー。

076 (P073)

落穂拾い

- 2000年／フランス／ザジ フィルムズ（配給）
- アニエス・ヴァルダ

ある日、パリの市場で道に落ちているものを拾う人たちを見たヴァルダ監督は、ミレーの「落穂拾い」を連想する。そして彼女はハンディカメラを手に、'ものを拾う人＝現代の落穂拾い'を探し、フランス中を旅する。

077 (P073)

落穂拾い・二年後

- 2002年／フランス／ザジ フィルムズ（配給）
- アニエス・ヴァルダ

2年前に製作された同監督作品『落穂拾い』に登場した人々の、その後の姿を捉えた続編。

078 (P073)

フェデリコ・フェリーニ映画祭

- ザジ フィルムズ（配給）
- フェデリコ・フェリーニ

アカデミー外国語映画賞に輝いた初期の名作『道（1954年イタリア）』、カンヌ映画祭でパルム・ドールを受賞した『甘い生活（1960年イタリア）』などフェリーニ作品11本を集めた。

079 (P074)

ナショナル7

- 2000年／フランス／ザジ フィルムズ（配給）
- ジャン＝ピエール・シナピ
- ナディア・カッチ、オリヴィエ・グルメ

フランス国道7号線近くの身障者施設を舞台に、筋ジストロフィーのため車椅子生活を送る男と、彼の苦しみを解消しようと奮闘する女性介護人の触れ合いを描く。

080 (P074)

プロデューサーズ

- 1968年／アメリカ／ザジ フィルムズ（配給）
- メル・ブルックス
- ゼロ・モステル、ジーン・ワイルダー

かつてブロードウェイで名を轟かせた演劇プロデューサーの前に怪しげな会計士が儲け話を持ちかける。それは、金を集めるだけ集めて公演し、舞台そのものは失敗させるというものだった。

081 (P075)

ムッシュ・カステラの恋

- 2000年／フランス／セテラ・インターナショナル（配給）
- アニエス・ジャウイ
- アンヌ・アルヴァロ、ジャン＝ピエール・バクリ

会社の社長であるムッシュ・カステラは、ひょんなことから舞台女優に恋をする。カステラをとりまく運転手、ボディガードなども巻き込んだ大人の人間模様と恋物語。

082 (P076)

ジャン・コクトー/ジャン・マレー回顧上映 きみとぼく

- フランス／セテラ・インターナショナル（配給）
- ジャン・コクトー
- ジャン・マレー

様々な顔を持つ芸術家コクトーと俳優マレーが創り上げた三大映像詩、『美女と野獣（1946年）』、『オルフェ（1950年）』、『悲恋―永劫回帰（1943年）』。

083 (P076)

倦怠

- 1998年／フランス／セテラ・インターナショナル（配給）
- セドリック・カーン
- シャルル・ベルリング、ソフィー・ギルマン

すべてに行き詰まった30代半ばの哲学教授は、ふとしたことで知り合った17歳の少女と関係を持つうちに、彼女への執着が愛なのか独占欲なのか悩み、やがて思わぬ方向に暴走していく。

084 (P076)

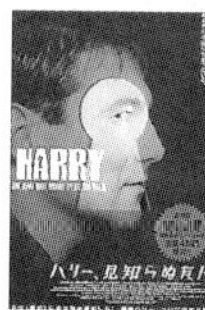

ハリー、見知らぬ友人

- 2000年／フランス／セテラ・インターナショナル（配給）
- ドミニク・モル
- ローラン・リュカ、セルジ・ロペス

妻子とともに田舎へと車を走らせる途中、サービスエリアの公衆トイレで元同級生と名乗る男に出会う。親切な顔をしたこの男、ハリーとは一体何者なのか…。

085 (P076)

スペシャリスト―自覚なき殺戮者―

- 1999年／フランス、ドイツ、ベルギー、オーストリア、イスラエル／セテラ・インターナショナル（配給）
- エイアル・シヴァン

元ナチスのエリート中佐であり、ユダヤ人移送計画のスペシャリスト、アドルフ・アイヒマン。彼が裁かれた、ナチス戦犯裁判唯一の記録映像、アイヒマン裁判の全貌を明かすドキュメント。

086 (P077)

生誕80周年特別企画 蘇るジェラール・フィリップ

- フランス／セテラ・インターナショナル（配給）
- ジャック・ベッケル、ルネ・クレール
- ジェラール・フィリップ

ジェラール・フィリップ生誕80周年記念企画として集められた18作品。日本初公開の『星のない国（1946年）』、『危険な関係―ディレクターズ・カット版（1959年）』など。

087 (P078)

父よ

- 2001年／フランス／セテラ・インターナショナル（配給）
- ジョゼ・ジョヴァンニ
- ブリュノ・クレメール、ヴァサン・ルクール

息子に深い愛情を抱きながらも、確執が解けない賭博師の父。暗黒街に身を投じ、極刑を宣告された息子を救うため、父は孤独な闘いを挑む。

088 (P080)

さすらいのカウボーイ

- 2001年／アメリカ／クレストインターナショナル（配給）
- ピーター・フォンダ
- ピーター・フォンダ、ウォーレン・オーツ

自由を求め、妻子を捨て旅立った男が、長年放浪を共にした親友と一緒に家へ戻る決心をする。突然の夫の帰還を受け入れられない妻に対し、男は使用人として真面目に働くことで、夫としての信頼を取り戻そうとする。

089 (P081)

グレン・グールド 27歳の記憶

🎬 1959年／カナダ／クレストインターナショナル（配給）
🎥 ロマン・クロイター、ウルフ・ケニッグ
👤 グレン・グールド

22歳でベルトセラー・ピアニストとなり、32歳ですべてのコンサート活動から身を引き、生涯独身で過ごしたグレン・グールド。在りし日の彼の輝きを、演奏シーンや録音風景などで綴る。

093 (P085)

アイスリンク

🎬 1998年／フランス／大映<現・角川大映映画>（配給）
🎥 ジャン＝フィリップ・トゥーサン
👤 トム・ノヴァンブル、ブルース・キャンベル

ある日、フランスの野心的監督は全編をアイスリンク上で撮影するという前代未聞の映画「ドロレス」を企画し、ヴェネチア国際映画祭グランプリを狙う。

090 (P082)

キス！キス！キッス！

🎬 1963年／フランス／クレストインターナショナル（配給）
🎥 ベルトラン・タヴェルニエ、クロード・ベリ、ベルナール・T.ミシェル、ジャン＝フランソワ・オデュロワ、シャルル・L.ビッチェ

5人の監督が「キス」をテーマに、ヌーヴェル・ヴァーグ時代の映像とスタイリッシュな音楽を駆使して創り上げた5つのオムニバス作品。

094 (P086)

ニンゲン合格

🎬 1999年／日本／大映<現・角川大映映画>（配給）
🎥 黒沢清
👤 西島秀俊、麻生久美子

交通事故により昏睡状態のまま10年間眠り続けていた青年が、ある日突然、目覚める。だが、彼が眠っている間に家族はバラバラになっていた。

091 (P083)

ウェルカム！ヘヴン

🎬 2001年／スペイン、フランス、イタリア／クレストインターナショナル、東京テアトル（配給）
🎥 アグスティン・ディアス・ヤネス
👤 ペネロペ・クルス、ビクトリア・アブリル

天国・地上・地獄の3つの世界が存在する時代、天国は壊滅的な状態に陥り、地獄が全てを牛耳ろうとしていた。そんな時、地上から天国へ「息子の命を救ってほしい」という願いが届く。

095 (P087)

百一夜

🎬 1994年／フランス／大映<現・角川大映映画>（配給）
🎥 アニエス・ヴァルダ
👤 ミシェル・ピコリ、マルチェロ・マストロヤンニ

あらゆる映画製作に関わったムッシュ・シネマ氏のボケ防止のため、百一夜にわたって映画の話をするというバイトを引き受けた映画好きな女の子。ある日、彼女はシネマ氏の遺産相続人であるひ孫が行方不明と聞いて…。

092 (P084)

ぼくの国、パパの国

🎬 1999年／イギリス／クレストインターナショナル（配給）
🎥 ダミアン・オドネル
👤 オーム・プリー、リンダ・バセット

パキスタン人の父親とイギリス人の母親、そして7人の子供たちで暮らす一家に巻き起こる、宗教問題や東西のカルチャーギャップ、ジェネレーションギャップを描いたハートウォーミング・ストーリー。

096 (P087)

市川雷蔵 没後30年特別企画 最後の市川雷蔵映画祭

🎬 日本／大映<現・角川大映映画>（配給）
👤 市川雷蔵

代表作『眠狂四郎シリーズ』をはじめ、『濡れ髪牡丹（1961年）』、『好色一代男（1961年）』など、市川雷蔵主演作品が一堂に会した映画祭。

097 (P087)

ドリアン ドリアン

🎬 2000年／香港／大映<現・角川大映映画>
（配給）

🎥 フルーツ・チャン

👤 チン・ハイルー、マク・ワイファン

自立するため、田舎からひとり香港に出稼ぎにやってきた女。彼女は出身地を明かさず、男たちを相手に稼ぎまくり、ついには大金を手にして故郷に帰るが…。

098 (P088)

草迷宮

🎬 1979年／フランス／人力飛行機舎、ポスターハリス・カンパニー、テラヤマ・ワールド（配給・宣伝）

🎥 寺山修司

👤 三上博史、若松武史

死んだ母親が口ずさんでいた手毬歌を探して旅をする少年。待ち構えているのは、美しい手毬少女、幻想的な妖怪たち、母のイメージ…。探し求めるうち、彼の性的遍歴は怪奇な色彩を帯びてくる。

099 (P089)

幻想と詩とエロチシズムの寺山修司　映像詩展

🎬 日本／パルコ、人力飛行機舎、ポスターハリス・カンパニー（企画・製作）

🎥 寺山修司

天井桟敷を主宰した寺山修司の没後20年、パルコ劇場30周年を記念した企画。『書を捨てよ町へ出よう（1971年）』、『田園に死す（1974年）』など11プログラム22作品。

100 (P090)

修羅

🎬 1971年／日本／イメージフォーラム（配給）

🎥 松本俊夫

👤 中村賀津雄、唐十郎

赤穂浪士、源五兵衛は、仇討を果たすため敵の目を欺こうと酒と女にうつつを抜かすうち、芸者、小万に入れ込んでしまう。愛を選ぶか、武士の道を選ぶか、悩んだ末、結局女を選ぶが…。

101 (P091)

若松孝二1965-1972 ジャパン、アバンギャルド、ポップ＆バイオレンスムービー

🎬 日本／イメージフォーラム（企画）

🎥 若松孝二

ピンク映画というフィールドから生まれた異端児、若松孝二監督の10作品、『壁の中の秘事（1965年）』から『天使の恍惚（1972年）』までを集めた。

102 (P092)

アスパラガス

🎬 1979年／アメリカ／イメージフォーラム（配給）

🎥 スーザン・ピット

アスパラガスのうんちをする女を描いた『アスパラガス（1979年）』のほか、『ジェファーソン・サーカス・ソング（1973年）』、『ジョイ・ストリート（1995年）』の短編3作品。

103 (P092)

薔薇の葬列

🎬 1969年／日本／イメージフォーラム（配給）

🎥 松本俊夫

👤 ピーター、土屋嘉男

1960年代末期の新宿・六本木を舞台に、中性的な魅力を放つ美少年に群がるゲイボーイや大人たち。その人間模様はやがて血の惨劇と化す。

104 (P092)

リーベンクイズ 日本鬼子

🎬 2000年／日本／イメージフォーラム（配給）

🎥 松井稔

登場する14人の老人は、日本が本格的な侵略戦争を開始した1931年の満州事変から敗戦までの日中15年戦争で、中国大陸にいた元皇軍兵士。彼らがたんたんと語る壮絶な事実を綴った記録映像。

105 (P093)

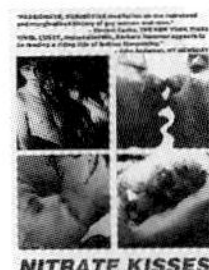

ナイトレイト・キス

- 1990年／アメリカ／イメージフォーラム（配給）
- バーバラ・ハマー

1930年代のアメリカ各地やナチス支配下の強制収容所にいた同性愛者たちの証言と、アメリカ初のゲイ映画『ソドムの運命』を始めとする記録映像などで構成された、性をめぐる価値観を根底から問うドキュメンタリー。

106 (P093)

マジカル・ビュー！

- イメージフォーラム（配給）
- トニー・ヒル、ジョルジュ・シュウィツゲーベル

奇妙なトリック撮影と人間業を超えた特殊撮影技術に定評のあるトニー・ヒルと、抜群のデッサン力に裏付けされたアニメーションを創造するジョルジュ・S。ヨーロッパで注目を集めるふたりの映像集。

107 (P093)

天国の六つの箱

- 1995年／日本／イメージフォーラム（配給）
- 大木裕之
- 清岡恭久、佐藤篤

特別なひかりの降る町、高知を舞台に、JR旭駅前広場に佇み目を閉じる男、破壊パフォーマンスを繰り広げる芸術家、街を彷徨する青年など様々な人々の表情や出来事、風景の移ろいを綴る。

108 (P094)

悪い男

- 2001年／韓国／エスピーオー（配給）
- キム・ギドク
- チョ・ジェヒョン、ソ・ウォン

街角で出会った女子大生に一目惚れした孤独なヤクザ。彼の凶暴で純粋な愛は、彼女を娼婦に転落させるが、2人の間に生まれた絶望と憎悪は、やがて激しい愛へと変わっていく。

109 (P095)

LIES/嘘

- 1999年／韓国／K2エンタテインメント（配給）
- チャン・ソヌ
- イ・サンヒョン、キム・テヨン

テレフォンセックスから始まった、妻と別居中の男と女子高生の秘密の関係。サディスティックな男の性癖も、愛のかたちと受け止めていた少女だが、いつしか立場は逆転して…。

110 (P096)

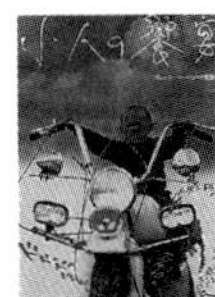

小人の饗宴

- 1970年／ドイツ／パンドラ（配給）
- ヴェルナー・ヘルツォーク
- ヘルムート・デーリング、パウル・グラウアー

ある施設で所長の留守中、騒ぎを起こす小人たち。無人トラックと興じて旋回する者、豚を殺す者、植木鉢にガソリンを注ぎ火をつける者…。その暴動は留まることなくエスカレートしていく。

111 (P096)

フルスタリョフ、車を！

- 1998年／フランス、ロシア／パンドラ（配給）
- アレクセイ・ゲルマン
- Y.ツリロ、N.ルスラノヴァ

1935年、反ユダヤ主義の色濃いロシアを背景に、モスクワ病院・脳外科医であり、赤軍の将軍である主人公の数奇な運命を描く。

112 (P096)

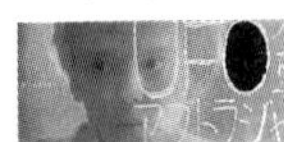

UFO少年アブドラジャン

- 1992年／ウズベキスタン／パンドラ（配給）
- ズリフィカール・ムサコフ
- ラジャブ・アダシェフ、トウイチ・アリポフ

中央アジアのある村に、少年を乗せたUFOが落ちてきた。アブドラジャンと名付けられ、村で暮らし始めた少年は、巨大スイカを出現させたり、1分間で50個の卵を鶏に産ませたり…と様々な珍現象を巻き起こす。

113 (P097)

キンスキー 我が最愛の敵

- 1999年／ドイツ、イギリス／パンドラ（配給）
- ヴェルナー・ヘルツォーク
- クラウス・キンスキー、ヴェルナー・ヘルツォーク

俳優クラウス・キンスキーとタッグを組み、5本の映画を撮ったヘルツォーク。映画史上、最も強烈なエゴを持つと言われる2人の、長年にわたる交流を綴る。

117 (P099)

ローカルニュース

- 1999年／日本／オムロ（配給）
- 中村義洋
- 長谷川巖一郎、足立紳

地方テレビ局を舞台に、仕事をテキパキこなすディレクターと仕事意欲の全くないカメラマン、そして新人アルバイトの'ヘッポコ3人組'の姿を描いたコメディ。

114 (P097)

ヘルツォーク特集

- ドイツ／パンドラ（配給）
- ヴェルナー・ヘルツォーク

1968年のデビュー以来、ニュージャーマン・シネマの旗手として、人間の極限状態を描いてきたヘルツォーク作品『蜃気楼（1971年）』、『ガラスの心（1976年）』など13本の特集。

118 (P100)

恋する幼虫

- 2003年／日本／イメージリングス（製作・配給）
- 井口昇
- 荒川良々、新井亜樹

子供の頃のトラウマから女性と上手く付き合えない漫画家フミオは、ふとした弾みで女性編集者の顔を傷つけてしまう。やがて彼女の傷は奇妙な生命体となり、人の血を吸わなくては生きていけない身体になってしまうが…。

115 (P097)

モキュメンタリー「人間劇場!?」

- パンドラ（配給）
- ピーター・ジャクソン、アラン・ベルリナー

ピーター・ジャクソン監督の『コリン・マッケンジー／もうひとりのグリフィス（1996年ニュージーランド）』、アラン・ベルリナー監督の『知ったこっちゃない（1997年アメリカ）』のドキュメンタリー2作品。

119 (P102)

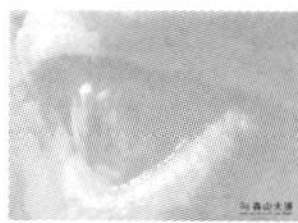

≒（ニア・イコール）森山大道

- 2001年／日本／ビー・ビー・ビー（製作・配給）
- 藤井謙二郎
- 森山大道、荒木経惟

'60年代後半からカリスマ的存在を放ち、写真界に君臨する森山大道。2000年秋から5ヶ月間にわたり、活動拠点である新宿をメイン舞台に、生真面目で不真面目な孤高の写真家を追ったドキュメント。

116 (P098)

D坂の殺人事件

- 1997年／日本／東京テアトル（配給）、オムロ（宣伝協力）
- 実相寺昭雄
- 真田広之、嶋田久作

昭和2年、東京・団子坂の古本屋の女将が殺され、第一発見者である従業員と天才贋作師に容疑がかかる。予審刑事は2人に心理試験を行うが、この結果に疑問を持った明智小五郎は事件の真相に挑む。

120 (P103)

≒（ニア・イコール）会田誠〜無気力大陸〜

- 2003年／日本／ビー・ビー・ビー（製作・配給）
- 玉利祐助
- 会田誠

次々と問題作を発表し続ける美術家、会田誠。彼の創作現場にカメラが潜入し、創作活動のみならず、結婚や長男誕生などのプライベートも含めた200時間以上にも及ぶ映像から構成した完全密着ドキュメント。

121 (P104)

謎のFLYING SAUCER
謎のFLYING SAUCER 2

🎬 1998年／日本／リトル・モア（製作・配給）

🎥 ホンマタカシ

👤 坂井真紀、村上淳

1947年、ニューメキシコのロズウェルにUFOが墜落した—。宇宙人やUFOを目撃したと証言する人々のインタビューとロズウェルの風景、そして宇宙人カップルの悲劇で構成されるショートムービーの前編と後編。

122 (P104)

流星

🎬 1999年／日本／リトル・モア（製作・配給）

🎥 山仲浩充

👤 緒形拳、江口洋介

競馬をささやかな楽しみに年金暮らしを送る老人。ふとしたことで出会った少女のため、大金が必要となった彼は、地元の名馬リュウセイを盗もうと企てる。老人に心を寄せるチンピラも加わり、珍誘拐劇が始まる。

123 (P105)

プープーの物語

🎬 1998年／日本／リトル・モア（製作・配給）

🎥 渡辺謙作

👤 上原さくら、松尾れい子

子豚プープーの墓参りを目的に旅をする女の子、フウとスズ。様々な人たちと出会い、ピンチに立たされる度に、謎の男トランクマンに助けられる。いつしかスズがトランクマンに恋をし、2人の仲はギクシャクし始める。

124 (P105)

HOW TO Jiu-jitsu
A NEW HOMETOWN

🎬 1998年／日本／リトル・モア（製作・配給）

🎥 ホンマタカシ

👤 マイコ、市川実日子

世界中の格闘技界を席捲する柔術のハウツーを女の子2人で描く『HOW TO Jiu-jitsu』と、同監督が写真家として撮り続けているテーマ'郊外風景'の映画版『A NEW HOMETOWN』の2作品。

125 (P106)

アンチェイン

🎬 2001年／日本／リトル・モア（製作・配給）

🎥 豊田利晃

👤 アンチェイン梶、ガルーダ・テツ

様々なリングで闘う4人の格闘家を5年間に渡り、追いかけた青春映画。敗れても敗れてもリングに執着し続けた格闘家たちの生き様を通し、夢を、挫折を、変わりゆく心を鮮烈に描く。

126 (P106)

ポルノスター

🎬 1998年／日本／リトル・モア（製作・配給）

🎥 豊田利晃

👤 千原浩史、鬼丸

渋谷でデートクラブを経営し、ヤクザに上納金を納める日々に理由のない不安と苛立ちを抱えるチンピラ、上條。彼の前に、無表情にヤクザを殺す男、荒野が現れる。荒野もまた同じ苛立ちを抱えている男だった。

127 (P107)

ドラムライン

🎬 2002年／アメリカ／20世紀フォックス映画（配給）

🎥 チャールズ・ストーン三世

👤 ニック・キャノン、ゾーイ・サルダナ

全米の大学から選び抜かれたマーチング・バンドが、12分間のハーフタイムに優勝を賭けて競い合う、マーチング・バトルを描く。

128 (P108)

28日後...

🎬 2002年／イギリス／20世紀フォックス映画（配給）

🎥 ダニー・ボイル

👤 キリアン・マーフィ、ナオミ・ハリス

新型ウィルス発生から28日後、人影の絶えたロンドンの真ん中で目覚める男。この強力なウィルスに感染すると、10秒で精神は破壊され、人を襲うことしか出来なくなるのだった。もう正常な世界は存在しないのか…。

129 (P110)

スパニッシュ・アパートメント

- 2001年／フランス、スペイン／20世紀フォックス映画（配給）
- セドリック・クラピッシュ
- ロマン・デュリス、オドレイ・トトゥ

恋人をパリに残し、バルセロナに留学した青年を中心に、国籍も性別も違う7人の学生が暮らす'スパニッシュ・アパートメント'での日々を綴る。

130 (P112)

彼女の恋からわかること

- 2000年／アメリカ／メディア・スーツ（配給）
- ロドリゴ・ガルシア
- アリシア・ウィット、キンバリー・ウィリアムズ

10人のハリウッド女優が、それぞれの人生の中で特別な男— 愛した男、セックスした男、結婚した男、うんざりした男、死に別れた男— について語る。

131 (P113)

飛ぶ教室

- 2003年／ドイツ／メディア・スーツ（配給）
- トミー・ヴィガント
- ウルリヒ・ノエテン、セバスチャン・コッホ

転校生トナタンを中心に寄宿舎生活を送る個性あふれる5人。彼らは隠れ家で偶然見つけた古い芝居の台本「飛ぶ教室」を、クリスマスの校内発表劇にミュージカルとして上演しようと奮闘する。

132 (P113)

夏休みのレモネード

- 2001年／アメリカ／メディア・スーツ（配給）
- ピート・ジョーンズ
- アイダン・クイン、ボニー・ハント

白血病で余命わずかな少年ダニーと出会った8歳のピート。ダニーが天国で楽しい時間が過ごせるようにと考えた'天国へのメダル'を手に入れるための10個の課題にふたりでチャレンジしていく。

133 (P113)

ハリウッド★ホンコン

- 2001年／フランス／メディア・スーツ（配給）
- フルーツ・チャン
- ジョウ・シュン、レオン・ツィーピン

返還後の香港、再開発の波が押し寄せる下町で焼き豚屋を営む一家。末っ子のタイニーは、店にやって来る'ハリウッド地区'で暮らす美しい上海娘に、いつしか淡い想いを抱くようになる。

134 (P114)

ピニェロ

- 2001年／アメリカ／メディア・スーツ（配給）
- レオン・イチャソ
- ベンジャミン・ブラット、タリサ・ソト

詩人、俳優、戯曲家でありながら犯罪歴多数。今も語り継がれる吟遊詩人、ミゲル"マイキー"ピニェロの短くもドラマチックな生涯を映像化。

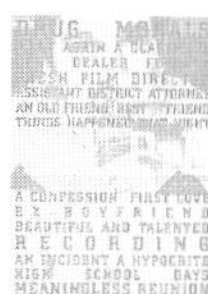

135 (P115)

テープ

- 2001年／アメリカ／メディア・スーツ（配給）
- リチャード・リンクレイター
- イーサン・ホーク、ユマ・サーマン

高校時代の同級生3人がモーテルの一室で再会する。だが、1本のテープの存在によって、3人の会話は幻惑と誤解に満ちていく。

136 (P116)

戦場のフォトグラファー ジェームズ・ナクトウェイの世界

- 2001年／スイス／メディア・スーツ（配給）
- クリスチャン・フレイ
- ジェームズ・ナクトウェイ

世界を股にかけて戦争・内紛・貧困などをテーマに写真を取り続けるジェームズ・ナクトウェイに密着したドキュメンタリー。

137 (P116)

チャンピオン

- 2002年／韓国／メディア・スーツ（配給）
- クァク・キョンテク
- ユ・オソン、チェ・ミンソ

「勝って帰ってくる」と女に言い残し、世界タイトルに挑むためラスベガスに旅立ったボクサー。女は彼がチャンピオンを目指すことが自分への愛の証だと気づくが、男はついに帰ってこなかった。

---

138 (P116)

ケン・パーク

- 2002年／アメリカ、オランダ、フランス／クライドフィルムズ（配給）、メディア・スーツ、クライドフィルムズ（宣伝協力）
- ラリー・クラーク、エド・ラックマン
- ジェームズ・ランソン、ティファニー・ライモス

ロサンゼルスの郊外にある町ヴァイセリアを舞台に、ガールフレンドから妊娠を告げられたケン、マッチョな父親に迫られるクロードなど、各々悩みを抱えた10代の若者たちと彼らの両親の日常を描く。

---

139 (P117)

キューブ2

- 2002年／アメリカ／メディア・スーツ、クロックワークス（配給）
- アンドレイ・セクラ
- ケリー・マチェット、ブルース・グレイ

ある日突然、現実には存在しない四次元立方休の中で目覚めた、何の接点もない男女8人。出口を求め、別の立方体へと移動を繰り返すが、あちこちに仕掛けられた罠により、1人また1人と命を落としていく。

---

140 (P118)

地獄甲子園

- 2002年／日本／メディア・スーツ、クロックワークス（製作）、クロックワークス（配給）
- 山口雄大
- 坂口拓、伊藤淳史

ビーンボール、殺人スライディング、審判の隙をついては暴力行為、そんなルール無用の殺人集団外道高校野球に、ケンカ野球戦士・野球十兵衛率いる星道高校が立ち向かう。

---

141 (P119)

パルコフィクション

- 2002年／日本／パルコ、アーティストフィルム（配給）
- 矢口史靖、鈴木卓爾
- 真野きりな、近藤公園

パルコ誕生の秘話から、入社試験の中身、バーゲン風景など、'パルコ'を舞台に5話のオムニバスで構成した完全フィクション。

---

142 (P120)

イチキューハチマル

- 2003年／日本／東京テアトル（配給）
- ケラリーノ・サンドロヴィッチ
- ともさかりえ、犬山イヌコ

1980年12月9日、元アイドルの次女が、三女が在籍し、長女が教鞭をとる母校に教育実習にやって来る。それぞれ問題を抱える3姉妹の乙女心と、彼女たちを取り巻く人間模様を描く。

---

143 (P121)

サマーヌード

- 2002年／日本／バタフライ・シネマーケット（製作）、アルゴ・ピクチャーズ（配給・宣伝）
- 飯塚健
- 野波麻帆、古屋暢一

とある南の鳥のとある1日。夏休みを謳歌する女子大生がふとした弾みで自転車を盗んだことから、連鎖的に様々な人々を巻き込んで沸き起こる奇想天外なドラマ。

---

144 (P122)

青空

- 2000年／日本／国映、新東宝（製作・配給）、アルゴ・ピクチャーズ（宣伝）
- サトウトシキ
- 向井新悟、横浜ゆき

歌舞伎町で奇妙な出会いをする男女。その後、女は男の部屋へ転がり込む。ある日、突然やって来た刑事たちに麻薬を発見された男は、部屋から逃げ出し、走り続ける。

145 (P123)

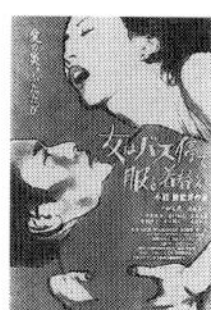

女はバス停で服を着替えた
- 2002年／日本／鹿追町映画制作委員会（製作）、アルゴ・ピクチャーズ（配給）
- 小沼勝
- 戸田菜穂、遠藤憲一

北海道・鹿追町の美しい自然を舞台に、かつてサルサのダンスパートナーだった男女が織り成すメロドラマ。過去と向き合おうとする女と、過去から逃れようとする男の激情を描く。

146 (P124)

夢みるように眠りたい
- 1986年／日本／オンリー・ハーツ（配給）
- 林海象
- 佳村萌、佐野史郎

ある私立探偵のもとに誘拐された娘を探して欲しいと老婆が訪ねてくる。探偵が調査を続けるうちに、その老婆はかつて女優であり、彼女が主演したものの未完に終わった無声映画こそが、この事件の鍵であることを知る。

147 (P125)

二人の短い物語 ニューヨークの片隅で
- 1994年／アメリカ／オンリー・ハーツ（配給）
- マシュー・ハリソン
- ジェイソン・アンドリューズ、エディ・ダニエルズ

人種の坩堝、ニューヨークを舞台に、非合法テープを売って暮らすヤクザな男と、彼を追って田舎から出てきた元恋人との危なっかしくも純粋な愛の行方を描く。

148 (P125)

太陽がいっぱい
- 1959年／フランス、イタリア／オンリー・ハーツ（配給）
- ルネ・クレマン
- アラン・ドロン、マリー・ラフォレ

貧しい青年リプリーは、富豪の息子フィリップに、強い憧れから憎悪をも抱くようになり、ついには彼を殺害してしまう。その後、リプリーはフィリップの恋人と結ばれ、全てが上手くいくはずだったが…。

149 (P125)

時間切れの愛
- 1994年／スペイン／オンリー・ハーツ（配給）
- イマノル・ウリベ
- カルメロ・ゴメス、ルス・ガブリエル

刑務所にいる夫を待ちながら娼婦まがいの生活を送る女と、報道写真家と偽り、マドリッドに潜り込んだテロリスト。人生の局面を生きるふたりが出会い、切ないラブストーリーが展開する。

150 (P125)

アリスの出発
- 1995年／フランス／オンリー・ハーツ（配給）
- レティシア・マッソン
- サンドリーヌ・キベルラン、アルノー・ジョバニネッティ

缶詰工場の仕事がクビになり、新たな人生を求めてフランス・リヨンにやってきたアリス。何とか前向きに生きようとするアリスはある日、夢が叶わず自堕落な生活を送る青年ブリュノに出会う。

151 (P126)

希望の街
- 1991年／アメリカ／オンリー・ハーツ、セテラ・インターナショナル（配給）
- ジョン・セイルズ
- ビンセント・スパーノ、ジョー・モートン

汚職にまみれながらも強力な支配体制を敷く市長が牛耳るハドソン・シティ。市当局にコネを持つ建設業者の父親から逃れようともがく主人公を軸に、巨大な政治力が渦巻く都市で、希望を見失わず生きる人間の姿を描く。

152 (P127)

ディートリッヒとスタンバーグ
- アメリカ／オンリー・ハーツ（配給）
- ジョセフ・フォン・スタンバーグ
- マレーネ・ディートリッヒ

ディートリッヒを発掘し、女優として開花させたスタンバーグ。公開される機会の少なかった3作品『間諜X27（1931年）』、『ブロンド・ヴィナス（1932年）』、『西班牙狂想曲（1935年）』を集めた。

153 (P128)

世界で一番醜い女

- 1999年／スペイン／オンリー・ハーツ（配給）
- ミゲル・バルデム
- エリア・ガレラ、ロベルト・アルバレス

2010年マドリッドで起こった老女惨殺事件で容疑者として浮かび上がったのは、あまりの醜さに母親さえショック死したという'世界で一番醜い女'ローラ・オデロ。そしてローラの周囲でさらなる殺人事件が起こる。

154 (P128)

クリスマスに雪はふるの?

- 1996年／フランス／オンリー・ハーツ（配給）
- サンドリーヌ・ヴェッセ
- ドミニク・レイモン、ダニエル・デュヴァル

7人の子供に囲まれ、貧しいながらも幸せに暮らす女だが、子供たちの父親である男には正妻がいるのだった。ある時、自分の娘に手を出そうとした男に失望した女は、ある決意を胸にクリスマスパーティを開く。

155 (P128)

ヒーロー・ネバー・ダイ

- 1998年／香港／オンリー・ハーツ（配給）
- ジョニー・トゥ
- レオン・ライ、ラウ・チンワン

敵対する香港暗黒街の二大組織は、それぞれ殺し屋を雇い、互いのボスの首を狙っていた。やがて二大組織の抗争は思わぬ方向へ進み、2人の殺し屋たちに苛酷な運命が襲いかかる。

156 (P129)

独りぼっちのジョニー

- 1993年／チリ、アメリカ、メキシコ／オンリー・ハーツ、アスク講談社（配給）
- グスタヴォ・グラフ・マリーノ
- アルマンド・アライサ、パトリシア・リヴェラ

1990年チリ・サンティアゴで起こった強盗人質事件を、犯人グループの1人である高校生に焦点をあてて再現した社会派サスペンス。

157 (P130)

ドラゴンヒート

- 1999年／香港／シネマ・ドゥ・シネマ、オンリー・ハーツ（配給）
- エリック・コット
- エリック・コット、アニタ・ユン

東京で出会った、香港から来た男と札幌から来た少女。「天安門広場で写真を撮りたい」と、2人は北京へ旅立つが…。

158 (P131)

ラブ ゴッド

- 1997年／アメリカ、日本／オンリー・ハーツ（配給）
- フランク・グロウ
- ユキオ・ヤマト、ウィル・キーナン

強迫観念読書症候群が完治しないまま、精神病院から退院させられた男は、担当医に薦められたホテルで、潔癖症の母親を持つ女の子に出会う。

159 (P132)

大脱走

- 1963年／アメリカ／シネカノン（配給）
- ジョン・スタージェス
- スティーブ・マックィーン、ジェームズ・ガーナー

第2次大戦中、ドイツ東部サガン近郊の空軍第3捕虜収容所を舞台に、連合軍空軍将校ら250人がドイツ軍を撹乱させようと大掛かりな脱走を決行する。

160 (P134)

十二人の怒れる男

- 1957年／アメリカ／シネカノン（配給）
- シドニー・ルメット
- ヘンリー・フォンダ、リー・J・コップ

17歳の少年が起こした父親殺害事件で集められた12人の陪審員たち。最初の評決では11対1で、少年の死刑は決定的と見られたが、激論を重ねるうちに無罪票が増えていく。

161 (P135)

ガルシアの首

- 1974年／アメリカ／シネカノン（配給）
- サム・ペキンパー
- ウォーレン・オーツ、イセラ・ヴェガ

愛娘を妊娠させた男、ガルシアの首を持ってきた者に100万ドルをやると言い渡した牧場主。懸賞金目当てに殺し屋が動き回る中、ピアノ弾きのベニーも一攫千金を狙って画策するが、ガルシアはすでに事故死していた。

162 (P136)

ビリー・ワイルダー特集上映

- アメリカ／シネカノン（配給）
- ビリー・ワイルダー

マレーネ・ディートリヒ主演『情婦（1958年）』、マリリン・モンロー主演『お熱いのがお好き（1959年）』、ジャック・レモン、シャーリー・マクレーン主演『アパートの鍵貸します（1960年）』の3作品。

163 (P137)

スイート シクスティーン

- 2002年／イギリス、ドイツ、スペイン／シネカノン（配給）
- ケン・ローチ
- マーティン・コムストン、ミッシェル・クルター

少年の16歳の誕生日前日、服役中の母親が釈放される。味わったことのない温かな家族のぬくもりと、新たな生活に胸ときめかせる少年だが、彼の決意が思わぬトラブルを巻き起こしていく。

164 (P137)

ビューティフルサンデー

- 1998年／日本／シネカノン（配給）
- 中島哲也
- 永瀬正敏、尾藤桃子

東京のとあるマンションの住人たちの日曜日。キャッチボールができる場所を求めて町を彷徨う若夫婦を軸に、どうしようもない人たちの、どうしようもない1日を描く。

165 (P137)

地雷を踏んだらサヨウナラ

- 1999年／日本／シネカノン（配給）
- 五十嵐匠
- 浅野忠信、ロバート・スレーター

1972年、内戦が激化するカンボジアに単身乗り込み、シャッターを押し続け、その後消息を絶ったフリージャーナリスト、一ノ瀬泰造の姿を描く。

166 (P138)

バタフライ・キス

- 1995年／イギリス／シネカノン（配給）
- マイケル・ウィンターボトム
- アマンダ・プラマー、サスキア・リーヴス

北イングランドで、ジュディスという名前の女を尋ね歩きながら、悪びれることなく殺人を重ねる女、ユーニス。そんな彼女に出会ったミリアムは、ユーニスを救えると信じ、ともに旅をする。

167 (P139)

マイ・スウィート・シェフィールド

- 1998年／イギリス／シネカノン（配給）
- サム・ミラー
- ピート・ポスルスウェイト、レイチェル・グリフィス

北イングランド・シェフィールド。失業中の男は、3ヶ月で24kmの鉄塔群を塗り上げるという仕事を見つける。息子ほど年の離れた相棒や旅の途中の女の子など、陽気な仲間とともに鉄塔を塗り進んでいくが…。

168 (P140)

風花

- 2000年／日本／シネカノン（配給）
- 相米慎二
- 小泉今日子、浅野忠信

夫と死別し、借金返済のため風俗嬢として働く女は、高級官僚の男と出会う。故郷に預けたままの1人娘に会いに行くことを決意した女に、男は酔っ払った勢いから一緒に行くことを約束する。

169 (P142)

アフガン・アルファベット

- 2002年／イラン／オフィスサンマルサン（配給）
- モフセン・マフマルバフ

2001年10月、米国の爆撃がエスカレートする中、アフガン国境の町ザーヘダーンの難民キャンプにカメラが入り、子供たちの不十分な教育の実態を収めたドキュメンタリー。

173 (P143)

ギャベ

- 1996年／フランス、イラン／オフィスサンマルサン（配給）
- モフセン・マフマルバフ
- ジャガイエグ・ジョタト、アッバス・サヤヒ

イランの遊牧民の伝統的な絨毯、ギャベを織る少女は、ある男に一途な思いを寄せるが、それは許されない恋だった─。自在に時空を超えて描かれるファンタジー。

170 (P142)

酔っぱらった馬の時間

- 2000年／イラン／オフィスサンマルサン（配給）
- バフマン・ゴバディ
- アヨブ・アハマディ、アーマネ・エクティアルディニ

イラン・イラク国境の山岳地帯に位置するクルド人の密輸の村を舞台に、両親を亡くした子供たちが健気に助け合いながら苦難を乗り越えていく様を描く。

174 (P144)

サイクリスト

- 1989年／イラン／オフィスサンマルサン、アジア映画社（配給）
- モフセン・マフマルバフ
- モハラム・ゼイナルサデ、エスマイル・ソルタニアン

アフガン難民の貧しい男は、病気になった妻の入院費用が必要だった。そんな時、1週間自転車に乗り続ける'サイクリスト'に成功すれば多額の賞金が得られると聞き、その賭けに挑む決意をする。

171 (P142)

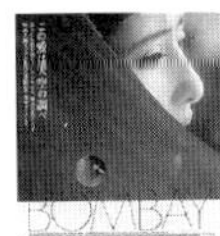

ボンベイ

- 1995年／インド／アジア映画社、オフィスサンマルサン（配給）
- マニラトナム
- マニーシャー・コイララ、アラヴィンドスワーミ

愛を貫くため宗教を超え、故郷を捨て、ようやく結ばれた男女だが、ボンベイの大暴動に巻き込まれてしまう。甘美な恋と深刻な宗教対比が並行して描かれるマサラ・ムービー。

175 (P144)

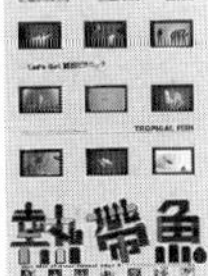

熱帯魚

- 1995年／台湾／オフィスサンマルサン、アジア映画社（配給）
- チェン・ユーシュン
- リン・ジャーホン、シー・チンルン

試験勉強に手が付かず、空想にふけってばかりいる少年。ある夜、彼は誘拐事件に巻き込まれ、遠く離れた海辺の村で奇妙な一家と生活することになる。

172 (P142)

カンダハール

- 2001年／イラン、フランス／オフィスサンマルサン（配給）
- モフセン・マフマルバフ
- ニルファー・バズィラ、ハッサン・タンタイ

20年にわたる戦乱で荒廃した祖国アフガニスタンへ帰還する女性ジャーナリストを追う。アフガンの人々との交流を通して、飢餓と貧困、女性への側圧、地雷問題などの実態に迫る。

176 (P144)

歩く、人

- 2001年／日本／オフィスサンマルサン、モンキータウンプロダクション（配給）
- 小林政広
- 緒形拳、香川照之

愛妻を亡くした寂しさと息子とのわだかまりを抱え、自分と対峙するかのように日々雪道を歩く初老の男。そして迎えた妻の3回忌、男は息子との絆を再び取り戻そうとする。

177 (P145)

少女の髪どめ

- 2001年／イラン／日本ヘラルド映画（配給）
- マジッド・マジディ
- ホセイン・アベディニ、モハマド・アミル・ナジ

イランの建築現場で働く若者の元に、アフガンから来た少年が雇われた。だが、この少年が長い髪の美しい少女だったことを知った若者は、彼女の秘密を守るため、どんな犠牲をもいとわないことを密かに誓う。

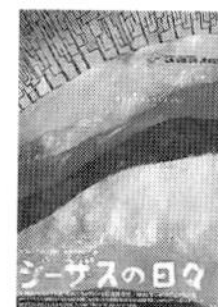

178 (P146)

ジーザスの日々

- 1997年／フランス／ビターズ・エンド（配給）
- ブリュノ・デュモン
- ダヴィット・ドゥーシュ、マージョリー・コットレール

自分自身を上手くコントロールできない苛立ちを抱きながら、その一方で人並み以上の優しさも持つ少年。彼の恋人に付きまとうアラブ人少年の出現により、その憎しみがやがて狂気へと変わっていく。

179 (P147)

ユマニテ

- 1999年／フランス／ビターズ・エンド（配給）
- ブリュノ・デュモン
- エマニュエル・ショッテ、セヴリーヌ・カネル

少女の強姦殺人事件の捜査にあたる刑事。彼は無残な死体も、思いを寄せる女性とその恋人のセックスシーンさえも、ただ悲しみとともに静かに受け入れる。人間性＝ユマニテとは何かを問う作品。

180 (P148)

ノー・マンズ・ランド

- 2001年／フランス、イタリア、ベルギー、イギリス、スロヴェニア／ビターズ・エンド（配給）
- ダニス・タノヴィッチ
- ブランコ・ジュリッチ、レネ・ビトラヤツ

ボスニアとセルビアの中間地帯、ノー・マンズ・ランドに取り残された敵対する兵士3人。一触即発の緊迫した状況下、幾たびか心を通わせる3人、そして無力な国連軍、右往左往するマスコミを捉え、戦争の愚かさを描く。

181 (P149)

月曜日に乾杯！

- 2002年／フランス、イタリア／ビターズ・エンド（配給）
- オタール・イオセリアーニ
- ジャック・ビドウ、アンヌ・クラヴズ＝タルナヴスキ

毎朝5時に起き、1時間半かけて工場に通い、単調な仕事をこなす男。家では雑用ばかり言い付けられ、好きな絵を描くこともままならない。ある月曜の朝、そんな毎日にうんざりした男はふと水の都ヴェニスへ旅に出る。

182 (P150)

白と黒の恋人たち

- 2001年／フランス／ギャガ・コミュニケーションズ、ビターズ・エンド（配給）
- フィリップ・ガレル
- メディ・ベラ・カセム、ジュリア・フォール

若き映画監督の男と女優を志す女がパリの街角で出逢い、恋に落ちる。男は新作のヒロインに女を抜擢し、ひとつの芸術を2人で追い求めようとするが、役が上手く演じきれない彼女は戸惑い始める。

183 (P151)

ダウン アンダー ボーイズ

- 1998年／オーストラリア／ビターズ・エンド（配給）
- ローワン・ウッズ
- デイヴィッド・ウェンハム、トニ・コレット

刑期を終え、家に戻ってきた長男は、変わり果てた家族の姿 —愛人を引き入れた母、ドラッグで金を作った弟—に、かつての支配力を取り戻そうとする。再び家族を仕切り始める長男に、結束を固める兄弟だったが…。

184 (P152)

エヴァとステファンとすてきな家族

- 2000年／スウェーデン／ビターズ・エンド（配給）
- ルーカス・ムーディソン
- リーサ・リンドグレン、ミカエル・ニュークヴィスト

父親と喧嘩した母親が2人の子供、エヴァとステファンを連れて向かったのは、個性的な人たちが暮らすコミューン。初めは戸惑っていた子供たちも次第に心を開いていく。そして残された父親もコミューンにやって来て…。

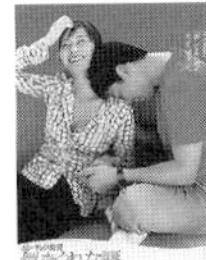

185 (P154)

気まぐれな唇

- 2002年／韓国／ビターズ・エンド（配給）
- ホン・サンス
- キム・サンギョン、チュ・サンミ

映画を降ろされ、あてのない旅に出た駆け出し俳優は、対照的な2人の女性と出会う。旅先で生まれた2つのロマンスを、3人の男女のスリリングでユーモラスな駆け引きで綴る。

186 (P154)

プラットホーム

- 2000年／香港、日本、フランス／ビターズ・エンド（配給）
- ジャ・ジャンクー
- ワン・ホンウェイ、チャオ・タオ

中国の小さな町の幼なじみ4人。文化劇団に所属する彼らはいつも一緒の時間を過ごしていた。だが、1980年半ば、自由化の波とともに劇団の在り方も変わり、4人はそれぞれの生き方を探し始める。

187 (P155)

ばかのハコ船

- 2002年／日本／ビターズ・エンド（配給）
- 山下敦弘
- 山本浩司、小寺智子

度胸なし、甲斐性なし、いい訳ばかりの男と、そんな男と知りながらも離れられない女。ふたりは東京で失敗に終わった健康飲料'あかじる'の再起を賭け、自分たちの田舎に戻ってくるが…。

188 (P155)

ランデブー

- 1999年／日本／ビターズ・エンド（配給）
- 山本浩資
- 村上淳、赤松美佐紀

自殺した幼なじみユウの葬式の帰り、終電に乗り遅れたトオルは、河に身投げした女を助ける。その女は偶然にもユウの友達だった。ユウの死を受け止められない2人はあてもなく深夜の町を歩き続ける。

189 (P156)

テハンノで売春していてバラバラ殺人にあった女子高生、まだテハンノにいる

- 2000年／韓国／グアパ・グアポ、武藤起一事務所（配給）
- ナム・ギウン
- イ・ソユン、キム・デトン

売春していた女子生徒を妊娠させてしまった教師は、殺し屋に彼女を始末させる。だが、バラバラ死体になったはずの彼女は、地下組織の人間の手により殺人マシーンとして甦る。

190 (P157)

アベックモンマリ

- 1998年／日本／武藤起一事務所（製作・配給）
- 大谷健太郎
- 小林宏史、板谷由夏

仕事をバリバリこなす編集者の妻と、専ら'主夫'のフリーカメラマンは結婚3年目の夫婦。ある時、夫の浮気疑惑から離婚の危機に発展、さらにはもう1組のカップルも巻き込み、複雑な四角関係を成していく。

191 (P158)

くたばれ！ハリウッド

- 2002年／アメリカ／東芝エンタテインメント（配給）
- ブレッド・モーゲン、ナネット・バースタイン
- ロバート・エヴァンズ、ジャック・ニコルソン

『ゴッドファーザー』を生んだ史上最も華麗でスキャンダラスなプロデューサー、ロバート・エヴァンズの伝記を、錚々たるハリウッドスターの競演や映画界の裏事情とともに描く。

192 (P160)

メメント

- 2000年／アメリカ／東芝エンタテインメント（配給）
- クリストファー・ノーラン
- ガイ・ピアーズ、キャリー＝アン・モス

妻を殺害された男は、前向性健忘により10分以前の記憶がない。ポラロイド写真と自分の体にタトゥーを彫ることで記憶を留め、妻殺しの犯人を探し出そうとする。

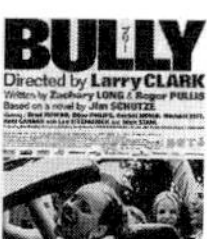

193 (P160)　ブリー

- 2001年／アメリカ／東芝エンタテインメント（配給）
- ラリー・クラーク
- ブラッド・レンフロ、レイチェル・マイナー

一見、大親友同士のマーティとボビーだが、実は気の弱いマーティは実業家の息子ボビーに幼い頃からいじめられていた。この歪んだ関係に気づいたマーティのガールフレンドは仲間と共にボビー殺害計画を企てる。

194 (P161)　ナコイカッツィ

- 2002年／アメリカ／東芝エンタテインメント（配給）
- ゴッドフリー・レジオ

世界はテクノロジーの力に飲み込まれていき、戦争さえ日常と化してしまうという現実を、ヨーヨー・マのチェロ演奏によるフィリップ・グラスの音楽と斬新な映像で鮮明に描き出す。

195 (P162)　猟奇的な彼女

- 2001年／韓国／東芝エンタテインメント（配給）
- クァク・ジェヨン
- チョン・ジヒョン、チャ・テヒョン

キュートなルックスとは裏腹に生意気で凶暴な女の子と、彼女に振り回される大学生との恋愛模様。

196 (P163)　人生は、時々晴れ

- 2002年／イギリス、フランス／東芝エンタテインメント（配給）
- マイク・リー
- ティモシー・スポール、レスリー・マンヴィル

最近、家では妻とも子供たちとも会話らしい会話がないタクシー運転手の男。彼が女性客をタクシーに乗せた時、ふと海へ行くことを思い立つが、その頃、自宅では息子が心臓発作で倒れ、家族が彼の行方を捜していた。

197 (P164)　あのころ僕らは

- 2000年／アメリカ／クロックワークス（配給）
- R.D.ロブ
- レオナルド・ディカプリオ、トビー・マグワイア

ロサンゼルス、土曜の夜。今夜もデレクはいつものダイナーに仲間たちと集まる。バイトのこと、友人、家族、恋人、セックス…他愛のない話をし、はしゃぐ彼ら。だが、今夜のデレクはいつもと様子が違っていた。

198 (P164)　ラブストーリー

- 2003年／韓国／クロックワークス、メディア・スーツ（配給）
- クァク・ジョエン
- ソン・イェジン、チョ・スンウ

ある日、母の古い日記帳を見つけてしまう女子大生。そこには亡き父の親友である男との秘められた初恋が綴られていた。叶わなかった母の恋の痕跡は、親友の恋人へ思いを寄せる彼女自身に、大きな奇跡を起こす。

199 (P165)　パラサイトドールズ

- 2002年／日本／クロックワークス、IMAGICAエンタテインメント（配給）
- 中澤一登、吉永尚之

ブーマと呼ばれる人造の‘亜人’と人間が共存する近未来。犯罪ブーマを取り締まるため構成された特務組織‘ブランチ’は、頻発する犯罪を追ううち、暴走ブーマの原因と見られる薬を手に入れる。

200 (P165)　ALIVE／アライヴ

- 2002年／日本／クロックワークス（配給）
- 北村龍平
- 榊英雄、りょう

恋人を暴行した男たちを殺し、恋人までも殺害した男は、死刑執行の日、「このまま死ぬか、それとも生きてみるか」という選択を与えられる。生きることを選んだ男は、あるサバイバル実験への参加を余儀なくされる。

201 (P165)

ビヨンド・ザ・マット

- 1999年／アメリカ／クロックワークス（配給）
- バリー・W・ブラウスティン
- テリー・ファンク、ザ・ロック

リングの上に命を賭けるレスラー達も、父の顔、夫の顔を持つ。エンターテイナーとしての彼らの華麗なる表舞台とともに、'リングの外にある脚本のない真実'を捉えたドキュメンタリー。

202 (P165)

カスケーダー

- 1998年／ドイツ／クロックワークス（配給）
- ハーディ・マーティンス
- ハーディ・マーティンス、レグラ・グラウヴィラー

時価2億5千マルク（約150億円）のナチの秘宝'琥珀の部屋'をめぐって繰り広げられる、謎の秘密組織、女性考古学研究生、そして何故か巻き込まれた元スタントマンによる大争奪戦。

203 (P166)

W/O

- 1999年／日本／スタンス・カンパニー（配給）
- 長谷井宏紀

東大の学生寮として建てられた建物には、取り壊しが決まった後も学籍を持たず不法占拠する者が大勢いた。その1人だった長谷井監督が、ここで暮らした歳月、周囲で起きた出来事を綴る。

204 (P167)

地下の民／鳥の歌

- 1989年／1995年／ボリビア／シネマテーク・インディアス（配給）、現代企画室、スタンス・カンパニー、ムヴィオラ（配給協力）
- ホルヘ・サンヒネス
- レオナルド・ユフラ（地下の民）、ジェラルディーン・チャップリン（鳥の歌）

アンデスの先住民社会を背景に、現代文明の矛盾を問うボリビア・ウカマウ集団の2作品。

205 (P168)

恋はシリアル・キラー

- 1994年／カナダ／スタンス・カンパニー（配給）
- グレゴリー・ワイルド
- バーバラ・チェンバリン、パット・パターソン

1962年、アメリカ南部の超保守的な田舎町で、暴力的な夫に虐げられる毎日に、夢も希望もなくカントリーミュージックだけを心の支えに生きる35歳の主婦。ある日、彼女は離婚を迫る夫を射殺してしまうが…。

206 (P168)

ジャンクフード

- 1998年／日本／スタンス・カンパニー（配給）
- 山本政志
- 飯島みゆき、鬼丸

1人暮らしの盲目な老女の朝、ジャンキーOLの奇妙な昼…。一見、関わりのない複数の物語が1日という時間軸で絡み合う。

207 (P168)

出発

- 1967年／ベルギー／スタンス・カンパニー（配給）
- イェジー・スコリモフスキ
- ジャン＝ピエール・レオー、カトリーヌ＝イザベル・デュポール

ベルギーの街並みを猛スピードのポルシェで疾走することに青春を賭ける青年が、恋に目覚め大人へと成長していく。

208 (P169)

曼陀羅

- 1981年／韓国／アジア映画社（配給）
- イム・グォンテク
- アン・ソンギ、チョン・ムソン

人間的な苦悩を抱えながら仏教の真理を求め、韓国全土をさすらう若き修行僧と、彼に影響を与えながら自身も葛藤する破壊僧の姿を描く。

209 (P170)

ペダルドゥース

- 1995年／フランス／アルシネテラン（配給）
- ガブリエル・アギヨン
- ファニー・アルダン、パトリック・ティムシット

昼間は優秀なビジネスマン、夜になるとゲイクラブではじけるペダル（ゲイ）という男を中心に展開する、奇妙な恋愛トライアングルを描く。

210 (P171)

星降る夜のリストランテ

- 1998年／イタリア、フランス／アルシネテラン（配給）
- エットレ・スコーラ
- ファニー・アルダン、マリー・ジラン

夫婦が営む普段着のイタリアンレストラン、アルトゥーロの店を舞台に、ここに集う人々の夢や希望、悩み、欲望、秘密を描く。

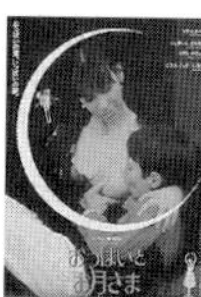

211 (P171)

おっぱいとお月さま

- 1994年／スペイン、フランス／アルシネテラン、シネマテン（配給）
- ビガス・ルナ
- ジェラール・ダルモン、マチルダ・メイ

弟が生まれ、母親のおっぱいを奪われた少年。新たなおっぱいとの出会いを月に祈ると、彼の街に魅力的な踊り子の夫婦がやって来る。

212 (P171)

エブリバディ・フェイマス！

- 2000年／ベルギー、フランス、オランダ／アルシネテラン（配給）
- ドミニク・デリュデレ
- ヨセ・デパウ、エヴァ・ヴァンデルフフト

歌手を夢見る娘を応援する不器用で冴えない父親が、ひょんなことから大物歌手を誘拐するはめになる。

213 (P172)

ツバル

- 1999年／ドイツ／アルシネテラン（配給）
- ファイト・ヘルマー
- ドニ・ラヴァン、チュルパン・ハマートヴァ

南太平洋に浮かぶ実在の島、ツバル。父親の残したツバルの地図を見てその島に憧れる女の子と、日頃から船長になることを夢見ていた少年はツバルへ旅立とうと決意する。

214 (P173)

氷海の伝説

- 2001年／カナダ／アルシネテラン（配給）
- ザカリアス・クヌク
- ナタール・ウンガラーック、シルヴィア・イヴァル

極北の地、イヌイットに先祖代々語り継がれてきたアタナグユアト（足の速い人）の伝説を基に、4世代にわたる村人の愛憎を描いた叙情的なドラマ。

215 (P174)

ポルノグラフィックな関係

- 1999年／ベルギー、フランス、ルクセンブルグ、スイス／アルシネテラン（配給）
- フレデリック・フォンテーヌ
- ナタリー・バイ、セルジ・ロペス

毎週木曜、募集広告で知り合った男と愛を交わす女。カフェとホテルでの時間だけが全てだった男女の関係は、ある日を境に新たな展開を迎える。

216 (P175)

エイゼンシュテイン

- 2000年／ドイツ、カナダ／ツイン、スローラーナー（配給）
- レニー・バートレット
- サイモン・マクバーニー、レイモンド・カウルサード

スターリンさえも支配出来なかったと言われる、異端の天才監督エイゼンシュテインの姿を、数々の逸話を織り混ぜながら描く。

217 (P176)

シックス・ストリング・サムライ

- 1998年／アメリカ／ポニーキャニオン（配給）、スローラーナー（配給協力）
- ランス・マンギア
- ジェフリー・ファルコン

核弾頭投下後の荒廃した世界。ギターと刀を振り回す者たちが最後の楽園ロスト・ベガスを目指していた。その1人、子連れ狼のバディは立ち塞がる刺客らと闘い、ついには暗黒サウンドを響かせる男、デスに闘いを挑む。

---

218 (P177)

SFホイップクリーム

- 2001年／日本／スローラーナー（配給）
- 瀬々敬久
- 武田真治、松重豊

地球に不法滞在している宇宙人に育てられた青年は、地球人でありがなら育ての親の星に強制送還されてしまう。その星で体験する不思議な出来事の数々…。青年は無事地球に帰ることができるのか。

---

219 (P177)

ホームシック

- 1999年／日本／スローラーナー（配給）
- 水戸ひねき
- 奥村公延、小野原亜希

車で1人旅をする老人は、恋人に置き去りにされた若い女に出会う。そんな2人は、大金を手に逃亡する中年女と、自殺未遂を繰り返す元刑事に遭遇する。皆で一夜を明かすうち、それぞれの身の上話を語り始める。

---

220 (P178)

ボンベイtoナゴヤ

- 1997年／インド／シネマスコーレ、スローラーナー（配給）
- チャンチャル・クマール
- アニル・バクシー、プリヤンカ

密輸摘発に務めるボンベイの警察官ビジャイ。ある日、ギャング団の罠が彼の両親に及んだことから、その復讐を誓ったビジャイは、恋人のダンサー、ソナとともにギャング団を追って日本・ナゴヤへ乗り込む。

---

221 (P179)

ヤマムラアニメーション図鑑

- 日本／ヤマムラアニメーション、スローラーナー（配給）
- 山村浩二

アカデミー賞にノミネートされた『頭山（2002年）』をはじめ、『キップリングJr.（1995年）』、『どっちにする？（1990年）』など、山村浩二が創造するアニメーション・ワールド全9作品。

---

222 (P180)

グループ魂のでんきまむし

- 1999年／日本／スローラーナー（配給）
- 藤田秀幸
- 阿部サダヲ、宮藤官九郎

破壊、暴動、バイト君の3人はコントトリオ、グループ魂を結成するが、一向に芽が出ない。その屈託をバイト君を虐待することで解消する破壊と暴動。やがてバイト君と決裂し、コンビで大成功を収める2人だったが…。

---

223 (P181)

洗濯機は俺にまかせろ

- 1999年／日本／ボノボ、スターポート（配給）、スローラーナー（配給協力）
- 篠原哲雄
- 筒井道隆、富田靖子

漫画家になることを夢見ながら、中古電気店で得意の洗濯機修理に励む青年と、先輩社員の男、そして出戻ってきた店の一人娘。それぞれに傷を抱えた彼らの人間模様を描く。

---

224 (P182)

のんきな姉さん

- 2002年／日本／スローラーナー（配給）
- 七里圭
- 梶原阿貴、塩田貞治

幼い頃に両親を亡くし、寄り添うように2人で生きてきた姉弟。弟は姉に、他では得られない安心感と愛情を抱いていた。ある時、妊娠が発覚した姉は、婚約者の男とともに家を出る決意をするが、その時、弟は…。

225 (P183)

不貞の季節
- 1999年／日本／Y・F・C、スローラーナー（配給）
- 廣木隆一
- 大杉漣、星遙子

取材と称しては自室に編集者やモデルの女を連れ込み、緊縛を繰り返していたSM作家。その現場を目撃した妻は、夫と夜の交渉を絶って外出するようになり、日増しに艶っぽくなっていくのだった。

226 (P184)

自転車でいこう
- 2003年／日本／モンタージュ（製作・配給）
- 杉本信昭
- リ・プーミョン

大阪に住む二十歳の知的障害者、プーミョンは福祉作業所の営業係。だが、仕事そっちのけで気の向くままに自転車で街を走り廻る。そんな彼が街の人々と繰り広げるガチンコ勝負の日々が、今日も過ぎていくのだった。

227 (P186)

海の夢、都会の虚
- 2004年／日本／カエルカフェ（製作・配給）
- 秋原正俊
- 剣幸、益子梨恵

東京に強い憧れを抱き、都内の大学に進学したユミカが、突然故郷、竹富島に戻ってくる。島の自然に囲まれて育った幼なじみのミチルは、ユミカの話す東京に疑問を抱く。

228 (P187)

母の居る場所　台風一過
- 2004年／日本／カエルカフェ（製作・配給）
- 秋原正俊
- 烏丸せつこ、黒田アーサー

沖縄を舞台に、再出発を胸に移住した母娘をはじめ3組の親子の揺れ動く関係性を、大型台風の襲来に重ねて描き出す。

229 (P188)

ホテル・ハイビスカス
- 2002年／日本／オフィス・シロウズ（企画）、シネカノン（配給）
- 中江裕司
- 蔵下穂波、余貴美子

父母、兄弟、おばぁの3世代が切り盛りする沖縄のユニークなホテルを舞台に、小学3年生の娘の成長を描く。

230 (P189)

白百合クラブ東京へ行く
- 2003年／日本／パナリ本舗、オフィス・シロウズ（配給）
- 中江裕司
- 白百合クラブ、ザ・ブーム

終戦の翌年、石垣島白保の若者が集まって結成された楽団、白百合クラブ。今も実在する平均年齢70歳、日本一の長寿バンドに迫ったドキュメンタリー。

231 (P190)

アンテナ
- 2002年／日本／オフィス・シロウズ（配給）、シネカノン（配給協力）
- 熊切和嘉
- 加瀬亮、小林明実

妹の失踪、歪んだ家族…大きなトラウマを抱えた青年が、S&Mの女王との出会いを通して、封印した記憶から解放されていく。

232 (P191)

水の女
- 2002年／日本／アーティストフィルム、日活（製作・配給）
- 杉森秀則
- UA、浅野忠信

父親と銭湯を営む女は自他共に認める雨女。ある雨の日、彼女は婚約者と父親を同時に失う。そんな時、彼女の前に現れた「火を見ていると落ち着く」という男。そして'水の女'と'火の男'の奇妙な共同生活が始まる。

233 (P191)

アザー・ファイナル
- 2002年／オランダ、日本／ロボット(配給)、アーティストフィルム(協力)
- ヨハン・クレイマー
- ブータンサッカーチーム、モントセラトサッカーチーム

2002年6月30日、サッカーW杯決勝戦当日に行われた最下位決定戦。そこで対戦した世界ランキング203位のモントセラトと同202位のブータン王国の試合を通し、サッカーに対するピュアな姿勢と情熱を描く。

234 (P191)

Departure(ディパーチャー)
- 2000年／日本／大風(製作・配給)
- 中川陽介
- 大塚朝之、平敷慶吾

那覇最後の夜を名残惜しむように集まった3人の青年。翌朝、1人はロンドンへ、1人は東京へ旅立つことが決まっているのだった。

235 (P192)

チョムスキー─9.11
- 2002年／日本／シグロ(製作・配給)
- ジャン・ユンカーマン
- ノーム・チョムスキー

アメリカにおけるもっとも重要なアメリカ批判者である言語学者、ノーム・チョムスキーの最新インタビューと活動記録をまとめたドキュメンタリー。

236 (P193)

ショアー
- 1985年／フランス／エース・ピクチャーズ、シグロ(配給)
- クロード・ランズマン
- シモン・スレブニク、ヘウムノの村人たち

強制収容所で奇跡的に生き延びたユダヤ人や加害者である元ナチスメンバー、収容所周辺の村人たちの証言だけで構成したドキュメンタリー。

237 (P193)

まひるのほし
- 1998年／日本／シグロ(製作・配給)
- 佐藤真
- 舛次崇、西尾繁

知的障害者と呼ばれる人たちのアート活動を通し、彼らの創作活動とそれを支えている暮らしの中から、芸術表現の根底に迫る。

238 (P194)

花子
- 2001年／日本／シグロ(製作・配給)
- 佐藤真
- 今村花子、今村知左

京都府の南端、大山崎町に暮らす今村花子は、夕食の残り物を素材に'たべものアート'を作る。花子と彼女を取り巻く家族の物語。

239 (P195)

議事堂を梱包する
- 1996年／フランス／シグロ(提供)、『議事堂を梱包する』上映委員会(配給)
- ヴォルフラム・ヒッセン、ヨルク・ダニエル・ヒッセン
- クリスト&ジャンヌ=クロード

世界中の建物や橋を梱包してきたアーティスト、クリストとジャンヌ=クロード。彼らが挑んだベルリンのライヒスターク(連邦議会議事堂)を梱包するプロジェクトの全様を収めたドキュメント。

240 (P196)

きょうのできごと
a day on the planet
- 2003年／日本／コムストック(配給)
- 行定勲
- 田中麗奈、妻夫木聡

友と別れ大学院に進学する青年。映画監督を目指す友人、同級生、恋人、後輩…。それぞれが色々な思いを抱えながら今日を生きている。何も起こらないどこにでもある日常がいかに豊かであるかを淡々と描き出す。

241 (P198)

がんばれ、リアム

- 2000年／イギリス／ザナドゥー（配給）
- スティーヴン・フリアーズ
- イアン・ハート、クレア・ハケット

1930年代、不況の波が押し寄せるリバプール。父親の働く造船所は閉鎖され、次第に家族の間にも亀裂が生じていく。そんな中、7歳の末っ子リアムが壊れそうな家族を懸命に支える。

242 (P198)

花

- 2002年／日本／ザナドゥー（配給）
- 西谷真一
- 大沢たかお、柄本明

動脈瘤で突然倒れ、いつ死ぬかわからない恐怖に怯えるサラリーマンの元に、初老の弁護士から東京・鹿児島間の運転手のアルバイトが持ち込まれる。それは弁護士が別れた妻とかつて新婚旅行で通った道だった。

243 (P198)

とらばいゆ

- 2001年／日本／ザナドゥー、アミューズピクチャーズ（配給）
- 大谷健太郎
- 瀬戸朝香、塚本晋也

女流棋士の姉妹には、それぞれサラリーマンの夫、売れないミュージシャンの恋人というパートナーがいる。愛か、仕事か…すれ違い、もつれる2組のカップルを描く。

244 (P199)

SUPER 8（スーパー8）

- 2001年／イタリア、ドイツ／ザナドゥー（配給）
- エミール・クストリッツァ
- エミール・クストリッツァ＆ノー・スモーキング・オーケストラ

独自のサウンドスタイル'ウンザ・ウンザ・ミュージック'を奏でる伝説のバルカン・バンド、ノー・スモーキング・オーケストラが、ヨーロッパを行脚する音楽ロード・ムービー。

245 (P200)

蛇イチゴ

- 2002年／日本／ザナドゥー（配給）
- 西川美和
- 宮迫博之、つみきみほ

正義感の強い妹といい加減な兄という対象的な兄妹を軸に、3世代が暮らす穏やかな家庭の崩壊と再生を描くホームドラマ。

246 (P201)

カクト

- 2002年／日本／ザナドゥー（配給）
- 伊勢谷友介
- 伊勢谷友介

単調な日々を刹那的に生きる主人公リョウの誕生日、それぞれに悩みを抱えた友人2人が偶然集まる。彼らは軽いノリからドラッグを調達に出掛けるが…。

247 (P201)

東京原発

- 2002年／日本／ザナドゥー（配給）
- 山川元
- 役所広司、段田安則

東京に原発を誘致するというカリスマ都知事の爆弾発言で、都庁は大パニック。一方、フランスから極秘に運ばれてきたプルトニウムが爆弾マニアの若者にジャックされ、時限爆弾を仕掛けられて都庁に向かっていた。

248 (P202)

ノンストップ・ガール

- 2000年／アメリカ／ザナドゥー（配給）
- リサ・クルーガー
- ヘザー・グラハム、ケイシー・アフレック

永遠の愛を信じる妻は、自分の居場所を求めて逃げ出した夫を追いかけ、アメリカ縦断2000マイルの旅に出る。

249 (P203)

チェイシング・エイミー

📽 1997年／アメリカ／アスミック・エース エンタテインメント、レントラック ジャパン、クロックワークス（提供）、エース ピクチャーズ（配給）
📹 ケヴィン・スミス
👤 ベン・アフレック、ジョーイ・ローレン・アダムズ

「愛し愛されたいだけ。幸せを純粋に求めているだけ」というちょっと大胆な漫画家の女の子と、「好きになった女の子は僕よりずっと経験豊富だった！」という不器用な漫画家の男の子のラブストーリー。

253 (P205)

最後の戦い

📽 1983年／フランス／アスミック（配給）
📹 リュック・ベッソン
👤 ピエール・ジョリヴェ、ジャン・レノ

あらゆる文明が破壊された近未来、わずかに生き残った人々が生死をかけて争っていた。独裁者に攻め込まれた若い男は、逃亡先の見知らぬ土地で、密かに女を匿う医者に出会うが、そこに凶暴な男が現れる。

250 (P204)

ドッグタウン・アンド・ズィー・ボーイズ

📽 2001年／アメリカ／アスミック・エース エンタテインメント（提供）、東北新社（配給）
📹 ステイシー・ペラルタ
👤 ゼファー・スケーティング・チーム、ヘンリー・ロリンズ

'70年代、アメリカ西海岸サンタモニカ、通称DOG TOWNを舞台に、スケートボードで革命を起こし、彼らのスタイルこそがユース・カルチャーの起源となった伝説の集団、Z-BOYSを追ったドキュメンタリー。

254 (P205)

ビッグ・リボウスキ

📽 1998年／アメリカ／アスミック・エース エンタテインメント（提供）、アスミック（配給）
📹 ジョエル・コーエン
👤 ジェフ・ブリッジス、ジョン・グッドマン

同姓同名の大金持ちに間違われた無職の男、ジェフ・リボウスキ。彼はボウリング仲間とともに大金をせしめようと、リボウスキ邸に乗り込むが、思いもよらぬ事件に巻き込まれていく。

251 (P205)

シティ・オブ・ゴッド

📽 2002年／ブラジル／アスミック・エース エンタテインメント、カルチュアパブリッシャーズ（提供）、アスミック・エース（配給）
📹 フェルナンド・メイレレス
👤 アレシャンドレ・ロドリゲス、レアンドロ・フィルミノ・ダオラ

ブラジル、リオデジャネイロのスラム街。暴力とドラッグと狂乱の中で育った幼馴染の2人の少年は、やがてギャング団の抗争の渦中に巻き込まれていく。

255 (P206)

アイ・ショット・アンディ・ウォーホル

📽 1995年／アメリカ／エース ピクチャーズ（配給）
📹 メアリー・ハロン
👤 リリ・テイラー、ジャレット・ハリス

ポップアートの巨匠、アンディ・ウォーホルを銃撃したヴァレリー・ソラナスは、ウォーホルのスタジオ'ファクトリー'に出入りしていた女だった。事件の深層に迫るとともに、ウォーホルの人間的な側面を描き出す。

252 (P205)

楽園をください

📽 1999年／アメリカ／日本ビクター、アスミック・エース エンタテインメント、角川書店（提供）、アスミック・エース、日本ビクター（配給）
📹 アン・リー
👤 トビー・マグワイア、スキート・ウーリッチ

アメリカ史上、唯一国土が戦場と化した、南北戦争。時同じくして、カンザスとミズーリ州境で、隣人同士による残虐な殺し合いが繰り広げられていた。この時代に青春を生きた、過激で切ない若者たちの姿を描く。

256 (P206)

ロンドン・ドッグス

📽 1999年／イギリス／アスミック・エース エンタテインメント、レントラック ジャパン、ザナドゥー、角川書店（提供）、ザナドゥー、アスミック・エース（配給）
📹 ドミニク・アンシアーノ、レイ・バーディス
👤 ジュード・ロウ、ジョニー・リー・ミラー

ギャングスターに憧れる青年は、ある時、知人を通じ、ロンドンーのギャングに仲間入りする。イカす悪党になるはずが、彼らは凶悪な仕事よりもカラオケが好きだった。そんな折、青年はギャング団の抗争に火をつける。

257 (P206)

グリッドロック

- 1996年／アメリカ／アスミック（配給）
- ヴォンディ・カーティス・ホール
- ティム・ロス、トゥパック・シャクール

親友同士のストレッチとスプーンは、わずかなドラッグを手に入れるためにいつも面倒を起こしていた。女友達がドラッグの過剰摂取で意識を失い、自分たちの無力さを知った時、まともな生活を志す2人だったが…。

261 (P207)

クレイドル・ウィル・ロック

- 1999年／アメリカ／アスミック・エース エンタテインメント、角川書店（提供）、アスミック・エース（配給）
- ティム・ロビンス
- ジョン・キューザック、スーザン・サランドン

1937年大恐慌のニューヨークで、22歳のオーソン・ウェルズは、ミュージカル「クレイドル・ウィル・ロック」を企画する。政財界をも巻き込んで上演準備は進み、ついにブロードウェイで奇跡の一夜が幕を開ける。

258 (P206)

オフィスキラー

- 1997年／アメリカ／アスミック・エース エンタテインメント、ポニー・キャニオン（提供）、エース ピクチャーズ（配給）
- シンディ・シャーマン
- キャロル・ケイン、モリー・リングウォルド

出版社に勤める冴えないOLは、リストラを余儀なくされたことを機に、今まで内に潜んでいた殺人願望を現実のものにしていく。

262 (P207)

アパートメント

- 1995年／フランス、イタリア、スペイン／フジテレビジョン、エース ピクチャーズ（提供）、エース ピクチャーズ（配給）
- ジル・ミモーニ
- ロマーヌ・ボーランジェ、ヴァンサン・カッセル

商社マンとして成功し婚約者もいるマックスは、ある日、かつて別れた恋人リザの声を耳にする。彼女の影を追ううち、とあるアパートメントに辿り着いた彼はそこでリザの親友、アリスと運命的に出会う。

259 (P207)

ウェルカム・トゥ・サラエボ

- 1997年／イギリス／アスミック・エース エンタテインメント（提供）、アスミック（配給）
- マイケル・ウィンターボトム
- スティーブン・ディレーン、ウディ・ハレルソン

イギリス人ジャーナリスト、マイケルは、砲弾が飛び交うサラエボで子供たちを避難させるよう訴えるフィルムを撮り続ける。そんな時、孤児エミラに出会った彼は、彼女をこの国から脱出させ、養女として迎え入れる。

263 (P208)

イヤー・オブ・ザ・ホース

- 1997年／アメリカ／アスミック・エース エンタテインメント（提供）、アスミック（配給）
- ジム・ジャームッシュ
- ニール・ヤング＆クレイジー・ホース

ニール・ヤングと、彼と熱い絆で結ばれたクレイジー・ホースの30年間にわたる軌跡をコンサートツアー映像をはじめ、ヤングの父親へのインタビュー、初代メンバーの死についての証言などで綴る。

260 (P207)

カノン

- 1998年／フランス／アスミック・エース（配給）
- ギャスパー・ノエ
- フィリップ・ナオン、ブランダン・ルノワール

馬の肉を売る男と口を聞かない娘の奇妙な関係とその愛のかたちを描いた前作『カルネ』に続く本作では、ふたりの誕生とその後を描く。

264 (P209)

モハメド・アリ かけがえのない日々

- 1996年／アメリカ／アスミック（配給）
- レオン・ギャスト
- モハメド・アリ、ジョージ・フォアマン

'蝶のように舞い、蜂のように刺す' と形容された伝説のボクサー、モハメド・アリ。後に 'キンシャサの奇跡' と呼ばれた、1974年のタイトルマッチ戦を追ったドキュメンタリー。

265 (P210)

蝶の舌

- 1999年／スペイン／アスミック・エース エンタテインメント、日本テレビ放送網、角川書店（提供）、アスミック・エース（配給）
- ホセ・ルイス・クエルダ
- フェルナンド・フェルナン・ゴメス、マヌエル・ロサノ

喘息持ちで遅れて小学校にあがった少年は、1人の老教師と出会う。大自然の中、少年は様々なことを学び、成長していく。しかし、時代はスペイン内戦前夜。激動の時代の中で、少年はある決断を迫られる。

266 (P210)

八日目

- 1996年／ベルギー、フランス／アスミック（配給）
- ジャコ・ヴァン・ドルマル
- ダニエル・オートゥイユ、パスカル・デュケンヌ

仕事一筋で、妻と娘に出て行かれた男は、施設から抜け出してきたというダウン症の青年に出会う。家族を無くした2人は、次第に心を通わせていく。

267 (P211)

ゴーストワールド

- 2001年／アメリカ／アスミック・エース、角川書店（提供）、アスミック・エース（配給）
- テリー・ツワイゴフ
- ソーラ・バーチ、スカーレット・ヨハンスン

全米でティーンエイジャーに人気のダニエル・クロウズの新感覚コミックを映画化。親友同士である2人の女の子の日常を通し、思春期独自の世界観や近づいてくる大人の世界へ戸惑いなどを等身大で綴った青春ムービー。

268 (P211)

アダプテーション

- 2002年／アメリカ／アスミック・エース（配給）
- スパイク・ジョーンズ
- ニコラス・ケイジ、メリル・ストリープ

前作で大成功を収めた脚本家は、ある著書の脚色を依頼されるが上手く書けない。一方、脚本家の卵である双子の弟の脚本は意外にも傑作の呼び声。焦った兄は、脚本に自らを登場させようと著者に会いに行く。

269 (P211)

夏至

- 2000年／フランス、ヴェトナム／日本ビクター、アスミック・エース エンタテインメント、角川書店（提供）、アスミック・エース、日本ビクター（配給）
- トラン・アン・ユン
- トラン・ヌー・イエン・ケー、グエン・ニュー・クイン

幼い息子を持つ長女、妊娠中の次女、学生の三女。母親の命日に集まった3姉妹は、理想的で貞節に映った両親にも秘密があったことを知る。それは、彼女たちがそれぞれ抱える秘め事に重なるのだった。

270 (P212)

バーバー

- 2001年／アメリカ／アスミック・エース、角川書店（提供）、アスミック・エース（配給）
- ジョエル・コーエン
- ビリー・ボブ・ソーントン、フランシス・マクドーマンド

義兄の経営する床屋で働く男は、店にやって来たセールスマンからクリーニング店開業の話を持ちかけられる。人生が変わるかもしれないと考えた男は、妻の不倫相手を恐喝し、開店資金を作ろうとする。

271 (P213)

ファーゴ

- 1996年／アメリカ／アスミック、シネゼゾン、テレビ東京（提供）、アスミック、シネゼゾン（配給）
- ジョエル・コーエン
- フランシス・マクドーマンド、ウィリアム・H・メイシー

多額の借金に困った男は、自分の妻を偽装誘拐し、業界の大物である義父から身代金を騙し取ろうと企てる。実行を前科者2人組に依頼するが、彼らは警官と目撃者を撃ち殺し、殺人事件に発展させてしまう。

272 (P214)

テルミン

- 1993年／アメリカ／アスミック・エース（配給）
- スティーヴン・M・マーティン
- レオン・テルミン、クララ・ロックモア

シンセサイザーの前身である世界初の電子楽器を発明したロシアの科学者、レオン・テルミン。発明家であり、音楽家であり、そして高度な科学技術を持つテルミン博士の数奇な運命と恋を描く。

273 (P214)

恋の骨折り損

- 1999年／イギリス、アメリカ／アスミック・エース エンタテインメント、角川書店（提供）、アスミック・エース（配給）
- ケネス・ブラナー
- ケネス・ブラナー、アリシア・シルヴァーストン

ナヴァール王国の若きプリンスは、学問に勤しむため学友3人と女人禁制の誓いをたてる。そこへフランスのプリンセスがお付きの美女3人と共に王国へやって来る。誓いは何処へやら、男女8人のラブゲームが始まる。

274 (P215)

200本のたばこ

- 1998年／アメリカ／アスミック・エース（提供）、アスミック（配給）
- リサ・ブラモン・ガルシア
- ベン・アフレック、ケイシー・アフレック

ニュー・イヤーズ・イヴのニューヨーク、ある年越しパーティに向かう若者たち。新たな出会いを求めて付き合い出す者、その一方で別れる者…十人十色の大晦日を描いた青春ラブストーリー。

275 (P216)

ジョゼと虎と魚たち

- 2003年／日本／アスミック・エース エンタテインメント、IMJエンタテインメント、関西テレビ、エス・エス・エム、博報堂（提供）、アスミック・エース（配給）
- 犬童一心
- 妻夫木聡、池脇千鶴

ある日、坂道を走る乳母車に遭遇した大学生の恒夫。中には足の不自由な女の子、ジョゼが乗っていた。恒夫は次第に、この不思議な性格のジョゼに惹かれていく。

276 (P217)

女と女と井戸の中

- 1997年／オーストラリア／アスミック（配給）
- サマンサ・ラング
- ミランダ・オットー、パメラ・レイブ

オールドミスのヘスターと若い家政婦キャスリン。ヘスターが父の遺産を相続すると、2人は気ままな共同生活を始める。ある日、キャスリンが誤って男を轢いてしまう。ヘスターは男を庭の井戸に捨てるが…。

277 (P218)

フィフティ★フォー

- 1998年／アメリカ／アスミック・エース エンタテインメント、テレビ東京、WOWOW、角川書店（提供）、アスミック（配給）
- マーク・クリストファー
- ライアン・フィリップ、ネーヴ・キャンベル

1977年、ニューヨークに誕生し、時代の情報発信源となった伝説のディスコ、スタジオ54。この憧れの場所に足を踏み入れた青年が周囲に翻弄され、刺激を受けながら成長していく様を描く。

278 (P218)

トレインスポッティング

- 1996年／イギリス／アスミック、パルコ（配給）
- ダニー・ボイル
- ユアン・マクレガー、ユエン・ブレンナー

スコットランド、エディンバラ。レントンと仲間たちは、ハイになってるかドラッグを買うために盗みをしているかという毎日を送っていた。ドラッグで結ばれた彼らの危うい友情は、やがて崩壊の運命を辿る。

279 (P219)

ミミ

- 1996年／フランス／アスミック・エース（提供）、エース ピクチャーズ（配給）
- ルシール・アザリロヴィック
- サンドラ・サマラティーノ、マイケル・トリロット

童話'赤ずきんちゃん'をモチーフに、夢とも現実ともつかない閉鎖的なパリの裏側に迷い込んだ少女ミミが、大人の世界を覗き、おぞましい体験を強いられる現代版おとぎ話。

280 (P220)

王様の漢方

- 2002年／日本、中国／アスミック・エース、エデン（配給）
- ニュウ・ポ
- チュウ・シュイ、渡辺篤史

北京で名漢方医と出会い、長年の持病が治った日本人ビジネスマン。彼は一儲けしようと'漢方ツアー'を企画し、心身に悩みを抱える日本人たちと共に、再び万里の長城の麓に住む名漢方医を訪ねる。

281 (P221)

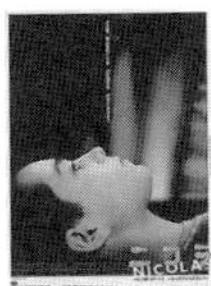

ニコラ

- 1998年／フランス／シネマパリジャン（配給）
- クロード・ミレール
- クレモン・ヴァン・デン・ベルグ、ロックマン・ナルカカン

父親から過度な愛情を注がれるナイーブな少年、ニコラ。彼と同じ年頃の少年が死体で発見されるショッキングな事件を機に、ニコラの頭の中には恐ろしいイメージばかりが付きまとうようになる。

282 (P221)

クリクリのいた夏

- 1999年／フランス／シネマパリジャン（配給）
- ジャン・ベッケル
- シュザンヌ・フロン、ジャック・ヴィユレ

1930年、フランスのある沼地の湖畔。自生する花や沼で捕ったエスカルゴを町で売って自給自足の生活を送る、浮世離れした一家の姿を、少女クリクリを中心に描く。

283 (P221)

夢だと云って

- 1998年／フランス／シネマパリジャン（配給）
- クロード・ムリエラス
- ミリュエル・メイエット、フレデリック・ピエロ

フランスの田舎町で、ハンデを持つ19歳の男の子ジュリアンを守りながら陽気に生活する一家。ある時、祖母がこの家族に隠された重大な秘密を打ち明ける。

284 (P221)

再見〜ツァイツェン また逢う日まで

- 2001年／中国／シネマパリジャン、徳間書店（配給）
- ユイ・チョン
- ジジ・リョン、ツイ・ジェン

貧しいながらも幸せに暮らしていた一家だったが、両親の不慮の事故により、その幼い兄弟姉妹は離れ離れの生活を余儀なくされる。別れの日に約束した'ツァイツェン'を胸に、20年後、兄弟姉妹は再会を試みる。

285 (P222)

チェルシーホテル

- 2001年／アメリカ／シネマパリジャン、メディア・スーツ（配給）
- イーサン・ホーク
- ユマ・サーマン、ロバート・ショーン・レナード

多くのアーティストが滞在した伝説のホテル、チェルシーを舞台に、愛情を求めても与える術を知らない芸術家たちの苦渋や葛藤を描く。

286 (P223)

奥サマは魔女

- 1997年／フランス／シネマパリジャン（配給）
- ルネ・マンゾール
- ヴァネッサ・パラディ、ジャン・レノ

魔界で唯一、魔法で子供を作ることができるモーガン。生後11ヶ月の息子を人間として育てるため、人間界で代理パパを探そうと躍起になる。一方、魔王モロクも、彼を悪の後継者にしようと魔の手を延ばす。

287 (P224)

マドモワゼル

- 2001年／フランス／シネマパリジャン（配給）
- フィリップ・リオレ
- サンドリーヌ・ボネール、ジャック・ガンブラン

順調にキャリアを築き、夫と子供たちと幸せな生活を送っていた女と、劇団の俳優として公演旅行をする気ままな日々に満足していた男が偶然の悪戯で出会う。強く惹かれ合う2人は人生の新たな可能性を模索するが…。

288 (P224)

リード・マイ・リップス

- 2001年／フランス／シネマパリジャン（配給）
- ジャック・オディアール
- ヴァンサン・カッセル、エマニュエル・ドゥヴォス

難聴というハンデを抱えながら働く女の前に、ワイルドな魅力を持った男が現れる。次第に彼に惹かれる女の一方で、男は彼女の持つ'読唇術'を利用して闇の組織から大金を巻き上げることを企てる。

289 (P224)

レセ・パセ　自由への通行許可証

- 2002年／フランス／シネマパリジャン（配給）
- ベルトラン・タヴェルニエ
- ジャック・ガンブラン、ドゥニ・ポダリデス

1942年ナチス占領下のパリ。後にフランス映画史上の名作を数々生み出したドイツ資本の映画会社、コンティナンタルの真実を描くとともに、レジスタンス活動に身を投じた助監督と自分流を貫いた脚本家の姿に迫る。

290 (P225)

パーティ・モンスター

- 2003年／アメリカ／シネマパリジャン（配給）
- フェントン・ベイリー、ランディ・バルバート
- マコーレー・カルキン、クロエ・セヴィニー

1990年初頭のニューヨーク、クラブシーンの隆盛期、奇抜なアイディアで数々のパーティをプロデュースし、カリスマ的存在だったマイケル・アリグが、人生の絶頂からどん底に転落する様を描く。

291 (P226)

ぼくの妻はシャルロット・ゲンズブール

- 2001年／フランス／アルシネテラン、シネマパリジャン（配給）
- イヴァン・アタル
- シャルロット・ゲンズブール、イヴァン・アタル

人気女優、シャルロット・ゲンズブールを妻に持ってしまった男、イヴァン・アタルの困惑や苦悩を軽妙に描く。

292 (P228)

ウィンタースリーパー

- 1997年／ドイツ／N.S.W.（配給）
- トム・ティクヴァ
- フロリアン・ダニエル、ハイノ・フェルヒ

雪深い山村で暮らすローラとレベッカ。ある時、レベッカのボーイフレンドの車を記憶障害を持つルネが盗み、山道で事故を起こしてしまう。

293 (P228)

スタン・ザ・フラッシャー

- 1989年／フランス／N.S.W.（配給）
- セルジュ・ゲンスブール
- クロード・ベリ、オーロール・クレマン

生活のため、近所の子供たちに自宅で英語を教える売れない映画脚本家スタン。妻との関係もすでに冷え切っている彼は、教え子の美しい少女に抑えきれない性的欲望を抱く。

294 (P229)

カレル・ゼマン レトロスペクティヴ

- チェコスロバキア／N.S.W.、ケイブルホーグ（配給）
- カレル・ゼマン

人形アニメ大国チェコで、先駆的存在であるカレル・ゼマン。彼の代表作『水玉の幻想（1948年）』、『前世紀探検（1955年）』、『盗まれた飛行機（1966年）』を始め、初期から晩年にわたる13作品。

295 (P230)

モード・イン・フランス

- 1985年／フランス／N.S.W.（配給）
- ウィリアム・クライン
- ジャン＝ポール・ゴルチエ、アニエス・ベー

80年代のパリを舞台に、ファッション産業に支えられたフランスと、スターデザイナーに群がるファッション・ヴィクティム（中毒者）たちを、アートとモードを巻き込み描き出す、シネマの中のパリコレクション。

296 (P230)

モデルカップル

- 1976年／フランス／N.S.W.（配給）
- ウィリアム・クライン
- アネモーネ、アンドレ・デュソリエ

未来都市の実験用モルモットとして選ばれた、典型的なフランス人カップル。すっかり人気者になったふたりだが、寝食からセックスに至るまで24時間テレビで実況中継される生活に、次第に追い詰められていく。

297 (P230)

ワンダーウォール
- 1968年／イギリス／N.S.W.（配給）
- ジョー・マソット
- ジェーン・バーキン、ジャック・マッゴーラン

研究一筋で純情、初老で独身の教授は、ある日、部屋の壁に開いた穴を発見し、隣室に美しいモデルの女の子が住んでいることを知る。教授は日々、穴から隣室を観察し、彼女との結婚までも夢見るようになる。

298 (P230)

太陽の下の18才／狂ったバカンス
- 1962年／イタリア／N.S.W.（配給）
- カミロ・マストロチンクエ、ルチアノ・サルチエ
- カトリーヌ・スパーク

ナポリにほど近い島を舞台に、バカンスにやって来た青年たちの恋愛劇を描いた青春映画『太陽の下の18歳』。ブルジョワの中年男が若者たちに利用される、青春の残酷さを描いた『狂ったバカンス』の2作品。

299 (P231)

砂丘
- 1970年／アメリカ／N.S.W.（配給）
- ミケランジェロ・アントニオーニ
- マーク・フレチェット、ダリア・ハルプリン

不毛の地で出会った男女が'死の谷（ザブリスキー・ポイント）'への逃避行を試みるロード・ムービー。

300 (P232)

キリクと魔女
- 1998年／フランス／アルバトロス・フィルム(配給)
- ミッシェル・オスロ

キリクが生まれたアフリカの村は、魔女カラバに恐ろしい呪いをかけられ、瀕死の状態だった。「どうしてカラバは意地悪なの？」―小さなキリクはその答えを求めて魔女に立ち向かう。

301 (P234)

バティニョールおじさん
- 2002年／フランス／アルバトロス・フィルム(配給)
- ジェラール・ジュニョ
- ジェラール・ジュニョ、ジュール・シトリュック

ナチス占領下のパリ、肉屋を営むごく普通の男、バティニョールは、図らずも隣人のユダヤ人一家の検挙に手を貸してしまう。しかしその後、運良く戻ってきた少年と出会い、スイスへの逃亡を手助けする。

302 (P234)

クリビアにおまかせ！
- 2002年／オランダ／アルバトロス・フィルム(配給)
- ピーター・クラマー
- ルス・ルカ、パウル・Rコーイ

'60年代後半、オランダでヒットした連続テレビドラマを映画化。ナース・クリビアが営む診療所、クリビア・ホームを舞台に、意地悪な隣人ボーデフォルとの対決などを描いたご近所ミュージカル。

303 (P234)

えびボクサー
- 2002年／イギリス／アルバトロス・フィルム(配給)
- マーク・ロック
- ケヴィン・マクナリー、ペリー・フィッツパトリック

元ボクサーで、現在は場末のパブオーナーの男は、今の自分を変えたいと巨大エビとの異種格闘技戦を思い付く。

304 (P235)

ぼくは怖くない
- 2003年／イタリア／アルバトロス・フィルム(配給)
- ガブリエーレ・サルヴァトーレス
- ジュゼッペ・クリスティアーノ、マッチア・ディ・ピエッロ

南イタリアの小さな村で暮らす少年は、ある日、廃屋の穴の中で鎖に繋がれた男の子を発見する。誰にも言えず秘密を抱え込む少年だが、やがてこの一件は村中を巻き込む思わぬ事態へ発展していく。

305 (P235)

郵便屋

- 1995年／イタリア／アルバトロス・フィルム(配給)
- ティント・ブラス、チンツィア・ロッカフォルテ
- チンツィア・ロッカフォルテ、クリスティーナ・リナルディ

エロスの巨匠ティント・ブラス監督の元に日々届く、世界中の女性たちからの赤裸々な性体験を綴った手紙やビデオ。これらを元に映像化した官能オムニバス作品。

306 (P236)

セクレタリー

- 2002年／アメリカ／ギャガ・コミュニケーションズGシネマグループ(配給)
- スティーブン・シャインバーグ
- マギー・ギレンホール、ジェームズ・スペイダー

男性経験ゼロ、自傷癖アリの内向的な女性が、ある弁護士秘書として就職する。弁護士の一風変わった秘書教育によって、彼女は女性として目覚め、やがて弁護士に思いを寄せるようになる。

307 (P238)

ギター弾きの恋

- 1999年／アメリカ／ギャガ・コミュニケーションズGシネマグループ (配給)
- ウディ・アレン
- ショーン・ペン、サマンサ・モートン

音楽的才能は持ちながら、私生活では不埒で自堕落な日々を送るジプシージャズ・ギタリストの男。ある時、出会った口の聞けない純真な女と恋に落ちるが、彼は彼女を捨て、上流階級出の女と衝動的に結婚してしまう。

308 (P239)

シャンプー台のむこうに

- 2000年／イギリス／ギャガ・コミュニケーションズGシネマグループ (配給)
- パディ・ブレスナック
- ジョシュ・ハートネット、レイチェル・リー・クック

かつて全英一の美容師だった父と母は長い間、絶縁状態。ある日、息子は3人1組で出場する地元のヘアドレッサー選手権を知る。

309 (P239)

トーク・トゥ・ハー

- 2002年／スペイン／ギャガ・コミュニケーションズGシネマグループ(配給)
- ペドロ・アルモドバル
- レオノール・ワトリング、ハビエル・カマラ

昏睡状態となり眠り続けるバレリーナと女闘牛士、そして彼女たちの目覚めを待つそれぞれのパートナー。ある事件をきっかけに4人の運命が大きく動き出す。

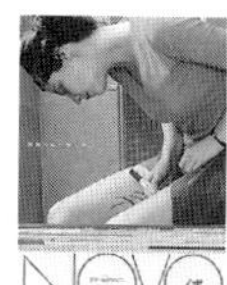

310 (P239)

ノボ

- 2002年／フランス／ギャガ・コミュニケーションズGシネマグループ(配給)
- ジャン=ピエール・リモザン
- アナ・ムグラリス、エドゥアルド・ノリエガ

5分で記憶を無くしてしまう男に恋をした女。自分を記憶して欲しいと願う彼女は、彼と自分の体に痕跡を残すことで、2人の関係を保とうとする。やがて男の記憶が戻り、彼の過去の秘密が明らかになっていく。

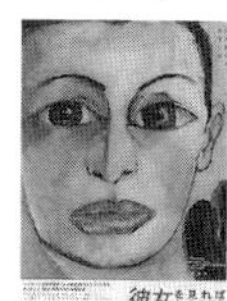

311 (P240)

彼女を見ればわかること

- 1999年／アメリカ／ギャガ・コミュニケーションズGシネマグループ(配給)
- ロドリゴ・ガルシア
- キャメロン・ディアス、キャリスタ・フロックハート

老母を介護する女医、死の病に侵された恋人と暮らす占い師など、いずれも独身で男性に頼らず生きる5人の女性たち。ふとしたきっかけで立ち止まった彼女たちは、本当の愛を求める自らの気持ちに気づく。

312 (P240)

オール・アバウト・マイ・マザー

- 1999年／スペイン／ギャガ・コミュニケーションズ、東京テアトル(配給)
- ペドロ・アルモドバル
- セシリア・ロス、マリサ・パレデス

17年前に別れた夫について、初めて息子から問われた母は、全てを話そうと覚悟を決めるが、その矢先、息子を事故で失う。息子の父への想いを伝えるため、彼女は行方不明の夫を探す旅に出る。

313 (P240)

姉のいた夏、いない夏。
- 2000年／アメリカ／ギャガ・コミュニケーションズGシネマグループ（配給）
- アダム・ブルックス
- キャメロン・ディアス、ジョーダナ・ブリュースター

姉の突然の死の真相を求め、その足跡を辿るべく夏のヨーロッパを横断する妹。旅を続けるうち、姉の人生に秘められた衝撃的な真実が明らかになっていく。

314 (P240)

エデンより彼方に
- 2002年／アメリカ／ギャガ・コミュニケーションズGシネマグループ（配給）
- トッド・ヘインズ
- ジュリアン・ムーア、デニス・クエイド

夫と子供たちに囲まれ、女性としても常に美しい彼女は、ブルジョワ家庭の理想の主婦として周囲の羨望を集めていた。ところがある日、夫の忌まわしい秘密が露呈し、彼女の人生は一転する。

315 (P241)

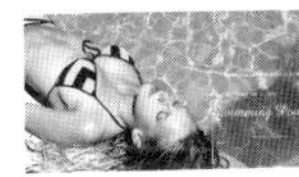

スイミング・プール
- 2003年／フランス／ギャガ・コミュニケーションズGシネマグループ（配給）
- フランソワ・オゾン
- シャーロット・ランプリング、リュディヴィーヌ・サニエ

南仏プロヴァンスの高級リゾート地を舞台に、イギリスの女流ミステリー作家が若く奔放な女に出会ったことから巻き起こるミステリー。

316 (P242)

ドッグヴィル
- 2003年／デンマーク／ギャガ・コミュニケーションズGシネマグループ（配給）
- ラース・フォン・トリアー
- ニコール・キッドマン、ポール・ベタニー

ロッキー山脈の平和な村、ドッグヴィルに、ギャングに追われた謎の女が逃げ込んでくる。この村に滞在することになった女は次第に周囲の信頼を得ていくが、ある出来事をきっかけに村人たちの態度は一変する。

317 (P244)

恋はハッケヨイ！
- 1999年／イギリス／ギャガ・コミュニケーションズGシネマグループ（配給）
- イモジェン・キンメル
- シャーロット・ブリテン、リー・ロス

夫の失業が発覚し、缶詰工場で働き始めた妻。だが彼女の素質に目を付けた工場長は、彼女を秘密の'SUMO組織'に案内する。

318 (P245)

サンダーパンツ！
- 2002年／イギリス／ギャガ・コミュニケーションズGシネマグループ（配給）
- ピーター・ヒューイット
- ルパート・グリント、ブルース・クック

信じられないほどたくさんのオナラが出る少年、パトリック。同級生の発明家アランは、パトリックのオナラで空を飛ぶ'サンダーパンツ'を発明するが、NASAがこれに目を付けて…。

319 (P245)

マンボ！　マンボ！　マンボ！
- 2000年／イギリス／ギャガ・コミュニケーションズGシネマグループ（配給）
- ジョン・フォルト
- ケリー・ラッセル、ウイリアム・アッシュ

サッカー部補欠の冴えない少年は、ふとしたきっかけで向かったマンボ教室で、名士の娘に恋をする。少年に冷たい娘だったが、ひょんなことから2人はパートナーとしてダンス大会を目指すことになる。

320 (P245)

アシッド ハウス
- 1998年／イギリス／ギャガ・コミュニケーションズ（配給）
- ポール・マクギガン
- ユエン・ブレンナー、ケビン・マクキッド

どうしようもない少年の1日をブラックコメディー仕立てにした第1章、周囲の人間にあまりに簡単に操られるカモの男を描いた第2章、結婚と赤ん坊、薬物乱用を題材にした第3章から成るオムニバス。

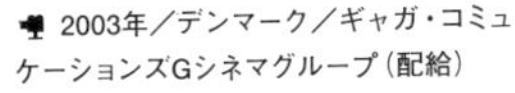

321 (P245) ショート6 シネクイント・ショート・フィルムズVol.1

- ギャガ・コミュニケーションズKシネマグループ（配給）

ヒップホップ・アニメーション『ウエイブ・ツイスター（2001年アメリカ）』、デヴィッド・クローネンバーグが監督・脚本をこなした『カメラ（2000年カナダ）』など、各国から集められた短編6本。

322 (P246) しあわせな孤独

- 2002年／デンマーク／ギャガ・コミュニケーションズGシネマグループ（配給）
- スザンネ・ビエール
- ソニア・リクター、マッツ・ミケルセン

結婚前の幸せなカップルを襲った不意な交通事故によって、彼は全身不随になってしまう。心を閉ざしてしまう彼と向き合うことに疲れた彼女は、医師であり加害者の夫である男に心を寄せるようになる。

323 (P246) 寵愛

- 2000年／韓国／ギャガ・コミュニケーションズKシネマグループ（配給）
- ヨ・キュンドン
- イ・ジヒョン、オ・ジホ

インタビューを通じて知り合ったヌードモデルの女と小説家の男。彼女は他の男のもとへ行ってはふらりと男の部屋へ戻って来る。ある日、傷だらけの体で戻って来た彼女を見て、男はある決意する。

324 (P246) 永遠のマリア・カラス

- 2002年／イタリア、フランス、イギリス、ルーマニア、スペイン／ギャガ・コミュニケーションズGシネマグループ（配給）
- フランコ・ゼフィレッリ
- ファニー・アルダン、ジェレミー・アイアンズ

声を失い、愛する人も亡くし、パリで失意のどん底にいた歌姫マリア・カラス。「カルメン」の映画化を機に復活を決意した彼女は、過酷な稽古や再起への不安を乗り越え、生きる情熱とプライドを取り戻していく。

325 (P247) ファイナルカット

- 1999年／イギリス／ギャガ・コミュニケーションズ（配給）
- ドミニク・アンシアーノ、レイ・バーディス
- ジュード・ロウ、サディ・フロスト

イギリスの人気俳優、ジュード・ロウが謎の死を遂げ、告別式では彼が生前撮った映像が公開された。そこに映し出されたのは友人知人らの隠された姿だった。

326 (P247) ブルークラッシュ

- 2002年／アメリカ／ギャガ・コミュニケーションズGシネマグループ（配給）
- ジョン・ストックウェル
- ケイト・ボスワース、ミシェル・ロドリゲス

天才サーファーと呼ばれて久しい彼女は、ある事故をきっかけにスランプに陥っていた。だが、以前の自分を取り戻そうと、サーフィン大会の最高峰に出場することを決意をする。

327 (P248) 24アワー・パーティ・ピープル

- 2002年／イギリス／ギャガ・コミュニケーションズKシネマグループ（配給）
- マイケル・ウィンターボトム
- スティーブ・クーガン、アンディ・サーキス

世界のミュージックシーンに多大な影響を与えたマンチェスター・ムーヴメントの火付け役、インディーズレコード会社ファクトリーと、同レコード会社が創った伝説のクラブ、ハシエンダ。その軌跡を称える青春映画。

328 (P248) ホギララ

- 2001年／日本／ギャガ・コミュニケーションズKシネマグループ（配給）
- 雑賀俊郎
- 松尾光次、緒川たまき

2034年、街は放射能汚染で荒廃し、子供たちは病み汚染されていた。そんな中、最後の望みを託し、自分の息子をドラム缶に乗せ、海に放つ父母。やがて少年は子供たちによって運営される島、ホギララに漂着する。

329 (P248)

ロルカ、暗殺の丘

- 1997年／スペイン、アメリカ／ギャガ・コミュニケーションズ（配給）
- マルコス・スリナガ
- アンディ・ガルシア、イーサイ・モラレス

20世紀のスペインを代表する偉大な詩人、ロルカ。38歳の若さで暗殺され、スペイン内紛の悲劇の象徴とされたロルカの謎の死の真相に、史実とフィクションを絶妙に織り交ぜて迫るミステリー。

---

330 (P248)

黒いオルフェ

- 1959年／フランス、ブラジル／ギャガ・コミュニケーションズ（配給）
- マルセル・カミュ
- ブレノ・メロ、マルペッサ・ドーン

ギリシャ神話で語り継がれたオルフェとユリディスの死を超えた愛の伝説を基に、ブラジル・リオのカーニバルを舞台にした男女の恋の悲劇を描く。

---

331 (P249)

キャラバン

- 1999年／フランス、ネパール、イギリス、スイス／ギャガ・コミュニケーションズGシネマグループ（配給）
- エリック・ヴァリ

数千メートルの嶺々をヤクを引き連れ、北から南へ塩を運ぶキャラバン隊。ヒマラヤの美しくも厳しい大自然に挑むキャラバン隊の生死をかけた旅の姿を追う。

---

332 (P250)

グッバイ、レーニン！

- 2003年／ドイツ／ギャガ・コミュニケーションズGシネマグループ（配給）
- ヴォルフガング・ベッカー
- ダニエル・ブリュール、カトリーン・ザース

心臓発作で倒れ、昏睡状態に陥った母。8ヵ月後、奇跡的に目覚めるが、その間、東ベルリンは激変していた。医者から強い衝撃を与えたら命取りになると忠告された息子は社会の変化や壁崩壊の事実を隠そうと奮闘する。

---

333 (P251)

ロックンロールミシン

- 2002年／日本／ギャガ・コミュニケーションズ（配給）
- 行定勲
- 池内博之、りょう

仕事も恋愛も上手くいかない会社員が、ある日、高校時代の友人にばったり出会う。仲間と一緒にデザイナーズブランドを立ち上げるという友人に触発された男は、会社を辞め、その仲間に加わる。

---

334 (P252)

ブロンドと柩の謎

- 2001年／アメリカ／ギャガ・コミュニケーションズ（配給）
- ピーター・ボクダノヴィッチ
- キルスティン・ダンスト、エディ・イザード

1924年、ハリウッドで実際に起こった事件を描いたミステリー。15人のセレブが集う豪華客船パーティを舞台に、それぞれの恋愛模様や野心を通して真相を解き明かしていく。

---

335 (P253)

ベアーズ・キス

- 2002年／カナダ／ギャガ・コミュニケーションズGシネマグループ（配給）
- セルゲイ・ボドロフ
- レベッカ・リリエベリ、セルゲイ・ボドロフJr.

サーカスのブランコ乗りの少女と、人間に姿を変えることができるクマが、シベリアを起点にヨーロッパ各地を巡るサーカス団の道程を描く。

---

336 (P254)

24時間4万回の奇跡

- 1999年／ベルギー、フランス、スイス／KUZUIエンタープライズ（配給）
- ブノワ・マリアージュ
- ブノワ・ポールブルード、ジャン＝フランソワ・ドヴィーニュ

何の刺激も希望もなく、日々焦燥感を募らせる地元新聞の三流記者。何かを変えたい、大きな事をしでかしたいと考えた彼は、24時間で41827回ドアを開閉するという滑稽な世界記録に、息子を挑戦させる。

337 (P254)

ミクロコスモス

- 1996年／フランス／KUZUIエンタープライズ（配給）
- クロード・ニュリザニー、マリー・プレンヌー

ナナホシテントウ、キアゲハ、イトトンボ、ヒゲナガハナバチなど、昆虫たちをクローズアップ映像で追い、その仕草や癖を丹念に捉えたドキュメンタリー。

338 (P254)

憎しみ

- 1995年／フランス／KUZUIエンタープライズ（配給）
- マチュー・カソヴィッツ
- ヴァンサン・カッセル、ユベール・クンデ

外国からの移民労働者や低所得者が暮らす地域‘バンリュー’を舞台に、ここに住む若者たちに焦点を合わせながら、フランスの現代社会が内包する刺とげしさを描く。

339 (P255)

スラム

- 1998年／アメリカ／KUZUIエンタープライズ（配給）
- マーク・レビン
- ソウル・ウイリアムズ、ソニア・ソン

ドッジ・シティ（低所得者住宅）で、自分のラップでレーベルを作りたいと夢見る若者だったが、少量の麻薬所持で逮捕されてしまう。刑務所内で彼は、自分の中に燻っていた詩（コトバ）に気付く。

340 (P255)

ミフネ

- 1999年／デンマーク／KUZUIエンタープライズ（配給）
- ソーレン・クラウ・ヤコブセン
- アナス・ベアテルセン、イーベン・ヤイレ

幼い頃、サムライを真似る‘ミフネごっこ’をして知的障害を抱える兄を喜ばせた弟。時は流れ、過去を捨て都会で成功を手に入れようとする弟だったが、父の死を機に兄と再会し、次第に自分の人生を見つめ直していく。

341 (P255)

スウィートヒアアフター

- 1997年／カナダ／KUZUIエンタープライズ（配給）
- アトム・エゴヤン
- イアン・ホルム、サラ・ポーリー

22人の犠牲者を出したスクールバスの事故。集団訴訟へと発展する中で、町の人々の複雑な人間関係と隠されていた秘密が明らかになっていく。バラバラになった町を再び1つにしようと、生き残った少女は偽証を行う。

342 (P256)

ショー・ミー・ラヴ

- 1998年／スウェーデン／KUZUIエンタープライズ（配給）
- ルーカス・ムーディソン
- アレクサンドラ・ダールストレム、レベッカ・リリエベリ

お洒落な今どきの女の子、エリンは変わり映えのしない毎日にうんざり。一方、厳しい家庭環境で育ったアグネスは、学校で友達も作れない自分に嫌気がさしていた。そんな対照的な2人が急接近して…。

Mini Theater FLYER Collection

取材協力社

ア

(株)アーティストフィルム P191
東京都渋谷区渋谷1-1-8 青山ダイヤモンドビル3F　03-5774-5447

アジア映画社 P169
兵庫県神戸市灘区備後町2-1-12-601　078-856-6157

アスミック・エース エンタテインメント(株) P203〜
東京都港区六本木6-1-24 ラピロス六本木3F　03-5413-4314

アルゴ・ピクチャーズ(株) P121〜
東京都港区赤坂4-10-21-2F　03-3584-6237

アルシネテラン P170〜
東京都渋谷区渋谷4-5-6 トキワビル2F　03-5467-3730

アルバトロス(株) P232〜
東京都中央区銀座6-14-2 銀座野田ビル8F　03-3549-2700

イメージリングス P100〜
東京都新宿区早稲田鶴巻町548 村田ビル305　03-3205-7150

(株)エスピーオー P094〜
東京都中央区銀座5-15-1 南海東京ビル9F　03-3543-7640

オフィスサンマルサン P142〜
東京都文京区本駒込2-29-15-503　03-3946-5430

オフィス・シロウズ P188〜
東京都港区赤坂5-1-38 赤坂東商ビル3F　03-3585-6807

オムロ P098〜
東京都新宿区矢来町111 日本出版社ビル5F　03-5206-6371

(株)オンリー・ハーツ P124〜
東京都新宿区下宮比町2-6　03-5206-6541

カ

(有)カエルカフェ P186〜
東京都渋谷区神宮前2-15-15　03-5771-5866

(株)角川大映映画 P085〜
東京都新宿区下宮比町2-1 第一勧銀稲垣ビル6F　03-5229-2073

(株)キネティック P042〜
東京都中央区月島1-14-7 旭倉庫4F　03-5548-5681

(株)ギャガ・コミュニケーションズ P236〜
東京都港区六本木3-16-35 イースト六本木ビル　03-3589-7500

KUZUIエンタープライズ(株) P254〜
東京都港区麻布十番3-2-7 リゾーム麻布十番201　03-5730-8451

(株)クレストインターナショナル P080〜
東京都港区赤坂4-4-16-304　03-3589-3176

クロックワークス P164〜
東京都渋谷区恵比寿南1-6-10 MFビル4F　03-5720-7791

(株)ケイブルホーグ P051〜
東京都港区南青山2-29-9 南青山リハイム106　03-3423-0558

(株)コムストック P196〜
東京都港区赤坂2-10-9 ランディック第2赤坂ビル7F　03-3586-0140

サ

(株)ザジ フィルムズ P068〜
東京都目黒区目黒2-10-8 第2アトモスフィア青山7F　03-3494-7394

ザナドゥー P198〜
東京都千代田区六番町13-4 浅松ビル4B　03-3288-3300

(株)シグロ P192〜
東京都中野区中野5-24-16 中野第2コーポ210号　03-5343-3101

シネカノン P132〜
東京都渋谷区円山町15-3　03-5458-6571

シネマパリジャン P221〜
東京都西麻布1-14-2 疋田ビル202　03-5786-1590

スタンス・カンパニー P166〜
東京都文京区湯島2-14-11-1F　03-3839-0981

(有)スローラーナー　P175〜
東京都渋谷区宇田川町12-3-503　03-3770-3717

セテラ・インターナショナル　P075〜
東京都目黒区青葉台1-30-8 CASA青葉台4F　03-3715-5775

タ

(株)大風　P191
東京都渋谷区代々木1-6-15 グリーンヒルズ101　03-5308-1178

(株)ダゲレオ出版／イメージフォーラム　P090〜
東京都渋谷区渋谷2-10-2　03-5766-1119

東京テアトル(株)　P120
東京都中央区銀座1-16-1　03-3535-1088

東芝エンタテインメント(株)　P158〜
東京都渋谷区桜丘町26-1 セルリアンタワー13F　03-6415-6969

(株)東北新社　P014〜
東京都港区赤坂4-8-10　03-5414-0333

ナ

20世紀フォックス映画　P107〜
東京都港区六本木3-16-33 青葉六本木ビルディング6F　03-3224-6372

日活(株)　P063〜
東京都文京区本郷3-28-12　03-5689-1016

日本ヘラルド映画　P145
東京都中央区銀座5-11-1　03-3248-1166

(株)日本スカイウェイ N.S.W.　P228〜
東京都港区南青山7-11-12　03-5466-4625

ハ

(株)巴里映画　P065〜
東京都渋谷区南平台町6-11 ジョイヒルズ南平台3F　03-5784-2700

(株)パルコ　P119
東京都渋谷区宇田川町15-1　03-3477-8911

(株)パンドラ　P096〜
東京都中央区新富2-5-10 新富ビル　03-3555-3987

ビー・ビー・ビー(株)　P102〜
東京都渋谷区道玄坂1-22-7 道玄坂ピア4F　03-3770-9071

ビターズ・エンド　P146〜
東京都渋谷区桜丘町10-13 野元第一ビル302　03-3462-0345

ファイヤークラッカー　P030〜
東京都渋谷区代官山町7-8-703　03-3312-5315

(株)プチグラパブリッシング　P032〜
東京都渋谷区猿楽町9-8 代官山パークサイドビレッジ2F　03-5459-0501

ポスターハリス・カンパニー　P088〜
東京都渋谷区道玄坂2-26-18 朝香ビル103　03-5456-9160

マ

(有)ミラクルヴォイス　P026〜
東京都渋谷区神宮前2-5-4 青山マンション5B　03-5474-1722

武藤起一事務所　P156〜
東京都新宿区早稲田町68 西川徹ビル2F　03-5291-8345

(株)メディア・スーツ　P112〜
東京都渋谷区猿楽町30-8 ツインビル代官山B403　03-5428-1079

(株)モンタージュ　P184〜
東京都世田谷区上北沢4-10-18　03-3303-9871

ヤ

ユーロスペース　P035〜
東京都渋谷区桜丘町24-2-7F　03-3461-0212

ラ

(株)リトルモア　P104〜
東京都港区南青山3-3-24　03-3401-1042

ワ

WOWOW　P024〜
東京都港区元赤坂1-5-8　03-5414-8175

各ご担当者様には、ご多忙中ご協力を承り、誠にありがとうございました。

ミニシアター フライヤー　コレクション
Mini Theater Flyer Collection

Jacket design
Hajime Kabutoya

Designer
Yoshiaki Yamamoto (goldfish design)

Writer
Sawako Ookawa

Editor
Akiko Yamamoto

Photographer
Kuniharu Fujimoto

Publisher
Shingo Miyoshi

2004年5月15日　初版第1刷発行

発行元　ピエ・ブックス

〒170-0005　東京都豊島区南大塚2-32-4
編集　Tel:03-5395-4820　Fax:03-5395-4821
　　　 e-mail:editor@piebooks.com
営業　Tel:03-5395-4811　Fax:03-5395-4812
　　　 e-mail:sales@piebooks.com

印刷・製本
図書印刷(株)